달리는
호모 사피엔스

700만년을 달려온 몸과 마음에 새겨진 진화의 설계

달리는 호모 사피엔스

초판 1쇄 인쇄 2026년 4월 15일
초판 1쇄 발행 2026년 4월 23일

지은이 배환국
펴낸이 김헌준
편 집 이숙영
디자인 김진나
펴낸곳 소금나무
　　　　주소 (07314) 서울시 영등포구 신길로 214, B 101-1호 ㈜시간팩토리
　　　　전화 02-720-9696
　　　　팩스 070-7756-2000
　　　　메일 sogeumnamu@naver.com
　　　　출판등록 제2025-000036호(2025.03.11.)

ISBN　　979-11-996087-5-7　03900

소금나무는 ㈜시간팩토리의 출판 브랜드입니다.

달리는 호모 사피엔스

배환국 지음

소금나무

모든 질문의
시작

"나는 무엇인가?"

아마 인류가 밤하늘의 별을 올려다보며 생각이라는 것을 시작한 이래 이 질문만큼이나 끈질기고 깊이 있는 질문은 없었을 것이다. 잠 못 드는 밤 머릿속을 맴도는 이 짧은 질문 하나가 수많은 고민의 문을 활짝 열어젖히곤 한다. 이 질문은 비단 한 개인의 정체성을 넘어 우리 호모 사피엔스라는 종 전체의 근원을 향한 거대한 물음이기도 하다. 우리는 대체 어디에서 와서 왜 지금과 같은 모습으로 살아가고 있는 것일까?

이 오래된 질문에 답하기 위해 인류가 걸어온 길을 나 또한 따라 걸어보았다. 수천 년의 지혜가 담긴 철학의 문을 두드려 인간의 이성과 존재의 의미를 탐구했고 경건한 종교의 가르침에 귀 기울이며 영혼과 창조의 신비를 헤아려 보기도 했다. 눈부신 과학의 세계에서는 명쾌한 답을 기대하기도 했다. 하지만 그 어느 곳에서도 이것이라고 무릎을 칠 만한 해답을 얻지는 못했다. 철학의 대답은 때로 너무 공허하게 들렸고 종교의 설명은 이성으로 온전히 받아들이기 힘든 지점이 있었

달리는 호모 사피엔스

다. 눈부신 과학은 인간의 몸을 원자 단위까지 분해하고 뇌의 전기 신호까지 읽어냈지만 그 모든 부품을 조립해도 나라는 존재의 복잡성과 모순을 온전히 담아내지는 못하는 듯했다.

질문은 꼬리에 꼬리를 물었다. 나는 복잡하게 설계된 유전자 정보가 순서에 따라 발현된 생화학적 기계에 불과한 것일까? 그렇다면 내 안에서 꿈틀거리는 이 자유의지는 어떻게 설명해야 할까? 아니면 어떤 위대한 창조주가 자신의 형상을 본떠 정교하게 빚어낸 피조물일까? 그렇다면 이 세상의 수많은 고통과 불완전함은 또 어떻게 이해해야 할까? 질문이 깊어질수록 해답은 더 멀어지는 듯했고 고민의 그림자만 짙어져 갔다.

그러다 문득 전혀 다른 갈림길에서 거대한 불빛 하나가 번쩍 켜지는 듯한 순간을 마주했다. 그것은 거창한 형이상학적 질문에서 잠시 눈을 돌려 지극히 단순하고도 본질적인 사실을 직시하는 길이었다. 바로 동물학 더 나아가 행동생태학을 관통하는 가장 위대한 대원칙과 마주한 순간이었다. 그 원칙이란 바로 한 동물의 모든 특징은 무엇을 먹고 어디서 사는지에 의해 결정된다는 것이다.

한번 생각해 보자. 기린의 그 비현실적으로 긴 목과 다리는 높은 곳에 달린 아카시아 잎을 뜯어 먹기 위함이고 드넓은 사바나를 효율적으로 이동하기 위함이다. 칠흑 같은 심해에 사는 아귀의 머리에 달린 작은 등불은 빛 한 점 없는 그곳에서 먹잇감을 유인하기 위한 경이로운 적응의 결과물이다. 날카로운 발톱과 매서운 눈을 가진 독수리는 하늘이라는 드넓은 공간을 지배하는 최고의 사냥꾼으로서의 정체성을 온몸으로 보여준다. 신체 구조, 감각 기관, 행동 방식, 심지어 사회 구조에 이르기까지 지구상의 그 어떤 동물도 어디서 무엇을 먹고사느냐는 이 두 개의 거대한 기둥을 벗어나지 않는다. 이 단순한 원칙이야말로 수십억 년 생명의 역사를 움직여 온 가장 강력한 엔진이었던 셈이다.

그 순간 머릿속을 맴돌던 거대한 질문의 방향이 완전히 바뀌었다. "나는 무엇인가?"라는 막연하고 철학적인 물음이 호모 사피엔스라는 동물은 무엇을 먹고 어디서 살아왔느냐는 구체적이고 탐색 가능한 과학적 질문으로 전환된 것이다. 만약 이 위대한 법칙에 예외가 없다면 우리 인간 역시 마찬가지 아닐까? 지금의 나는 어느 날 갑자기 하늘에서 뚝 떨어진 존재가 아니다. 나의 두 발이 땅을 딛고 서 있는 방식, 무언가를 보고 느끼고 생각하는 방식, 심지어 내가 누군가를 사랑하고 질투하고 두려워하는 감정들까지도, 수백만 년 전 아프리카의 초원을 달리던 나의 아주 먼 조상들이 마주했던 식(食)과 주(住)의 문제에 대한 해답일 수 있다는 짜릿한 깨달음이었다.

이 새로운 관점에서 우리 자신을 들여다보면 이전에는 절대 보이지 않던 수많은 연결고리가 마법처럼 드러나기 시작한다. 인간은 왜 그토록 달콤한 디저트와 기름진 음식을 갈망하는 것일까? 그것은 굶주림이 일상이었던 수렵-채집 환경에서 어떻게든 고열량의 음식을 찾아 몸에 저장하는 것이 생존에 절대적으로 유리했기 때문은 아닐까? 인류가 왜 낯선 사람을 경계하고 나와 비슷한 사람들끼리 모여 작은 집단에 소속감을 느끼려 할까? 그것은 드넓은 초원에서 포식자와의 경

달리는 호모 사피엔스

쟁 속에 끈끈한 유대를 맺은 부족 단위의 삶이 인류의 가장 강력한 적응 방식이었기 때문은 아닐까? 인간의 가장 큰 특징인 거대한 뇌와 정교한 언어 능력은 또 어떠한가. 이것이야말로 복잡한 사회적 관계 속에서 협력하여 사냥하고 생존에 필요한 지식을 다음 세대에 공유하기 위한 가장 강력한 도구가 아니었을까?

이 책은 그 흥미진진한 여정에 관한 이야기이다. 철학이나 종교의 눈이 아닌 동물을 이해하는 가장 근본적인 틀인 생태학과 진화론의 눈으로 인류 자신을 들여다보는 여정이다. 호모 사피엔스라는 한 동물이 어떤 조건에서 어떤 에너지 자원을 얻으며 지금의 모습으로 진화했는지, 그 기나긴 과정에서 우리의 몸과 마음에 어떤 운명 같은 흔적들이 새겨졌는지를 함께 탐험하고자 한다. 이 책을 통해 독자 여러분과 함께 인간 안에 숨겨진 수백만 년의 역사를 해독하고 마침내 나는 무엇인가라는 질문에 대한 가장 현실적이고도 깊이 있는 대답에 다가서려 한다. 자, 이제 우리 안의 가장 오래된 동물과 만날 시간이다.

2026년 4월

배환국

CHAPTER 2 **소통과 협력**

CHAPTER 3 **끈기와 집념**

CHAPTER 1

달리는 사냥꾼

생명의 설계도:
무엇을 먹고 어디서 사는가

동물의 모든 비밀을 여는 단 하나의 열쇠가 있다면 그것은 바로 "무엇을 먹고 어디서 사는가?"라는 질문이다. 이 지극히 단순해 보이는 근원적인 질문 속에 한 생명체의 형태와 행동, 사회 구조 그리고 지능의 진화사가 장대한 서사시처럼 모두 담겨 있다. 동물의 왕국이라는 거대하고 신비로운 무대를 깊이 들여다보고 싶다면 가장 먼저 어떤 질문을 던져야 할까?

저 코끼리는 얼마나 거대한지, 상어의 이빨은 얼마나 날카로운지 혹은 치타는 얼마나 빠른지 같은 질문도 물론 흥미롭다. 하지만 이런 질문들은 현상의 껍질을 다룰 뿐 그 본질을 꿰뚫지는 못한다. 코끼리가 왜 거대해져야만 했는지, 상어의 이빨은 왜 그토록 날카롭게 진화했는지, 치타는 왜 폭발적인 속도를 얻게 되었는지를 설명하지 못하기 때문이다. 이 모든 것의 근원을 파고드는 그야말로 동물의 모든 비밀을 여는 마스터키와 같은 질문은 바로 이 동물은 주로 "무엇을 먹고 어디서 사는가?"이다.

달리는 호모 사피엔스

이 두 가지 요소, 즉 먹이(食)와 서식지(住)가 결합하여 동물의 생태적 지위(Ecological Niche)를 결정한다. 생태적 지위란 조금 어려운 말이지만 쉽게 말해 한 종(種)이 생태계라는 거대한 도시 안에서 가진 고유한 직업이자 주소이다. 이 직업과 주소는 그 동물이 어떻게 살아남고 번성하며 다른 생명체와 관계 맺는지를 규정하는 총체적인 개념이다. 이 질문 하나에 동물의 행동 방식과 생각의 지도, 나아가 그들의 사회 구조와 신체 형태의 비밀을 푸는 거의 모든 열쇠가 담겨 있다고 해도 과언이 아니다.

현대 동물생태학(Animal Ecology)과 행동생태학(Behavioral Ecology)은 바로 이 명제 즉 먹이와 서식지가 동물의 모든 것을 결정한다는 단단한 반석 위에 서 있다. 생존과 번식이라는 지상 최대의 과제가 이 두 가지 요소에 직접적으로 그리고 운명적으로 달려있기 때문이다. 생존과 번식의 성공 여부는 결국 얼마나 효율적으로 에너지를 얻고 사용하는지에 달려있으며, 그 에너지의 원천인 먹이와 획득 방법이 모든 것을 좌우하는 것이다.

에너지 경제학 _ 생존이라는 냉엄한 시장

모든 생명 활동은 에너지의 획득과 소비라는 냉정한 경제 원리 위에 세워져 있다. 동물의 하루를 하나의 작은 경제 시스템이라고 상상해 보자. 이 시스템에서 사용되는 유일한 화폐는 바로 칼로리(calorie)라는 에너지이다. 숨을 쉬고 체온을 유지하며 걷고 사냥하고 짝짓기

하고 새끼를 돌보는 모든 행동은 이 에너지라는 화폐를 벌어들이거나 지출하는 행위이다. 이 냉정한 에너지 경제학의 세계에서는 파산이 곧 죽음 혹은 자기 유전자를 남기지 못하는 진화적 소멸을 의미한다. 따라서 가장 효율적으로 예산을 관리하는 개체만이 살아남아 다음 세대로 자기 유전자라는 유산을 무사히 넘겨줄 수 있다.

이 시장의 법칙을 아주 명쾌하게 설명하는 경제 모델이 바로 최적 섭식 이론(Optimal Foraging Theory)이다.[1] 동물들은 의식적으로 복잡한 계산을 하는 대신 수백만 년에 걸친 생존 경쟁을 통해 그들의 유전자 깊숙이 각인된 본능적인 프로그램에 따라 움직인다. 최소의 노력과 위험으로 최대의 에너지 이익을 얻는 인간의 방식으로 표현하자면 최고의 가성비를 내는 식사 방식을 따르도록 설계되었다. 이 이론은 동물이 먹이를 선택할 때, 그 먹이가 가진 에너지의 총량과 먹이를 찾는 데 걸리는 시간과 노력 그리고 먹이를 잡아서 먹기까지 걸리는 시간과 에너지, 그 과정에서 포식자에게 노출될 위험도 등 다양한 변수를 본능적으로 종합하여 가장 이득이 되는 선택을 한다고 설명한다. 이는 마치 우리가 한정된 예산으로 장을 볼 때 가격과 품질 및 이동 거리 등을 종합적으로 고려해 가장 만족도 높은 소비를 하려는 것과 본질적으로 같다.

초식동물과 육식동물의 상반된 생존 전략

이 에너지 경제학의 원리가 어떻게 서로 다른 사회 구조를 낳았는지 아프리카 세렝게티 초원의 누와 사자를 비교해 보면 극명하게 드

달리는 호모 사피엔스

러난다.

먼저 초원을 끝없이 뒤덮는 거대한 누(Wildebeest) 무리를 떠올려 보자. 이들의 주식인 풀은 사방에 널려 있어 찾기는 쉽지만 칼로리가 매우 낮고 영양가도 보잘것없는 저수익 자산이다. 필요한 에너지를 채우려면 하루 대부분을 하염없이 고개 숙여 풀을 뜯는 데 보내야만 한다. 만약 누 한 마리가 드넓은 초원에 홀로 서 있다면 어떨까? 풀을 뜯는 내내 고개를 들어 사방을 경계하느라 엄청난 에너지를 낭비해야 하고, 결국 숨어있던 포식자의 손쉬운 영양 공급원이 될 것이다. 하지만 수천, 수만 마리가 거대한 무리를 이루면 이야기가 달라진다. 이는 이기적 무리 이론으로 설명할 수 있는데, 겉보기에는 평화로워 보이지만 그 내면에는 각 개체의 치열한 이기심이 작동한다.[2] 모든 누는 내가 무리의 한가운데에 있으면, 사자가 덮쳤을 때 내 옆의 동료가 대신 잡아먹힐 확률이 높다는 계산을 본능적으로 한다.

이 이기적인 동기가 모든 개체를 무리의 중심으로 파고들게 만들고, 그 결과 누구도 의도하지 않았지만 거대하고 촘촘한 무리가 형성된다. 이렇게 뭉치면 수천 개의 눈과 귀가 서로의 감시망이 되어주어, 개체당 경계에 쓰는 에너지를 극적으로 최소화한다. 그리고 그 아낀 시간과 에너지마저 온전히 풀을 뜯는 데 쏟아부을 수 있게 된다. 이것이 저칼로리 음식을 대량으로 섭취해야 하는 초식동물이 거대한 무리 생활이라는 사회적 해법을 선택한 이유이다.

반면 사자나 늑대 같은 육식동물의 삶은 완전히 다른 경제 모델을 따른다. 이들의 에너지 자원인 초식동물은 지방과 단백질이 풍부한 고수익 자산이지만 이 자산을 얻기 위한 사냥이라는 사업은 엄청난 초기 투자 비용인 추격에 필요한 폭발적인 에너지를 요구하는 고위험 고수익 벤처 사업과 같다. 성공 확률도 낮아서 시도할 때마다 막대한 에너지를 낭비할 위험이 크다. 따라서 이들은 폭발적인 에너지를 쏟아붓는 사냥의 순간을 제외한 시간 대부분을 그늘에 누워 잠을 자거나 휴식을 취하며 철저히 에너지를 아낀다. 또한 혼자서는 감당하기 힘든 크고 빠른 먹잇감을 잡기 위해 정교한 역할 분담과 협동 사냥이라는 사회적 방식을 발전시켰다. 예를 들어 사자 무리에서는 일부 암사자들이 바람을 등지고 먹잇감을 특정 방향으로 몰아가고, 다른 일부는 바람을 안고 덤불 속에 매복해 있다가 덮치는 등 고도로 조직화한 전술을 사용한다. 각자의 에너지 소비를 최적화하여 사냥의 성공률이라는 투자 수익률을 극대화하는 영리한 선택이다.

이 에너지 경제학의 대가를 만나보고 싶다면 바닷가의 검은머리물떼새(Oystercatcher)를 주목할 만하다. 검은머리물떼새는 해변을 거닐며 홍합을 쪼아 먹는데 그 선택은 놀라울 정도로 정교하다. 너무 작은 홍합은 껍데기를 깨는 수고에 비해 얻는 살점이 초라해 가성비가 떨어지므로 거들떠보지도 않는다. 반대로 너무 큰 홍합은 살은 많을지언정 껍데기가 너무 단단해 쪼는 데 시간과 힘이 너무 많이 들고, 자칫 생계 수단인 부리가 상할 위험까지 감수해야 한다. 수많은 시행착오를 거친 진화의 결과, 검은머리물떼새는 깨는 노력 대비 가장 많은 살점을 얻을 수 있는 최적의 중간 크기 홍합을 귀신같이 골라낸다. 마치 시장에서 가장 신선하고 값싼 물건을 고르는 베테랑 쇼핑객처럼 검은

● 검은머리물떼새 | 출처: John Sandoy ©Adobe

머리물떼새는 매 순간 정교한 비용-편익 분석을 통해 가장 경제적인 선택을 하고 있음을 보여주는 살아있는 증거이다.[3]

서식지라는 위대한 조각가

먹이만큼이나 동물을 강력하게 빚어내는 조각가가 있으니 바로 그들이 발 딛고 사는 서식지이다. 서식지는 단순히 동물이 머무는 장소를 초월하여 그곳의 물리적, 화학적, 생물학적 요소 전체를 의미한다. 마치 진화라는 조각칼을 손에 쥐고 동물의 신체 구조와 사회생활의 형태까지 빚어내는 거대한 예술가와 같다. 액체가 담는 그릇에 따라 모양이 바뀌듯 동물은 자신이 사는 조건이라는 그릇에 맞춰 몸과 습성을 변화시킨다.

서식지가 동물을 얼마나 극단적으로 변화시킬 수 있는지는 동남아

시아 밀림의 유령안경원숭이(Tarsius tarsier)를 보면 알 수 있다. 이 작은 야행성 사냥꾼은 빛이 거의 없는 어두운 숲이라는 조건과 밤에 재빠르게 활동하는 곤충이라는 영양 공급원에 맞춰 자신의 모든 것을 쏟아부었다.[4] 칠흑 같은 어둠 속에서 휙휙 날아다니는 작은 벌레를 낚아채기 위해 이들의 눈은 자신의 뇌보다도 클 정도로 비정상적으로 거대해졌다. 이 거대한 눈은 너무 커서 안구를 지탱하는 근육이 퇴화해 눈알을 굴리는 것조차 불가능하다. 그 대신 마치 부엉이처럼 목을 180도 가까이 돌리는 놀라운 능력으로 주변을 살핀다. 또한 나무 사이를 번개처럼 소리 없이 점프해 사냥감을 덮치기 위해 자기 몸길이의 수십 배를 도약할 수 있는 길고 강력한 뒷다리와 발목뼈를 갖게 되었다. 에너지 자원인 곤충은 굳이 무리 지어 잡을 필요가 없기에 포식자에게 들킬 위험을 줄이고자 이들은 철저한 단독 생활을 선택했다. 결국 서식지인 어두운 숲과 먹이인 날아다니는 곤충은 이 동물의 거대한 눈, 회전하는 목, 강력한 다리 그리고 고독한 생활 방식까지 모든 것을 빚어낸 위대한 설계자이다.

이러한 적응은 사막이나 심해 같은 극한의 환경에서 더욱 독창적인 형태로 나타난다. 사막여우는 뜨거운 열을 방출하기 위해 라디에이터

달리는 호모 사피엔스

역할을 하는 거대한 귀를 가졌으며 밤의 추위를 견디기 위해 두꺼운 솜털을 지니게 되었다. 물이 귀한 곳에서 수분을 한 방울까지 재흡수하는 농축된 소변을 보는 것 또한 환경에 맞선 치열한 생존의 결과이다. 반대로 빛 한 점 없는 심해의 아귀는 발광 박테리아를 이용한 낚싯대로 먹이를 유인하고, 먹이가 드문 환경에서 에너지를 아끼기 위해 움직임을 최소화하며, 심지어 수컷이 암컷의 몸에 붙어 기생하는 극단적인 번식 전략을 선택했다.[5]

이처럼 동물의 행동과 사고방식, 신체 구조는 진공 속에서 탄생한 것이 아니다. 그것은 수백만 년에 걸쳐 그들이 발붙이고 사는 서식지와 그곳에서 얻을 수 있는 에너지 자원이라는 조건에 완벽하게 적응

● 사막여우

● 심해 아귀

하며 빚어진 정교한 적응 방식의 총체이다. 동물을 진정으로 이해하려면 그들의 눈으로 세상을 보고 그들이 매일 풀어야 하는 적응의 방정식을 함께 고민해야 한다. 그 방정식의 가장 중요한 변수는 에너지 자원과 서식지이다.

그렇다면 인간은 어떠한가? 인류가 지난 수백만 년 동안 어디서 무엇을 먹고살았는지를 아는 것이야말로 지금의 인간이 왜 이렇게 행동하고 느끼고 생각하는지를 이해하는 가장 근본적인 출발점이다. 다른 동물과 달리 인간은 주어진 생태적 맥락에 적응하는 것을 초월하여 조건 자체를 바꾸는 궁극의 생태적 지위 건설자가 되었다. 인간은 농업 혁명과 산업 혁명을 거치며 에너지 자원과 서식지의 제약으로부터 과거와는 비교할 수 없을 정도로 자유로워졌다. 하지만 수백만 년간 인간의 DNA에 새겨진 몸과 마음은 여전히 과거의 환경을 기억하고 있다.

현대 사회의 많은 문제, 예컨대 과거에는 생존의 축복이었을 고지방, 고당분 음식에 대한 뿌리 깊은 갈망이 낳은 비만과 대사성 질환 그리고 작은 무리 생활에 최적화된 인류가 거대한 익명의 도시와 소셜 미디어 속에서 느끼는 고립감과 우울감 등은 어쩌면 급격하게 변해버린 먹이, 서식지와 인류의 진화적 유산 사이의 깊은 불협화음일지도 모른다. 결국 인류가 오랫동안 "무엇을 먹고 어디서 살아왔느냐?"라는 질문은 나란 무엇인가, 더 나아가 인간이란 무엇인가에 대한 해답을 찾아가는 여정의 시작점이 될 것이다.

달리는 호모 사피엔스

인류의 요람, 사바나: 생존에서 아름다움으로

당신의 마음이 끌리는 풍경의 비밀

창밖으로 녹음이 우거진 공원이 시원하게 펼쳐지는 카페의 창가 자리, 강물이 유유히 흐르는 풍경이 한눈에 들어오는 아파트의 거실, 따사로운 햇살 아래 시원한 그늘을 드리운 공원 벤치. 사람은 왜 유독 이런 풍경 앞에서 긴장이 풀리고 마음이 편안해지며 무심코 참 좋다고 읊조리게 되는 것일까?

아마 대부분은 그저 보기 좋아서 혹은 분위기가 있어서라고 답할 것이다. 그 대답은 절대로 틀리지 않았다. 하지만 그 이유의 뿌리를 한 꺼풀 또 한 꺼풀 더 깊이 파고들어 가면 인류의 기원과 맞닿아 있는 서사를 마주하게 된다. 만약 이 설명할 수 없는 끌림이 단순한 개인의 취향이나 문화적 학습의 결과가 아니라 수백만 년 전 아프리카의 드넓은 초원에서 살아남기 위해 분투했던 인류 조상들의 생존 기록이 유전자에 남긴 희미하지만 선명한 흔적이라면 어떨까? 우리가 아름답다고 느끼는 감정이 사실은 위험을 피하고 자원을 확보하는 데 유리했던 조건을 한눈에 알아보는 고도로 정교화된 적응 본능의 발현이라면 말이다. 아름다움이라는 감정이 실은 여기는 안전하다, 먹을 것이 있다, 숨을 곳이 있다는 지극히 현실적인 안전 신호의 다른 이름이었다는 주장은 꽤 도발적으로 들릴지도 모른다.

우리는 인류의 첫걸음이 시작되었던 아득한 옛날 아프리카의 사바나로 돌아가 그곳의 풍경을 직접 거닐 것이다. 그리고 그 척박하고 위험했던 땅에서 살아남기 위한 처절한 몸부림이 어떻게 오늘날 인류의 미적 감각과 공간 선호도, 나아가 사람이 짓는 건물의 모습과 살고 싶은 도시의 풍경, 심지어 문화 콘텐츠에까지 깊숙이 스며들게 되었는지 그 비밀을 파헤쳐 보고자 한다. 당신이 무심코 끌렸던 모든 풍경 속에 숨겨진 인류 진화의 비밀이 숨어있다.

인류 탄생의 무대 _ 사바나, 위기이자 기회의 땅

인류의 역사를 탐색하기 위해서는 시간을 수백만 년 전으로 거슬러 올라가야 한다. 인류의 먼 조상들이 아직 네 발로 숲속 나무 위를 자유롭게 누비던 시절로 말이다. 그들에게 숲은 모든 것이었다. 풍부한 과일과 잎사귀는 손만 뻗으면 닿는 식량이 되었고, 빽빽하고 울창한 나뭇가지는 검치호랑이를 비롯한 맹수들의 날카로운 발톱을 피할 수 있는 가장 안전한 피난처였다. 그러나 영원할 것 같았던 이 낙원은 거대한 자연의 힘 앞에서 송두리째 뒤바뀌게 된다.

달리는 호모 사피엔스

　모든 것은 거대한 지각 변동에서 시작되었다. 약 800만 년 전부터 동아프리카 대륙이 마치 거대한 생물의 등껍질처럼 서서히 갈라지기 시작하며 거대한 지구대가 솟아올랐다. 이 거대한 산맥은 인도양에서 불어오는 습한 공기를 가로막는 거대한 장벽이 되었다. 결과적으로 산맥의 동쪽 지역은 비구름의 축복을 받지 못하고 급격히 건조해지기 시작했다. 지질학 및 기후학적 증거들은 이 시기 아프리카의 기후 변화가 인류를 포함한 영장류의 진화에 결정적인 영향을 미쳤음을 명확히 보여준다.[6]

　끝없이 펼쳐졌던 울창한 열대우림은 점차 물러나고, 그 자리에는 키 큰 풀들이 지평선까지 펼쳐지고 아까시나무가 드문드문 서 있는 새로운 세상인 사바나가 열렸다. 사바나는 단순히 나무가 적은 초원이 아니다. 사바나를 사바나답게 만드는 것은 몇 가지 독특한 생태적 특징들의 절묘한 균형이다. 첫째는 건기와 우기의 반복으로 1년 중 비가 집중되는 우기에는 만물이 푸르게 살아나지만 혹독한 건기에는 모든 것이 메마른다. 이 극심한 가뭄은 물을 많이 필요로 하는 울창한 숲이 자라는 것을 막는 결정적인 요인으로 작용한다. 둘째는 불의 역할이다. 건기에는 마른 풀 때문에 번개 등으로 인한 자연 발화가 잦은데, 이 불은 마치 거대한 초식동물처럼 어린나무나 덤불을 태워 없애 사바나가 숲으로 변하는 것을 막고 개방된 경관을 유지하는 핵심적인 역할을 한다.[7] 마지막으로 코끼리나 기린 같은 대형 초식동물은 끊임없이 어린나무를 쓰러뜨리고 잎을 먹어 치우며 숲의 성장을 억제하는 움직이는 정원사 역할을 한다. 이처럼 강수량, 불, 초식동물이라는 세

● 대표적인 사바나 기후의 아프리카 세렝게티 초원 | 출처: Bjørn Christian Tørrissen

가지 거대한 힘의 상호작용이 사바나 특유의 풀과 나무가 공존하는 독특한 풍경을 빚어낸 것이다.[8]

숲이 사라지고 사바나가 펼쳐진 것은 인류 조상들에게 삶의 터전이 뿌리째 흔들리는 거대한 위기였다. 나무 위의 안전하고 안락한 삶을 포기하고 적응을 위해 두 발로 땅을 딛고 탁 트인 위험한 공간을 가로질러야만 했다. 땅으로 내려온 인류의 선조들에게 사바나는 거대한 위협으로 가득 찬 곳이었다.

첫 번째 위협은 포식자이다. 당시 아프리카 초원은 검치호랑이나 거대한 하이에나와 같은 무시무시한 포식자들이 지배하는 세상이었다. 나무라는 안전한 피난처를 잃고, 신체적으로 연약했던 인류의 조상은 그들의 손쉬운 먹잇감이었다. 사냥하는 인간이라는 전통적인 이미지와 달리 초기 인류는 오랫동안 사냥당하는 위치에 있었다.[9] 이러

달리는 호모 사피엔스

한 극심한 포식의 위협은 역설적으로 인류의 진화를 추동하는 강력한 동력이 되었다. 인간은 혼자 살아남기 어려운 조건 속에서 무리를 짓고 서로의 눈과 귀가 되어 위험을 경계했으며, 이 과정은 힘은 합쳐 포식자를 쫓아내는 협력의 중요성을 체득하는 결과로 이어졌다. 이는 복잡한 사회성과 의사소통 능력, 나아가 지능 발달을 촉진하는 결정적인 계기가 되었다.

두 번째 위협은 무자비한 태양과 열이었다. 숲의 그늘을 벗어난 인류는 적도의 강렬한 태양에 그대로 노출되었다. 여기서 인류는 놀라운 해법인 직립보행을 찾아냈다. 네 발로 걸을 때는 등 전체가 태양을 향했으나 두 발로 서서 걷는 방식을 통해 정수리만 노출하게 됨으로써 열을 받는 신체 면적을 3분의 1 수준으로 줄였다. 이는 마치 걸어 다니는 파라솔과 같은 효과를 냈다. 또한 온몸의 털이 사라지고 땀샘이 발달하면서 당시 포유류 중 가장 뛰어난 냉각 시스템을 갖추는 토대가 마련되었다.[10]

세 번째 위협은 자원의 불확실성이었다. 숲과 달리 사바나의 에너지 자원은 한곳에 머물러 있지 않고 계절과 장소에 따라 흩어져 있었다. 오늘은 열매가 열렸던 곳이 내일은 텅 비어 있고, 건기에는 물웅덩이가 감쪽같이 사라졌다. 이러한 환경은 더 넓은 지역을 탐색하고 어디에 가면 물과 에너지 자원을 구할 수 있는지, 어느 계절에 어떤 자원이 나타나는지를 기억하고 예측하는 정교한 정신적 지도를 그려낼 인지 능력을 요구했다. 이는 기억력, 공간 지각 능력 그리고 미래를 계획하는 능력의 발달로 이어졌다.

이처럼 사바나는 인류에게 혹독한 시련의 땅이었다. 그러나 인류는 그 시련에 좌절하지 않고 오히려 그 시련을 디딤돌 삼아 비로소 인간으로 거듭났다. 포식자의 위협은 인류를 사회적으로 유도했고, 뜨거운 태양은 직립보행으로 이끌었으며, 불확실한 자원은 인지 능력을 발달시키는 자극제가 되었다. 이 수백만 년의 적응 과정에서 인류 조상들의 뇌에는 존속에 직결되는 중요한 질문이 각인되었다. 어떤 곳이 안전한가, 어디로 가야 먹을 것을 찾을 수 있는가, 어떤 풍경이 인간에게 유리한가. 결국 인류는 사바나에서 적응하기 위해 수많은 풍경 속에서 유지 확률을 높여주는 좋은 지역을 본능적으로 알아보고 선호하는 안목을 길러야 했다. 포식자를 일찍 발견할 수 있으면서도 내 몸을 숨길 곳이 있고, 마실 물이 가까이 있으며, 새로운 자원을 탐색할 여지가 있는 곳. 바로 이러한 풍경에 대한 선호가 유전자에 깊이 새겨졌다.

우리 마음속의 사바나 _ 생존 본능이 만든 아름다움의 공식

생존을 위한 선택이 어떻게 아름다움이라는 감정으로 진화했는지 이제 그 비밀의 문을 열어보겠다. 우리가 어떤 풍경을 보고 아름답다고 느끼는 감정은 과연 어디에서 오는 것일까? 문화, 교육, 개인적 경험의 산물일까? 물론 그러한 요인들도 중요하다. 하지만 생물학자 고든 오리언스와 환경심리학자 주디스 히어웨건은 1992년 발표한 저명한 논문에서 훨씬 근원적인 사바나 가설을 제시했다.[11] 사바나 가설의 핵심 주장은 놀랍도록 명쾌하다. 한 문장으로 요약하자면 이렇다. 오늘날 우리가 아름답다고 느끼며 본능적으로 끌리는 풍경의 특징들은 사실 수백만 년 전 아프리카 사바나에서 우리 조상들의 뇌가 여긴 안전하고 살기 좋은 곳이야라고 판단하며 긍정적인 감정을 유발했던 생존 신호등이다. 인간의 미적 감각은 임의적인 것이 아니라 인류 조상이 적응하고 번성했던 조건의 핵심 단서들을 무의식적으로 찾아내고 그에 대해 긍정적으로 반응하도록 설계된 진화의 산물이라는 것이다.

이 가설에 따르면 아름다움은 적응을 위한 가이드맵이었다. 아름다운 풍경에 대한 이끌림은 곧 생존 확률이 높은 곳으로 이끌리는 것과 같았다. 오리언스와 히어웨건은 인간이 보편적으로 선호하는 경관의 특징들을 구체적으로 제시했는데, 이는 마치 생존을 위한 아름다움의 공식과도 같다. 물은 모든 생명체의 절대적인 필수 요소이다. 특히 건기와 우기가 반복되는 건조한 아프리카 기후에서 물의 존재는 존속과 직결되는 가장 중요한 신호였다. 강, 호수, 오아시스 등은 갈증을 해결해주는 식수원일 뿐만 아니라 그 주변으로 온갖 동식물이 모여드는 생명의 핫플레이스였다. 물가에는 식용 가능한 식물이 자라고, 물을 마시기 위해 모여든 동물들은 중요한 사냥감이 되었다. 따라서 물이 보이거나 물이 있을 것이라 암시하는 풍경(예: 푸른 초목)에 강하게 끌리는 개체는 적응과 번식에 압도적으로 유리했을 것이다.

이 원초적인 끌림은 현대인의 삶 곳곳에서 발견된다. 더 비싼 값을 치르더라도 리버뷰, 오션뷰 주택을 선호하는 현상, 서울의 한강 공원이나 파리의 센 강변처럼 도시의 가장 사랑받는 휴식 공간이 언제나 수변 공간이라는 사실이 이를 증명한다. 심지어 사람은 청각적으로도 물을 찾는다. 잠이 오지 않을 때 빗소리나 파도 소리 ASMR을 들으면 마음이 편안해지는 것은 물소리가 인간 뇌의 가장 깊은 곳에 안전하고 평화로운 조건이라는 신호를 보내기 때문이다.

사바나에서 살아남기 위한 두 번째 핵심 요소는 시야와 은신처의 균형이었다. 너무 빽빽한 숲은 포식자가 숨어있기 좋고, 반대로 나무 한 그루 없는 허허벌판은 포식자에게 발각되었을 때 숨을 곳이 없다. 생존을 위한 최적의 공간은 바로 탁 트인 시야를 제공하는 열린 공간과 위급할 때 피할 수 있는 나무나 바위 같은 은신처가 적절히 흩어져 있는 풍경이었다. 이는 전형적인 아프리카 사바나의 모습과 정확히 일치한다.

이 황금비율에 대한 선호는 현대 사회에서도 뚜렷하다. 우리가 잘 가꿔진 공원이나 골프장에 들어섰을 때 느끼는 시원함과 편안함은 넓게 펼쳐진 잔디(열린 공간)와 그 위에 적절한 간격으로 서 있는 나무들(은신처)의 조합이 인간 뇌가 가장 이상적으로 인식하는 안전한 사바나의 풍경을 완벽하게 재현하기 때문이다. 아이들이 텅 빈 운동장보다는 놀이터 미끄럼틀 밑이나 나무 그늘에 아지트를 만들고 노는 것 또한 은신처를 확보하려는 본능적인 행동이다.

조망-피신처 이론에 따르면 인간은 생존에 가장 유리한 장소인 나는 상대를 볼 수 있지만 상대는 나를 볼 수 없는 곳을 본능적으로 찾는다고 한다.[12] 예를 들어 언덕 중턱의 동굴 입구나 숲 가장자리의 큰 바위 뒤 혹은 키 큰 나무의 가지 위 같은 곳이다. 조망은 주변 환경을 멀리까지 내다보며 자원과 위험을 감지하는 능력이며, 피신처는 외부의 시선으로부터 자신을 숨기는 장소이다. 이 둘을 동시에 확보하는 것이 적응의 핵심이었다. 이 강력한 본능은 인간의 일상적인 선택에 깊숙이 관여한다. 카페에 가면 많은 사람이 전체를 조망하면서도 자신은 벽에 등을 기댈 수 있는 구석 자리를 선호한다. 고층 빌딩의 스카이라운지나 전망 좋은 레스토랑이 비싼 이유는 높은 곳에서 아래를 제약 없이 내려다보는 궁극의 조망 경험이 사람에게 강력한 통제감과 안정감이라는 원초적인 쾌감을 선사하기 때문이다.

생존을 위해서는 현재의 안전만큼이나 미래의 자원을 탐색하는 것도 중요했다. 너무 단조롭고 예측 가능한 지형은 새로운 정보를 제공하지 않는다. 반면 살짝 굽이진 길이나 언덕, 시야를 살짝 가리는 나무 군락과 같은 적당한 복잡성과 신비감이 있는 지형은 저 너머에는 무엇이 있을까? 하는 호기심과 탐험 본능을 자극한다. 이러한 호기심은 새로운 물웅덩이나 먹잇감을 찾으려는 정보 수집 욕구로 이어졌다.

이 본능은 현대의 문화 소비 패턴과 깊은 관련이 있다. 우리가 뻥 뚫린 고속도로보다는 구불구불 새로운 풍경이 나타나는 올레길을 걷고 싶어 하는 이유, 드라마나 영화에서 다음 전개를 궁금하게 만드는 클리프행어 기법에 열광하는 이유이다. 정보 일부만 보여주고 나머지는 감춤으로써 우리의 정보 탐색 본능을 자극하는 것이다.

사바나 가설은 과거를 설명하는 학설에 그치지 않고 오늘날 삶의 질을 높이는 매우 실용적인 도구로 활용되고 있다. 건축, 도시 설계, 마케팅, 정신 건강에 이르기까지 다양한 분야의 전문가들은 인간의 원초적 선호를 이해하고 그것을 설계와 기획에 녹여내고 있다. 자연이 인간의 심리와 신체에 미치는 긍정적인 영향은 이제 상식이 되었다.

가장 대표적인 사례는 1984년 건축학자 로저 울리히의 유명한 연구이다. 그는 담낭 절제 수술을 받은 환자들을 두 그룹으로 나누어 한 그룹은 창밖으로 나무가 보이는 병실에, 다른 그룹은 벽돌 벽만 보이는 병실에 배정했는데 그 결과는 놀라웠다. 자연 풍경을 접한 환자는

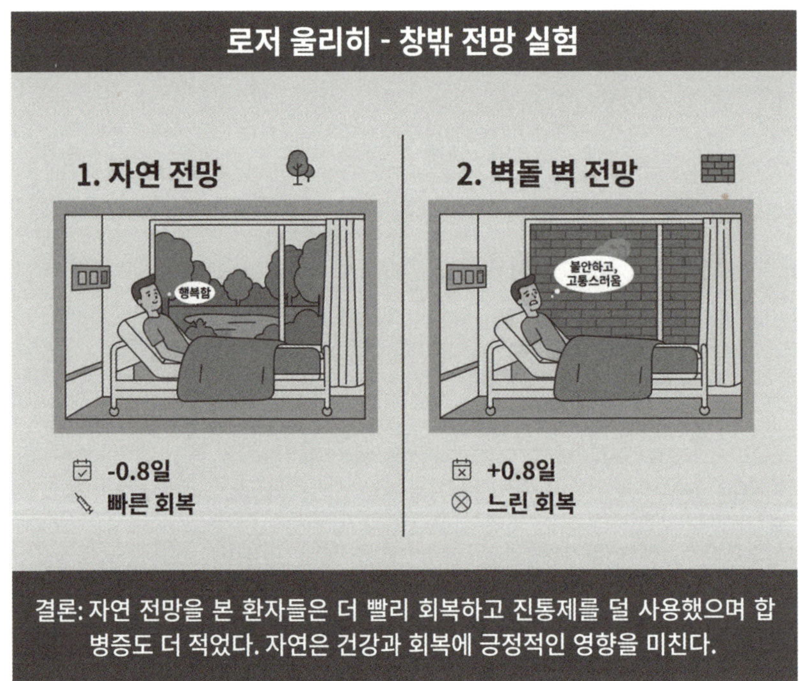

벽만 본 환자에 비해 평균 입원 기간이 하루 가까이 짧았고, 진통제 투여 횟수도 훨씬 적었다.[13] 이는 자연 풍경이 스트레스를 줄이고 회복을 촉진한다는 강력한 증거가 되었다.

이러한 연구들은 바이오필릭 디자인이라는 새로운 건축 경향을 낳았다. 사무실에 살아있는 식물 벽을 설치하거나 자연 채광을 극대화하고, 창밖으로 녹지 공간을 조망할 수 있도록 건물을 설계하는 것은 현대의 인공적인 환경 속에 우리가 본능적으로 갈망하는 사바나의 단서들(녹색 물 빛 조망)을 되살려 놓는 것이라 할 수 있다.

뉴욕의 센트럴 파크, 런던의 하이드 파크 같은 대규모 도시 공원은 왜 도시의 허파이자 가장 비싼 땅의 중심에 자리 잡고 있을까? 성공적인 도시들은 시민들에게 심리적 안정감을 제공하기 위해 반드시 현대판 사바나를 조성하려 노력한다. 넓게 트인 잔디밭, 그늘을 제공하는 나무들 그리고 연못이나 강을 갖춘 공원은 사바나 가설의 공식을 완벽하게 충족시키는 공간이다. 최근 아파트 단지들이 단지 내에 울창한 나무를 심고 인공 폭포와 실개천을 만드는 이유도 입주민들에게 여기는 안전하고 살기 좋은 곳이라는 무의식적인 만족감을 주어 주거 가치를 높이는 핵심적인 선택이다.

사바나 가설의 원리는 소비자의 마음을 움직이는 마케팅과 디지털 경험 설계에도 깊숙이 적용된다. 금융, 보험, 헬스케어 기업들의 광고에 푸른 초원, 맑은 하늘, 행복한 가족의 이미지가 단골로 등장하는 것은 사바나의 풍경이 주는 원초적인 안정감과 긍정적인 미래에 대한 기대를 제품 이미지와 연결하려는 고도의 전략이다.

최근 멍 때리기가 새로운 휴식법으로 주목받고 있다. 특히 숲멍과 물멍이 효과적인 이유는 숲이나 물과 같은 자연환경이 우리 뇌가 수백만 년 동안 안전하고 자원이 풍부한 곳으로 인식하도록 진화해 온 환경 신호로 가득 차 있기 때문이다. 이러한 환경에 노출될 때 우리의 뇌는 도시의 인공적인 자극 속에서 항상 켜져 있던 위협 감지 모드를 해제하고 깊은 이완 상태에 들어간다. 숲멍과 물멍은 결국 유전자에 각인된 고향, 사바나의 기억을 찾아 떠나는 가장 쉽고 빠른 여행인 셈이다.

당신의 유전자에 각인된 풍경을 찾아서

수백만 년 전 아프리카에서 시작된 인류의 여정은 신체뿐만 아니라 마음에도 지워지지 않는 흔적을 남겼다. 우리가 오늘날 아름다운 자연 풍경 앞에서 느끼는 설명할 수 없는 감동과 평온함은 그저 한순간의 감상이 아니다. 그것은 포식자를 피해 안도의 한숨을 내쉬고, 마침내 발견한 물웅덩이 앞에서 환호하며 언덕 저편 새로운 희망을 찾아 나섰던 인류 조상들의 치열했던 적응기가 유전자에 새겨 넣은 기록이다.

사바나 가설은 아름다움이 우연이 아니라 생존을 위해 필사적으로 선택하고 선호해야 했던 결과물이었음을 보여준다. 안전과 풍요, 기회와 희망을 암시하는 풍경에 끌리도록 설계된 마음은 그 적응의 공식을 아름다움이라는 이름의 쾌감으로 보상해 온 것이다.

당신의 마음을 무장 해제시키고 가장 깊은 평온함을 안겨주는 나만

달리는 호모 사피엔스

의 사바나는 어떤 풍경인가? 어쩌면 정성껏 가꾼 작은 베란다 정원, 매일 아침 창밖으로 내다보는 동네 공원 혹은 주말마다 오르는 뒷산의 산책로일지도 모른다. 사람들은 모두 의식하지 못하는 사이에 삭막한 현대의 삶 속에서 자신만의 방식으로 잃어버린 고향의 풍경을 재현하며 살아가고 있는 것은 아닐까?

당신의 마음을 끄는 어떤 풍경을 마주하게 된다면 잠시 멈추어 그곳을 찬찬히 느껴보자. 그곳에는 아마도 시원한 조망과 아늑한 은신처가, 생명을 상징하는 물과 녹음 그리고 미지의 세계에 대한 호기심을 자극하는 무언가가 함께 있을 것이다. 그리고 그 순간 당신은 수백만 년의 시간을 뛰어넘어 당신의 유전자 속에 잠들어 있던 오랜 기억과 조우하게 될 것이다.

인류의 식탁:
과학수사대가 복원한
사바나의 만찬

인류의 식탁 _ 사바나에서는 무엇을 먹고살았을까?

우리는 앞선 장에서 인류라는 종이 태어나고 자란 거대한 요람, 아프리카의 사바나를 거닐었다. 탁 트인 초원과 드문드문 선 나무, 그늘과 조망이 공존하던 그 풍경이 어떻게 우리의 마음 깊은 곳에 아름다움이라는 원초적 감각을 새겨 넣었는지 살펴보았다. 인류 진화의 무대(住)에 대한 이해를 마쳤으니 이제 무대 위에서 펼쳐진 가장 중요하고도 치열했던 드라마, 바로 먹고사는 문제(食)에 관한 이야기로 나아갈 차례이다.

"무엇을 먹느냐?"라는 질문은 단순히 오늘의 메뉴를 묻는 것이 아니다. 이 질문은 몸과 마음 그리고 사회의 구조를 이해하는 가장 근본적인 열쇠이다. 단맛과 기름진 음식을 갈망하는 이유, 함께 모여 식사할 때 유대감을 느끼는 이유, 심지어 거대한 뇌가 진화할 수 있었던 에너지의 원천까지, 그 모든 비밀은 수백만 년 전 아프리카 사바나에서 펼쳐졌던 조상들의 처절한 영양 공급 메뉴 안에 숨겨져 있기 때문

달리는 호모 사피엔스

이다.

그렇다면 과연 인류 조상인 호모 사피엔스의 먼 친척은 무엇을 먹고 적응했을까? 흔히 털가죽 옷을 입고 손에 날카로운 창을 쥔 채 거대한 매머드를 사냥하는 용맹한 사냥꾼의 이미지가 떠오를 것이다. 하지만 과학적 증거들이 들려주는 이야기는 흔히 알려진 이 익숙한 판타지와는 사뭇 다르다. 인류의 첫 식탁은 그렇게 용맹하고 풍족하지 않았다. 오히려 훨씬 더 처절하고 비굴하며 기회주의적인 모습에 가까웠다. 이제 인류의 식탁 메뉴를 알아보겠다.

첫 번째 메뉴는 땅속 창고에 숨겨진 덩이뿌리이다. 식물 숲이 사라진 사바나에서 과일이나 부드러운 잎사귀 같은 손쉬운 먹이는 계절에 따라 나타났다 사라지는 예측 불가능한 자원이었다. 특히 모든 것이 메말라 버리는 길고 혹독한 건기가 찾아오면 지상에서 먹을 것을 찾기란 하늘의 별 따기와 같았다. 이 절박한 조건 속에서 초기 인류가 기댈 수 있었던 첫 번째 대안은 땅속에 숨겨진 영양분, 바로 덩이뿌리 식물이었다.[14]

덩이뿌리 식물이란 고구마나 감자처럼 땅속에서 굵어지는 뿌리나 줄기를 상상해 보면 된다. 건기에도 마르지 않고 수분과 녹말 형태의 에너지를 고스란히 저장하고 있는 이 초원의 지하 저장고는 예측 불가능한 환경에서 조상들이 기댈 수 있는 가장 안정적이고 신뢰할 수 있는 칼로리 공급원이었다. 다른 동물들과의 경쟁도 덜했다.

하지만 이는 결코 쉬운 식사가 아니었다. 땅속의 보물창고를 열기 위해서는 몇 가지 중요한 조건이 필요했다. 첫째, 지식이었다. 수많은 식물 중에 어떤 식물의 뿌리가 먹을 수 있고, 어떤 것은 독이 있는지 구별해야 했다. 또한 어디에 가면 그것을 찾을 수 있는지에 대한 정신적 지도가 필요했다. 둘째, 기술이었다. 사람의 맨손만으로는 단단하게 굳은 건기의 땅을 파헤칠 수 없었다. 끝을 뾰족하게 만든 나뭇가지 같은 간단한 채집 막대가 필요했다. 이것은 조잡해 보일지라도 땅속 깊은 곳의 식량에 접근할 수 있게 해준 인류 최초의 발명품 중 하나였다.

이처럼 덩이뿌리 식물을 채집하는 행위는 식량 획득이 점차 단순한 육체적 능력을 넘어 지적 능력을 요구하는 활동으로 변해가고 있었음을 의미한다. 안정적인 탄수화물 공급원의 확보는 인류가 굶주림에서 벗어나 다른 활동에 에너지를 쓸 수 있는 기반이 되었고, 이는 인류 진화의 다음 장을 여는 중요한 발판이 되었다.

두 번째 메뉴는 시체이다. 인류의 식생활 진화사에서 먼저 등장하는 역할은 놀랍게도 최상위 포식자가 아닌 시체 청소부이다. 초기 인류였던 오스트랄로피테쿠스나 초기 호모 속은 키가 1.5m도 채 되지 않는 작은 체구에 변변한 무기조차 없었다. 그들은 날카로운 발톱도 강력한 이빨도 치타와 같은 폭발적인 스피드도 갖지 못했다. 그런 신체적 한계 속에서 자신보다 몇 배나 큰 들소나 영양을 사냥한다는 것은 불가능에 가까웠다. 오히려 검치호랑이나 거대한 하이에나의 쉬운 먹잇감, 즉 사냥당하는 존재에 더 가까웠다.[15]

그렇다면 이 연약한 존재들은 어떻게 적응하여 인류의 조상이 될 수 있었을까? 조상들은 힘센 포식자들과의 정면 대결을 피하는 대신 포식자 무리의 뒤를 쫓는 영리한 전략을 선택했다. 사자가 배불리 식사

달리는 호모 사피엔스

를 마치고 어슬렁거리며 자리를 뜨기를 기다렸다가 혹은 하이에나 떼의 소리가 잦아들기를 기다렸다가 덤불 속에서 조심스럽게 기어 나오는 작은 무리. 그것이 바로 우리 조상들의 초기 모습이었을 가능성이 크다.

그들은 사자나 다른 포식자들이 남기고 간 동물의 사체에 조심스럽게 접근했다. 이미 살점은 대부분 사라지고 뼈와 가죽만 앙상하게 남아있는 잔해였으나 그곳에 존속에 필수적인 에너지가 숨겨져 있었다. 바로 뼛속에 가득 찬 영양가 높은 골수와 두개골 안에 담긴 고지방의 뇌였다. 이 두 가지는 칼로리가 매우 높아 적은 양으로도 생존에 필수적인 에너지를 공급해 주는 최고의 영양식이었다. 하지만 강력한 턱을 가진 하이에나를 제외하면 그 어떤 동물도 단단한 뼈를 부수고 이 영양분을 꺼내 먹을 수 없었다. 이 지점에서 조상들은 주변의 돌멩이로 뼈를 내리쳐 깨뜨리는 인류 최초의 기술을 발명해 낸 것이다.

이 청소부 가설은 초기 인류가 어떻게 치열한 적응 경쟁 속에서 자신만의 생태적 지위를 확보했는지를 설명해 준다. 그들은 가장 용감한 사냥꾼은 아니었지만 똑똑한 기회주의자였다. 그리고 이 과정에서 얻은 고지방, 고단백의 영양분은 인류의 역사에서 가장 중요한 사건, 바로 뇌의 성장을 위한 결정적인 밑거름이 되었다.

세 번째 메뉴는 동물들. 시체에 남은 골수와 뇌를 먹던 소극적인 청소부의 시대는 점차 막을 내리고 인류는 마침내 무대 중앙으로 나서기 시작하며 사냥꾼으로서의 정체성을 획득했다. 이는 단순히 식사 메뉴가 바뀐 것을 넘어 인류가 생태계 피라미드의 최하층에서 최상층으로 도약하는 거대한 전환점이었다.

이러한 변화는 여러 요인이 복합적으로 작용한 결과이다. 첫째, 더 나은 도구의 사용이다. 돌을 깨뜨려 날카로운 날을 가진 석기를 제작하게 되면서 동물의 두꺼운 가죽을 자르고 살점을 발라내는 것이 가능해졌다. 이는 사냥의 효율성을 극적으로 높였다. 둘째, 더 커진 뇌로 청소부 시절 섭취한 고칼로리 음식 덕분에 인간의 뇌는 점점 더 커졌다. 커진 뇌는 더 정교한 계획을 세우고, 동물의 행동을 예측하며, 무리 내에서 역할을 분담하여 협력 사냥을 하는 것을 가능하게 했다. 셋째, 직립보행으로 해방된 손은 도구를 더 자유자재로 다루게 했고, 땀을 흘리는 능력은 다른 포유류들이 더위에 지쳐버리는 한낮에도 오랫동안 먹잇감을 추격할 수 있는 지구력 사냥이라는 독특한 사냥법을 가능하게 했다.[16]

이로써 인류는 더 이상 다른 포식자가 남긴 음식을 기다리지 않고, 스스로 식탁을 차릴 수 있는 능동적인 존재로 거듭났다. 그렇다면 고고학자와 인류학자들은 수백만 년 전, 글자 하나 남지 않은 그 시절에 인류 조상들이 무엇을 사냥하고 에너지 자원을 얻었는지 어떻게 알아낼 수 있을까? 그것은 마치 범죄 현장에 남겨진 희미한 흔적들을 쫓는 과학수사대의 수사 과정과도 같다.

과학수사대, 인류의 식탁을 복원하다

우리는 수백만 년 전 과거의 식탁을 엿볼 수 있는 세 가지 강력한 열쇠를 손에 쥐었다. 동물 뼈에 새겨진 칼자국, 인류가 남긴 돌연장 그리

달리는 호모 사피엔스

고 조상들의 뼈에 화학적으로 기록된 식단인 동위원소였다. 이제 우리는 이 열쇠들을 가지고 먼지 쌓인 과거의 문을 열고 마치 과학수사대 요원처럼 고인류의 식탁에 남겨진 증거들을 하나하나 파헤쳐 볼 시간이다. 이 수사의 목표는 단 하나, 인류 조상은 대체 무엇을, 어떻게 먹었는가라는 인류의 가장 원초적인 질문에 대한 답을 찾는 것이다.

가장 먼저 살펴볼 증거는 범죄 현장에 남은 피해자의 흔적, 즉 고대 동물의 뼈 화석이다. 인류학자들이 아프리카의 계곡에서 수백만 년 전의 영양 뼈를 발견했다고 상상해 보자. 이 뼈는 단순한 동물의 유해가 아니라, 그 자체로 한 편의 드라마를 담고 있는 결정적인 증거물이다. 뼈 표면을 자세히 들여다보면 아주 미세하지만 중요한 흔적들이 남아있기 때문이다.

눈에 띄는 것은 포식자의 이빨 자국이다. 사자나 하이에나 같은 맹수가 살점을 뜯어낼 때 생긴 이 자국은 단면이 뭉툭한 U자 형태를 띠지만 그 옆에서 전혀 다른 모양의 흔적이 발견된다. 마치 예리한 칼로 그은 듯한 날카로운 V자 형태의 가느다란 선은 인류 조상이 돌연장으로 살을 발라내거나 뼈를 해체할 때 남긴 절단흔이다.[17] 이 V자 흉터야말로 인류 조상이 그 동물을 먹었다는 가장 직접적이고 부인할 수 없는 증거인 셈이다.

이 절단흔은 단순히 고기를 먹었다는 사실을 넘어 훨씬 더 많은 정보를 속삭여 준다. 예를 들어 절단흔이 동물의 갈비뼈나 넓적다리뼈처럼 살이 많은 부위에 집중적으로 나타난다면 인류 조상이 신선한 고기를 풍족하게 먹었음을 의미한다. 반면 발가락뼈나 턱뼈처럼 살점이 거

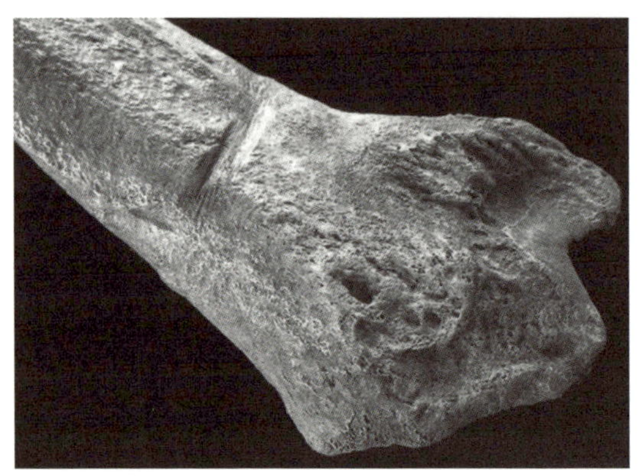

● 코끼리 뼈의 절단 자국 | 출처: The fossil forum ©Harry Pristis 2010

의 없는 부위에서만 발견된다면 어떨까? 이는 아마도 다른 맹수가 먹다 남긴 사체에서 마지막 남은 살점이라도 긁어모으려 애썼다는 시체 청소부의 처절한 식사를 암시할 수 있다.

더 나아가 뼈의 어느 부분을 어떻게 잘랐는지를 보면 당시의 도축 방식까지 엿볼 수 있다. 관절 부위에 남은 절단흔은 팔다리를 몸통에서 분리하기 위한 해체 작업의 증거이며, 길고 평평한 뼈 표면에 남은 여러 개의 평행한 칼자국은 뼈에 붙은 살코기를 정교하게 발라냈다는 것을 보여준다. 이것은 마치 숙련된 정육 기술자가 고기를 부위별로 해체하는 과정과도 같다. 이처럼 뼈에 남은 작은 상처 하나하나는 수백만 년의 시간을 초월하여 당시의 식사 장면을 생생하게 중계해 주는 말하는 증거인 것이다.

두 번째 단서는 바로 우리 조상들이 남긴 석기인 범행의 도구이다. 고인류학자들은 석기의 모양과 만들어진 방식 그리고 그 용도를 분석하며 당시의 식생활 방식을 재구성한다.

가장 오래된 석기는 약 260만 년 전의 것으로 올도완 석기라고 불린다. 이 도구들은 사실 만들었다기보다는 강가의 조약돌을 다른 돌로 몇 번 내리쳐 날카로운 날을 얻은 아주 단순한 형태에 가깝다. 투박하기 짝이 없는 이 돌멩이가 무슨 소용이었을까? 이 석기의 주된 용도는 고기를 자르는 칼이라기보다는 뼈를 깨부수는 망치에 가까웠다.[18] 앞서 말한 시체 청소부의 식단을 떠올려 보자. 맹수가 살점을 다먹고 난 뒤 남은 뼈를 이 올도완 석기로 힘껏 내리쳐 깨뜨린다. 그러면 그 안에 숨겨진 지방과 단백질이 풍부한 영양의 보고인 골수를 얻을 수 있었다. 올도완 석기는 이 마지막 남은 영양분을 독차지하기 위한 인류 최초의 특수 공구였던 셈이다.

시간이 흘러 약 170만 년 전이 되면 훨씬 더 정교하고 아름다운 석기가 등장한다. 좌우대칭의 물방울 모양을 한 아슐리안 주먹도끼이다. 이 주먹도끼는 이전의 석기와는 차원이 다르다. 하나의 도구로 자르고 찍으며 가죽을 벗기고 구멍을 뚫는 등 다양한 용도로 사용할 수 있는 구석기 시대의 맥가이버 칼이었다. 이런 정교한 도구의 등장은 인류가 더 이상 남은 뼈를 깨는 소극적인 역할에 머무르지 않고, 동물을 직접 사냥하고 효율적으로 해체하는 능동적인 사냥꾼으로 진화했음을 보여주는 강력한 증거이다.

최근에는 과학 기술의 발달로 마모흔 분석이라는 기법까지 동원된다. 석기의 날카로운 부분을 수백 배 확대할 수 있는 고배율 현미경으로 들여다보는 것이다. 놀랍게도 석기를 어떤 재료에 사용했는지에 따라 날에 남는 마모의 형태가 모두 다르다. 고기를 잘랐을 때 남는 부드러운 광택, 식물 줄기를 잘랐을 때 생기는 줄무늬, 나무를 깎았을 때의 거친 흔적 등이 모두 구별되는 것이다.[19] 이를 통해 각각의 석기가 동물의 가죽을 벗기는 데 쓰였는지, 고기를 자르는 데 쓰였는지,

● 올드완 석기 | 출처: Wikipedia Commons

● 아슐리안 석기 |
출처: 경기도박물관 ©GGCF

아니면 덩이뿌리를 캐는 데 쓰였는지까지 알아낼 수 있다.

세 번째 단서는 가장 내밀하고 개인적인 증거인 인류 조상의 몸 그 자체에 있다. "당신은 당신이 먹은 것으로 이루어졌 있다"라는 말처럼 우리가 섭취하는 음식물은 뼈와 치아에 고스란히 화학적 기록으로 남는다. 이 기록을 읽어내는 기술이 바로 안정 동위원소 분석이다.[20]

탄소 동위원소(13C)는 주로 어떤 조건에서 자란 식물을 먹었는지 알려준다. 숲속의 나무나 관목 그리고 첫 번째 메뉴로 살펴보았던 덩이뿌리 식물(C3 식물)을 먹고 살았다면 뼈에 남는 13C 비율이 낮다. 반면 사바나의 탁 트인 초원에 자라는 풀(C4 식물)이나 그 풀을 먹고 자란 동물을 먹었다면 13C 비율이 높게 나타난다.[21] 이를 통해 인류 조상들이 주로 숲에 의존해 살았는지 아니면 초원으로 나와 새로운 에너지 자원을 찾았는지 그들의 주된 생활 무대를 추측할 수 있다.

질소 동위원소(15N)는 먹이사슬에서의 위치인 얼마나 육식을 했는지를 알려주는 결정적인 단서이다. 식물에 비해 초식동물의 몸에는 더 높은 비율의 15N이 축적되고, 그 초식동물을 잡아먹는 육식동물의 몸에는 15N이 더욱더 많이 축적된다. 먹이사슬의 위로 올라갈수록 몸속의 15N 비율이 높아지는 것이다. 따라서 고인류 화석의 뼈 콜라겐을 분석하여 15N 비율을 파악하면 그가 평생 채식을 주로 했는지, 아니면 최상위 포식자처럼 육식을 즐겼는지, 그 식단의 구체적인 그림을 그릴 수 있게 된다.

이처럼 뼈에 남은 칼자국과 땅속에 묻힌 돌연장 그리고 인체에 새겨진 화학 성분이라는 세 가지 결정적 단서를 통해 수백만 년 전 인류의 식탁을 재구성해 보았다. 이 단서들이 가리키는 것은 명확하다. 인류는 초기의 소극적인 채집가이자 시체 청소부에서 점차 효율적인 도구를 사용하여 동물을 사냥하는 유능한 사냥꾼으로 진화했다는 사실이다.

그렇다면 구석기 시대 식탁의 주메뉴는 과연 무엇이었을까? 모든 증거는 한 방향을 가리키고 있다. 바로 초원을 가득 메우며 살아가는 네 발 달린 동물인 유제류이다. 왜 하필 수많은 동물 중에서 사슴, 영양, 쿠두, 얼룩말, 버펄로와 같은 유제류가 인류의 가장 중요한 단백질 공급원이 되었을까? 이제 사바나의 심장부로 더 깊이 들어가 인류를 키워낸 사냥감의 정체를 추적해 본다.

인류의 주식, 유제류:
진화를 이끈 운명적 선택

인류의 주식, 유제류

인류가 어떻게 연약한 피식자에서 유능한 사냥꾼으로 거듭났는지에 대한 과정을 살펴보았다. 그러나 여기서 우리는 더욱 근원적인 질문과 마주하게 된다. 이 수많은 잠재적 먹잇감으로 가득 찬 사바나에서 인류 조상은 과연 무엇을 주된 사냥감으로 삼았을까? 그리고 더 중요하게는 왜 그 선택을 해야만 했을까?

이 질문에 대한 답은 단순히 인류의 식단을 초월하여 생물학적 진화와 사회적 발전, 나아가 오늘날 우리가 누구인지에 대한 깊은 통찰을 담고 있다. 그 해답을 찾기 위해 먼저 인류가 살던 터전의 생태학적 법칙을 이해하고 고고학 유적지에 새겨진 흔적들을 자세히 분석해야 한다. 이제 인류의 운명을 결정한 선택의 비밀을 파헤치기 위한 시간 여행을 시작한다.

거대한 식탁, 플라이스토세의 풍경과 법칙

인류의 주식을 이해하기 위해서는 먼저 그들이 살았던 세상인 플라이스토세의 생태 조건을 알아야 한다. 오늘날 우리가 다큐멘터리에서 보는 세렝게티나 마사이마라의 풍경은 플라이스토세의 그것에 비하면 어딘가 허전하고 축소된 버전일 뿐이다. 당시의 아프리카는 훨씬 더 역동적이고 거대하며 위험한 생명체들로 가득 찬 말 그대로 야생의 전성시대였다.

플라이스토세 사바나를 한마디로 정의한다면 거대 동물군의 시대라 할 수 있다. 이 시기 지구는 오늘날과는 비교할 수 없을 정도로 크고 다양한 대형 포유류의 천국이었다. 인류 조상의 눈에 비친 세상은 마치 신화 속 괴물들이 현실에 나타난 듯한 풍경이었을 것이다. 예를 들어 어깨높이가 4m가 넘고 아래턱에 거대한 엄니가 아래로 굽어 자란 고대 코끼리 데이노테리움이 초원을 어슬렁거렸으며, 뿔 길이만 3m에 달하는 거대한 물소 펠로로비스가 무리를 지어 풀을 뜯었다.[22]

이러한 거대 초식동물이라는 걸어 다니는 산들을 떠받치는 비밀

● 고대 아프리카의 거대 동물군

은 그들의 발밑에 있었다. 당시 지구 조건은 열대초원성풀인 C4 식물이 자라기에 최적이었으며, 이 끝없는 녹색 카펫은 막대한 양의 식물성 에너지를 생산했다.[23] 갓 진화의 무대에 등장한 인류 조상에게 사바나는 끔찍한 위협인 동시에 이 거대한 동물들이 제공하는 단백질과 지방이라는 무한한 자원이 존재하는 기회의 땅이었다. 결국 인류의 적응 방식은 무엇을 먹을 것인가라는 선택의 문제로 귀결되었다.

운명적 선택, 왜 하필 유제류였는가?

고인류학 유적지를 발굴할 때 그 해답은 거의 예외 없이 한 방향을 가리킨다. 인류 조상이 선택한 것은 유제류였다. 발굴된 동물 뼈의 압도적인 대다수가 영양, 사슴, 얼룩말과 같은 유제류(발굽이 있는 동물)의 것이기 때문이다.[24] 유제류의 발굽은 탁 트인 초원을 빠르게 달리기 위해 진화한 완벽한 자연산 달리기용 신발이다. 더욱 결정적인 증거는 이 동물들의 뼈에 남겨진 석기의 절단 흔적들이다. 이는 인류 조상이 이들을 직접 사냥하여 마지막 한 점의 영양분까지 철저하게 소비했음을 보여주는 명백한 증거이다.

왜 하필 유제류였을까? 여기에는 적응을 위한 지극히 냉철하고 합리적인 계산이 깔려 있었다. 인류는 최소의 에너지를 들여 최대의 영양을 얻는 최적 섭식 이론을 본능적으로 따랐다. 유제류는 인류에게 세 가지 핵심적인 이점을 제공했다. 첫째는 예측 가능한 자원이었다는 점이다. 유제류는 계절에 따라 일정한 경로로 이동하는 군집 동물이었으므로 지능적인 인간 사냥꾼들은 이들의 길목을 지켜 사냥 성공률을 높일 수 있었다. 둘째는 최적의 가성비라는 점이다. 유제류는 너무 작아서 효율적이지도 않고 너무 커서 감당할 수 없을 만큼 위험하지도 않은 완벽한 크기의 단백질 꾸러미였다. 셋째는 완벽한 영양 공급원이라는 점이다. 비싼 조직 가설에 따르면, 인류의 뇌가 커질 수 있었던 것은 고지방, 고단백 음식을 섭취하게 되면서 소화기관에 들어갈 에너지를 절약하여 뇌에 투자할 수 있게 되었기 때문이다.[25] 유제류는 양질의 단백질과 지방, 골수를 풍부하게 함유하여 인류의 커지는 뇌를 지탱해 준 진화의 숨은 공신이었다.

사냥꾼의 교과서가 인류를 바꾸다

하지만 유제류는 결코 쉬운 먹잇감이 아니었다. 그들은 포식자로부터 자신을 지키기 위해 무리를 지어 움직이는 요새를 만들었으며, 되새김질이라는 독특한 소화 시스템을 통해 초원의 에너지를 효율적으로 흡수하며 번성했다. 또한 360도를 감시하는 파노라마 시야와 예민한 후각 그리고 포식자와의 안전거리를 계산하는 도주 개시 거리(FID)라는 심리적 경계선을 유지하고 있었다.[26]

역설적으로 유제류의 이러한 강력한 방어 기제는 인류를 더욱 특별한 존재로 만드는 촉매제가 되었다. 유제류의 예민한 감각을 속이기 위해 인류는 자신의 시선과 행동을 통제하는 법을 배워야 했고, 그들의 보이지 않는 경계선을 파고들기 위해 고도의 인지 능력을 발달시켜야 했다. 거대한 무리 속에서 특정 사냥감을 고립시키고 추격하는

● 풀을 뜯고 있는 가젤 떼

과정은 개개인의 힘만으로는 불가능했기에 인류는 더 긴밀하게 소통하고 협력하는 법을 터득했다.

결국 유제류를 사냥하는 행위는 단순히 배를 채우는 수단을 초월하여 인류를 더욱더 사회적이고 기술적이며 지능적인 존재로 탈바꿈시킨 진화의 용광로였다. 만약 쌀과 밀이 농업 혁명 이후 문명을 지탱했다면, 유제류는 수백만 년 동안 인류의 기나긴 유년기를 책임지고 사피엔스를 키워낸 위대한 주식이었다. 아울러 인간의 위를 채웠을 뿐만 아니라 뇌를 키우고 문화를 싹틔운 진화의 원동력이었다.

이제 인류는 사바나라는 거대한 게임의 판도를 바꾸는 혁명적인 사냥꾼으로 우뚝 섰다. 그렇다면 인류가 등장하기 전부터 이 무대를 지배해 온 사자나 치타 그리고 하이에나 같은 기존 강자는 어떤 방식으로 경쟁했을까? 다음 장에서는 사바나의 다른 포식자들의 세계를 탐험하며, 인류가 얼마나 이질적이고 독창적인 방식으로 최고의 자리에 올랐는지 실감해 보겠다.

달리는 호모 사피엔스

사바나의 맹수들:
힘, 속도 그리고 협력의 사냥술

앞선 장에서 인류의 주된 사냥감이었던 유제류가 어떤 존재인지 알아보았다. 유제류의 적응 방식과 약점을 파악한 지금 자연스럽게 다음 질문으로 나아가게 된다. 인류가 등장하기 전부터 이 유제류를 노려 온 기존의 강자인 사바나의 프로 사냥꾼들은 과연 어떤 방식으로 이들을 사냥했을까?

인류의 독특한 위치를 이해하기 위해서는 먼저 같은 조건에서 경쟁했던 다른 포식자들의 사냥법을 알아야 한다. 힘, 속도, 협력이라는 각기 다른 무기를 갈고 닦아 온 그들의 사냥술은 시속 80㎞를 상회하는 치열한 추격전 속에서 펼쳐지는 진화의 산물이다.

힘의 제왕, 사자 _ 전략적 매복과 압도적 완력

백수의 왕이라는 칭호에 걸맞게 사자의 사냥은 압도적인 힘에 기반한다. 하지만 의외로 사자는 심장이 체중에 비해 작아 오래달리기에 적합하지 않다. 사자는 짧은 거리에서 최고 시속 80㎞까지 속도를 낼수 있는데 이는 주된 에너지 자원인 누의 최고 속도와 거의 같다. 속도로는 우위를 점할 수 없는 사자의 승부수는 지구력이 아닌 영리한 협동 매복이다.

사냥은 주로 암사자들이 담당하는데 이들은 마치 잘 훈련된 특공대처럼 움직인다. 일부는 바람을 등지고 일부러 모습을 드러내며 사냥감 무리를 특정 방향으로 몬다. 이때 사냥감은 스스로 안전하다고 판단하는 방향인 바람이 불어오는 쪽으로 도망치게 된다. 하지만 그곳에는 바람을 안고 냄새를 숨긴 채 다른 암사자가 조용히 엎드려 기다리고 있다.[27]

사냥감들이 매복 지점으로 들어서는 순간 사자의 근육은 압축된 스프링처럼 터져 나간다. 짧고 폭발적인 돌진으로 사냥감과의 거리를 좁힌 뒤 강력한 앞발로 상대를 쓰러뜨린다. 사냥의 마무리는 목이나 코를 물어 질식시키는 방식으로, 이는 불필요한 저항과 부상을 최소화하는 효율적인 방법이다. 이처럼 사자의 사냥은 힘과 지능적인 팀플레이가 결합한 잘 짜인 각본과도 같은 사냥술이라 할 수 있다.

속도의 화신, 치타 _ 모든 것을 건 찰나의 승부

사자가 힘의 상징이라면 치타는 순수한 속도의 화신이다. 치타의 몸은 오직 달리기를 위해 설계된 공기역학적 걸작이다. 유연한 척추, 긴 다리, 땅을 박차는 스파이크 역할을 하는 거친 발톱 그리고 방향타

달리는 호모 사피엔스

역할을 하는 긴 꼬리까지, 모든 것이 폭발적인 속도를 내기 위해 진화
했다.

치타의 사냥은 스토킹과 전력 질주라는 단순하고 명확한 공식을 따
른다. 최대한 몸을 낮추고 사냥감에 은밀히 접근한 뒤 사정거리 안에
들어오면 모든 에너지를 쏟아부어 번개처럼 질주한다. 이때 최고 속
도는 시속 110㎞를 상회하며 시속 90㎞ 이상으로 달리는 톰슨가젤
같은 빠른 사냥감조차 압도한다.[28]

하지만 이 숨 막히는 추격전은 극도로 짧다. 엄청난 속도는 막대
한 산소와 에너지를 소모하기 때문이기도 하지만 더 무서운 적이 치
타의 몸 안에서 도사리고 있기 때문이다. 폭발적인 근육 운동은 불과
수 초 만에 치타의 체온을 급격하게 끌어올린다. 사냥을 시작한 지 단
20~30초 만에 체온이 40도에 육박할 정도이다. 이는 생명체에게 치
명적인 수준이다. 만약 이 질주가 조금만 더 길어진다면 과열된 몸,
특히 열에 민감한 뇌가 말 그대로 녹아버릴 수 있는 심각한 손상을 입
을 위험에 처하게 된다.[29]

그래서 치타는 20~30초 안에 승부를 보지 못하면 사냥감이 눈앞에
아른거려도 스스로 질주를 멈춰야 한다. 사냥 성공 여부가 아니라 자
신의 존속이 걸린 강제 종료 스위치가 눌리는 셈이다. 사냥에 성공하
면 치타는 앞발로 상대의 다리를 걸어 넘어뜨린 뒤 곧바로 목을 물어
숨통을 끊는다. 치타의 삶은 이처럼 단 한 번의 찰나에 모든 것을 거
는 숙명을 타고났다.

협동의 대가, 하이에나와 늑대 _ 끈기와 무자비함

사자와 치타가 각기 다른 방식으로 단기전을 선호한다면 하이에나와 늑대는 끈질긴 지구력과 지능적인 협동을 무기로 삼는다. 이들은 사바나와 황야의 마라토너들이다. 이들의 최고 속도는 시속 60㎞ 정도로 사냥감보다 느리지만 이 속도를 수 킬로미터 이상 유지할 수 있다는 결정적인 장점이 있다. 사냥을 시작하면 이들은 무리 전체가 참여하여 목표물의 체력을 소진하는 조직적인 추격전을 벌인다.[30]

목표물이 정해지면 무리의 일부가 교대로 선두에 나서 끈질기게 추격하며 목표물을 지치게 만든다. 마침내 목표물이 탈진하여 속도가 느려지면 무리 전체가 달려들어 사냥을 마무리한다. 이들의 사냥은 사자처럼 한 번의 공격으로 급소를 노리는 방식이 아니라 여러 번의 공격을 통해 상대를 지치고 쓰러지게 만드는 소모전의 형태를 띤다. 이는 개체 하나하나의 힘은 약하더라도 끈기와 협동을 통해 자신보다 훨씬 큰 상대를 제압할 수 있는 매우 효과적인 방식이다.

모든 사냥의 첫 번째 법칙

지금까지 우리는 사바나의 대표적인 포식자들의 사냥법을 살펴보았다. 힘으로 제압하는 사자, 속도로 승부하는 치타, 끈기로 지치게 만드는 하이에나와 늑대. 이들의 사냥 방식은 제각기 달라 보이지만 사실 모든 사냥의 출발점에는 놀라울 정도로 중요한 공통점이 하나 있다. 그것은 바로 사냥감을 무리에서 분리한다는 것이다.

유제류에게 무리는 생존을 보장하는 최강의 요새이다. 따라서 어떤 포식자든 성공적인 사냥을 위해서는 가장 먼저 목표물을 이 요새 밖으로 끌어내야만 한다. 매복하든, 전력 질주를 하든, 끈질긴 추격을 하든, 그 모든 전략의 첫 번째 단계는 바로 고립이다.

그렇다면 인류는 어떠했는가? 조상들은 사자 같은 힘도 치타 같은 속도도 늑대 같은 날카로운 이빨도 가지지 못했다. 그러나 모든 포식 자를 뛰어넘어 지구상 가장 성공한 사냥꾼이 되었다. 다음 장부터는 선조들의 오랜 사냥 방식에 대해서 구체적으로 알아보고 이를 통해서 신체와 본능 그리고 정신에 깊이 새겨진 인류 고유의 특성을 자세히 살펴보겠다.

사냥꾼의 진짜 무기: 지구력 사냥

두 발과 맨손의 경이

인류의 오랜 사냥 역사를 떠올릴 때 뇌리에 가장 먼저 그려지는 이미지는 무엇일까? 아마 대부분 사람은 털가죽 옷을 입은 원시인이 날카로운 창을 손에 쥐고 거대한 매머드나 사나운 검치호랑이를 향해 용맹하게 달려드는 모습을 상상할 것이다.

하지만 이 이미지는 인류의 수백만 년에 걸친 기나긴 사냥 서사시의 아주 마지막 페이지에 그려진 한 컷의 삽화에 불과하다. 만약 인류의 사냥 역사를 하루 24시간으로 압축한다면, 우리가 상상하는 창 던지기나 활쏘기는 밤 11시가 훌쩍 넘어서야 등장하는 아주 최근의 기술이다. 그렇다면 그 이전 칠흑같이 길고 긴 시간 동안 우리의 조상들은 대체 무엇으로 그리고 어떻게 사냥했을까? 그 해답은 우리가 가진 편견을 깨뜨리고 인간이라는 동물의 본질을 완전히 새로운 시각으로 바라보게 만든다.

우선 인류 조상이 사용했던 도구의 역사를 차근차근 짚어볼 필요가 있다. 흔히 구석기 시대라고 두루뭉술하게 말하지만 그 안에는 거의 250만 년에 달하는 까마득한 시간이 담겨 있으며 기술의 발전 단계에 따라 전기, 중기, 후기로 구분된다.

약 260만 년 전부터 30만 년 전까지의 구석기 전기, 이 기나긴 시대의 상징은 올도완 석기와 아슐리안 주먹도끼이다. 이 도구들은 손에 꽉 쥐고 사용하는 일종의 휴대용 정육점 칼이었다. 사냥한 동물의 가죽을 벗기고 살을 자르고 뼈를 깨서 골수를 빼먹는 데 사용되었다. 즉 사냥하는 무기가 아니라 사냥이 끝난 뒤를 처리하는 도구에 가까웠으며, 이 시대 조상들이 원거리의 사냥감을 공격할 수 있는 무기는 사실상 없었다.

네안데르탈인이 주역이었던 약 30만 년 전부터 5만 년 전 사이의 구석기 중기에는 돌을 다루는 기술이 훨씬 정교해져 날카로운 돌조각을 나무 막대 끝에 묶어 최초의 창이 등장한다. 독일 쇠닝겐에서 발견된 약 30만 년 전의 나무 창은 그 대표적인 증거이다.[31] 우리는 쇠로 만든 날카로운 칼이나 도끼로 나무를 쓱쓱 깎는 모습을 상상하기 쉽지만, 당시에는 그런 금속 도구가 전혀 없었다. 그들이 가진 것이라곤 오직 돌뿐이었다. 단단한 주먹도끼나 날카로운 돌조각으로 생나무를 깎고 다듬어 뾰족한 창을 만든다는 것은 우리가 상상하는 것보다 훨씬 더 고되고 지루하며 엄청난 시간과 기술을 요구하는 작업이었다. 불을 이용해 나무 끝을 그을려 단단하게 만드는 과정을 병행했을 것이나 그 결과물은 투박하고 무거운 찌르기용 창이었으며 가볍고 날렵한 던지기용 창으로는 역부족이었다. 따라서 사냥 방식이 능동적으로 변화했음에도 여전히 에너지 자원의 숨통을 끊기 위해 목숨을 걸고 앞까지 접근해야 했다.

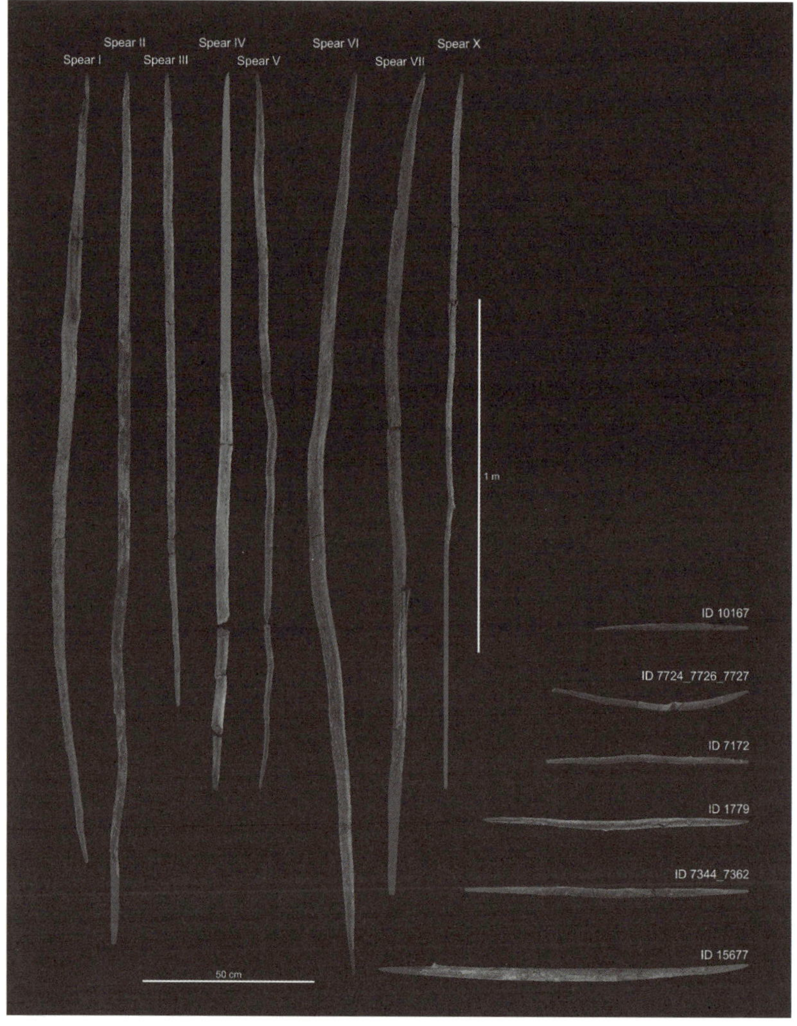

● 쇠닝겐의 창 | 출처: Wikipedia Commons ©Matthias Vogel

달리는 호모 사피엔스

드디어 우리가 상상하는 사냥꾼의 시대가 열리는 것은 구석기 후기이다. 현생인류 호모 사피엔스는 더 가볍고 날카로운 돌날을 사용해 본

● 투창기(Atlatl)

격적인 던지기 창을 만들었다. 더 나아가 약 2만 년 전에는 투창기라는 혁명적인 도구를 발명한다. 이것은 지렛대의 원리를 이용해 창의 속도와 사거리를 폭발적으로 늘려주는 장치로, 인간의 팔이 갑자기 두 배로 길어진 것과 같은 효과를 냈다.[32] 이후 활과 화살이 등장하며 원거리 사냥 기술은 정점에 달하게 된다.

인류의 조상이 돌을 깨서 도구를 사용하기 시작한 것은 약 260만 년 전이다. 하지만 멀리서 사냥감을 공격할 수 있는 효과적인 원거리 무기인 투창기가 등장한 것은 불과 2만 년 전이다. 계산은 간단하다. 인류가 사냥꾼으로 살아온 시간의 99% 이상을 조상들은 일반적으로 상상하는 창이나 활 없이 보냈다.

그렇다면 덫은 어땠을까? 땅을 깊게 파서 함정을 만들고 동물이 빠지기를 기다리는 방식 말이다. 이는 흔한 상상이지만 구석기 시대 현실과는 거리가 멀다. 거대한 동물이 빠질 만큼 깊고 넓은 구덩이를 파려면 무엇이 필요할까? 당연히 삽이나 곡괭이 같은 땅을 파는 도구가

있어야 한다. 하지만 인류 조상의 유일한 만능 도구는 손에 쥔 주먹도 끼였다. 단단하게 굳은 아프리카의 사바나 땅을 주먹도끼만으로 파내는 것은 거의 불가능에 가까운 일이었다. 설령 팠다고 해도 그 엄청난 노동력을 보상할 만큼 사냥 성공률이 높지도 않았을 것이다.

인간의 본질을 만든 것은 창과 활 그리고 함정이 아니었다. 인류 역사상 가장 오랜 시간 동안 위대한 조상들은 아프리카 사바나에서 가젤, 영양, 사슴을 사실상 맨손으로 잡았다. 사냥의 핵심 과정 즉 동물을 추적하고 지치게 만들고 마침내 쓰러뜨리는 그 모든 과정은 오직 두 다리의 지구력과 동료들과의 협력 그리고 불굴의 의지만으로 이루어졌다. 이것이야말로 진짜 인간이라는 동물을 가장 잘 이해할 수 있는 핵심이다.

우리는 창의 발명가가 아닌 지구력 달리기 선수로 진화했으며, 활의 명수가 아닌 협력과 소통의 대가로 거듭났다. 우리는 활의 명수가 아니라 협력과 소통의 대가로 진화했다. 우리의 몸과 마음, 사회성의 가장 깊은 뿌리는 바로 이 기나긴 맨손 사냥의 시대에 형성되었다.

멈추지 않는 포식자 _ 지구력 사냥

사람들이 사냥하려던 아프리카 사바나의 가젤, 임팔라, 쿠두 같은 유제류들의 최고 속도는 시속 80km를 상회한다.[33] 세상에서 가장 빠른 단거리 육상 선수인 우사인 볼트의 100m 최고 기록을 환산하면 시속 37.6km 정도이니 이건 게임이 안 되는 승부이다. 숨어있다가 덮친

달리는 호모 사피엔스

다고 해도 100m를 3초대에 주파하는 치타의 폭발적인 순발력이 우리에겐 없다. 그런데도 인류는 가젤, 임팔라, 쿠두, 사슴을 사냥했다. 정답은 빨리 달려서가 아니라 오래 달려서 잡았다는 것이다. 이것이 인류 진화의 위대한 방식 중 하나인 지구력 사냥이다.[34]

지구력 사냥은 속도의 경쟁이 아니라 열과의 전쟁이다. 한낮의 태양이 내리쬐는 아프리카 사바나를 상상해 보라. 사냥꾼 몇몇이 사슴 무리 중에서 가장 크고 튼실한 놈 하나를 골랐다. 사냥이 시작되면 사슴은 당연히 온 힘을 다해 도망친다. 수백 미터 아니 수 킬로미터가 순식간에 벌어진다. 인간 사냥꾼은 그저 녀석이 사라진 방향을 향해 묵묵히 그러나 꾸준히 달릴 뿐이다.

몇 킬로미터를 전력 질주한 사슴은 이제 완벽히 따돌렸다고 확신하며 잠시 멈춰 선다. 녀석은 덤불 그늘에 들어가 거친 숨을 고른다. 안도의 한숨을 내쉬며 '휴, 저 느림보들은 이제 끝났다'라고 생각했을 것이다. 심지어 긴장이 풀린 녀석은 조금 전의 생사를 건 추격전은 까맣게 잊은 듯, 유유히 근처의 맛있는 잎사귀를 몇 개 뜯어 먹거나 아까 허둥지둥 삼켰던 풀을 꺼내 느긋하게 되새김질을 시작한다. 완벽한 일상으로의 복귀를 선언한 셈이다.

하지만 바로 그 순간 녀석의 평화는 산산조각이 난다. 저 멀리 지평선에서 조금 전 그 먼지구름이 그리고 그 안에서 포기할 줄 모르는 그 두 발의 포식자들이 여전히! 같은 속도로! 묵묵히 달려오고 있다. 소스라치게 놀란 사슴은 되새김질하던 것을 꿀꺽 삼키고 다시 도망친다. 하지만 이번에는 처음처럼 멀리 가지 못한다. 몸이 이미 뜨거워졌기 때문이다. 녀석은 다시 멈춰 서서 숨을 몰아쉰다. 하지만 끔찍하게도 저 포식자들은 또다시 멈추지 않고 같은 속도로 다가온다.

이것이 지구력 사냥의 핵심으로 인간은 이길 수 없는 단거리 경주를 포기하는 대신 반드시 이길 수 있는 장거리 경주인 체온 과열 경쟁을 시작했다. 인간은 열을 식히는 능력에서 지구상 어떤 포유류보다 압도적인 우위에 있기 때문이다.

이 사냥을 통헤 얻은 것은 그 무엇과도 바꿀 수 없는 고품질의 식량이었다. 사냥에 성공한 날 조상들은 엄청난 양의 단백질과 지방을 확보했다. 그리고 이 풍부한 칼로리는 인류 진화의 가장 극적인 변화, 바로 뇌의 거대화를 가능하게 한 결정적인 연료가 되었다.[35] 다른 영장류와는 비교할 수도 없이 크고 복잡한 뇌를 유지하기 위해서는 막대한 에너지가 필요한데, 지구력 사냥은 바로 그 비싼 뇌를 유지할 수 있는 가장 확실한 식량 공급원이었던 셈이다.

이 위대한 방식은 문자 그대로 현대까지 이어져 내려왔다. 대표적인 예가 남아프리카 칼라하리 사막의 산(San) 부족이다. 사냥꾼은 무리 중 가장 튼실한 놈을 한 마리 고른 뒤, 녀석을 무리에서 떼어놓고 끝없는 추격을 시작한다.[36] 이 지옥의 마라톤은 기온이 섭씨 40도를 넘나드는 한낮에, 5시간 이상, 30km가 넘게 이어지기도 한다. 결국 온몸이 두꺼운 털로 뒤덮인 쿠두는 더 이상 치솟는 체온을 감당하지 못하고 과열, 즉 열사병으로 인해 비틀거리다 쓰러진다. 그때까지도 꾸

달리는 호모 사피엔스

준히 달려온 사냥꾼은 열사병으로 경련하는 쿠두에게 유유히 걸어가 간단한 창이나 도구로 그 기나긴 추격전의 마침표를 찍는다.

멕시코의 타라우마라 부족 역시 마찬가지이다. 자신을 라라무리, 즉 달리는 사람들이라 부르는 이들은 타이어 조각으로 만든 샌들 하나만 신고 수백 킬로미터를 달리곤 한다. 역사적으로 이들은 사슴이나 칠면조를 사냥할 때 무려 하루 이틀에 걸쳐 동물이 문자 그대로 지쳐 쓰러질 때까지 쫓아가 잡았다고 전해진다.[37] 이들은 지구력 사냥꾼이었던 인류 조상의 모습이 최근까지 생생하게 이어졌음을 보여주는 살아있는 증거이다.

지구력 사냥의 성공은 사실 사냥감을 성공적으로 고립시키는 그 첫 번째 순간에 달려있었다. 수백 마리가 몰려다니는 거대한 영양 무리 속에서 어떻게 단 한 마리의 목표물을 정확히 골라 분리해 낼 수 있었을까? 리더가 가리키는 순간, 나머지 동료는 어떻게 일사불란하게 추격을 시작할 수 있었을까? 이것은 우리의 아킬레스건이나 땀샘 같은 신체적 능력의 문제 이전에 소통과 협력이라는 사회적 능력의 문제이다.

다음 장에서는 이 장엄한 추격전의 막이 오르는 바로 그 첫 번째 순간부터 살펴보겠다. 사냥꾼들이 어떻게 서로 눈을 맞추고 손짓하고 소리를 내며 거대한 무리를 혼란에 빠뜨리고 마침내 단 한 마리의 목표물을 고립시키는지, 그 경이로운 협력과 소통의 기술에 대해 자세히 파헤쳐 보겠다.

유인원인가, 인류인가:
화석의 증거

당신이 만일 아프리카 케냐의 뜨거운 태양 아래에서 흙먼지를 털어 내다가 손바닥만 한 작은 두개골 화석을 발견했다고 상상해 보자. 정말 가슴 뛰는 순간이 아닐 수 없다. 그런데 이 화석은 인간의 먼 친척일까 아니면 침팬지나 고릴라 같은 유인원의 조상일까?

고인류학자들에게도 이 질문 즉 두개골 화석 하나만으로 초기 인류(호미닌이라고 부른다)와 다른 영장류를 구분하는 것은 매우 중요하고도 흥미진진한 과제이다. 흔히 뼈는 거짓말을 하지 않는다고 한다. 두개골에 남아있는 몇 가지 핵심적인 해부학적 특징들은 마치 탐정에게 남겨진 단서처럼 그 주인의 정체를 나직이 속삭여 준다.

단서 1: 뇌 용량 및 두개골 형태

가장 먼저 눈에 띄는 것은 아마도 뇌가 들어있던 방의 크기와 모양일 것이다. 인류 계통은 진화의 과정에서 몸 크기에 비해 뇌 용량이 점차 커지는 방향으로 나아갔다. 물론 수백만 년 전 초기 인류의 뇌 용량은 현대인보다 훨씬 작았지만, 동시대를 살았던 다른 유인원들과 비교하면 상대적으로 큰 경향을 보인다.[1]

모양 또한 다르다. 인류 조상의 두개골은 점차 위아래로 높아지며 둥근 공 모양에 가까워졌다. 특히 생각하고 계획하는 능력과 관련된 전두엽이 발달하면서 이마가 뒤로 경사진 유인원들과 달리 점점 더 수직에 가깝게 바로 서는 형태를 띠게 되었다. 반면 다른 영장류들은 상대적으로 뇌 용량이 작고, 두개골이 앞뒤로 길고 낮은 형태를 보이며, 이마가 뒤로 눕듯이 경사진 경우가 많다.

단서 2: 후두공의 위치

하지만 뇌 용량보다 더 결정적인 단서는 두개골의 바닥에 숨어있다. 바로 후두공이라고 불리는 큰 구멍이다.[2] 이곳은 뇌와 척수가 연결되는 통로인데, 이 구멍의 위치가 그 주인이 네 발로 걸었는지 아니면 두 발로 섰는지를 알려주는 핵심 열쇠가 된다.

한번 생각해 보자. 네 발로 걷는 개나 침팬지는 머리가 척추보다 앞에 매달려 있다. 그래서 후두공이 두개골의 뒤쪽에 치우쳐 있기 마련이다. 하지만 인류처럼 두 발로 꼿꼿이 서서 걷는다면 무거운 머리가 척추 위에서 균형을 잡아야 한다. 마치 볼링공을 막대기 위에 올려

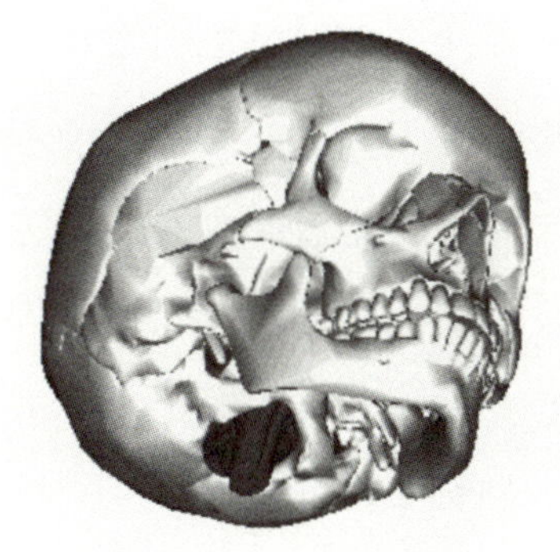

● 인간 두개골의 후두공 위치 | 출처: Wikimedia Commons ©Anatomography

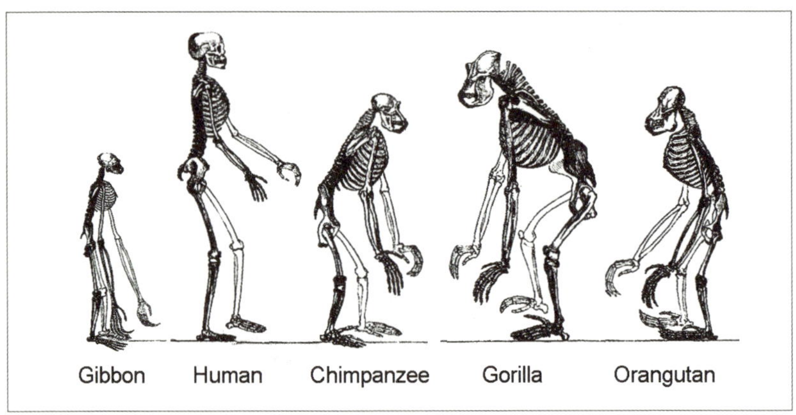

● 인간과 유인원의 골격 비교 | 출처: Wikipedia Commons ©Tim Vickers

놓는 것처럼 말이다. 그러려면 구멍은 어디에 있어야 할까? 맞다. 두개골 바닥의 거의 정중앙에 가까워야 한다. 케냐에서 발견한 두개골의 후두공이 중앙에 가깝다면 이는 주인이 두 발로 보행했다는 강력한 증거이자 인류 조상일 가능성을 시사한다.

단서 3: 안면 돌출 정도

이제 얼굴을 살펴볼 차례이다. 침팬지나 고릴라를 보면 주둥이가 앞으로 툭 튀어나와 있는데, 이를 안면 돌출이라고 한다.[3] 반면 인류는 진화하면서 얼굴이 점점 더 편평해지고 턱이 안으로 들어가는 경향을 보였다. 물론 초기 인류에게는 눈구멍 위의 뼈가 두드러지게 발달했지만, 현생인류로 오면서 이마저도 많이 줄어들었다. 만약 발견된 화석의 얼굴이 상대적으로 편평하다면 이 또한 인류의 특징 중 하나라고 볼 수 있다.

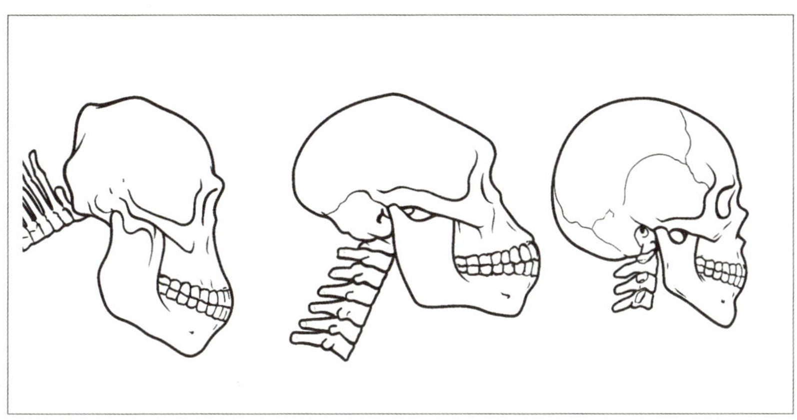

● 침팬지(왼쪽), 초기 인류(가운데), 현대 인류(오른쪽)의 두개골

단서 4: 치아의 크기와 형태

이빨은 화석으로 가장 잘 남는 부위 중 하나이며 정말 많은 정보를 담고 있다. 먼저 송곳니를 보면 다른 영장류 수컷들은 서열 다툼이나 과시용으로 크고 뾰족한 송곳니를 갖지만, 인류의 조상들은 송곳니가 훨씬 작고 뭉툭해졌으며 암수 간의 크기 차이도 줄어들었다. 반면 초기 인류는 질긴 식물성 먹이를 씹기 위해 어금니가 상대적으로 크고 에나멜질이 두꺼워지는 경향을 보였다.

입천장을 보았을 때 나타나는 치열의 모양인 치열궁도 중요하다. 유인원들의 치열은 양쪽 어금니가 거의 평행한 U자형에 가깝지만 인류는 부드러운 포물선 형태를 띤다. 특히 유인원은 윗송곳니를 날카롭게 유지하려 입을 다물 때마다 아랫니 바깥면에 윗송곳니가 갈리는 C/P3 연마 복합체라는 구조를 갖추었으나, 인류 조상은 송곳니가 작아지며 이 장치가 완전히 사라졌다.[4] 만약 발견된 화석의 이빨에서 송곳니가 작고 이 칼갈이의 흔적이 전혀 없다면 인류의 계통일 가능성이 아주 크다.

단서 5: 시상 능선 및 목덜미 능선

● 파란트로푸스 에티오피쿠스 두개골 |
출처: Wikipedia Commons ©Nrkpan

혹시 화석의 머리 꼭대기 정중앙을 따라 세로로 솟아오른 뼈 구조물인 마치 닭 볏 같은 것이 보이는가? 이를 시상 능선이라 부른다.[5] 이것은 장식이 아니라 강력한 턱 근육이 달라붙는 닻과 같은 역할을 한다. 주로 고릴라나 파란트로푸스처럼 매우 질긴 식물을 씹어야 했던 종들에게서 발견되며 대부분의 호모 속 인류에게는 이런 거대한 능선이 없다. 마찬가지로 머리 뒤쪽의 목덜미 능선은 머리를 지탱하는 목 근육이 붙는 자리이며 직립보행으로 머리 균형이 잡힌 인류는 상대적으로 덜 발달한 모습을 보인다.

결론: 가장 결정적인 단서는 무엇인가?

케냐에서 발견한 두개골 화석이 후두공은 중앙에 있고, 송곳니는 작으며 뇌 용량이 몸 크기에 비해 크고 얼굴의 돌출이 덜하다면 초기 인류의 화석일 가능성이 매우 커진다. 그렇다면 이 중 가장 결정적인 단서 하나만 골라야 한다면 고인류학자들은 무엇을 지목할까?

많은 이들이 주저 없이 후두공의 위치를 꼽을 것이다. 이는 직립보행의 가장 직접적인 증거이기 때문이다.[6] 인류의 진화를 이끈 첫 번째

달리는 호모 사피엔스

이자 핵심적인 변화가 바로 두 발로 서서 걷기 시작한 사실이다. 이후 뇌가 커지고 도구를 사용하며 복잡한 사회를 이루는 과정으로 이어졌다. 후두공이 두개골 중앙으로 이동했다는 것은 이 개체가 숲을 나와 두 발로 초원을 걸었던 계통의 일원임을 보여주는 강력한 해부학적 증거가 된다.

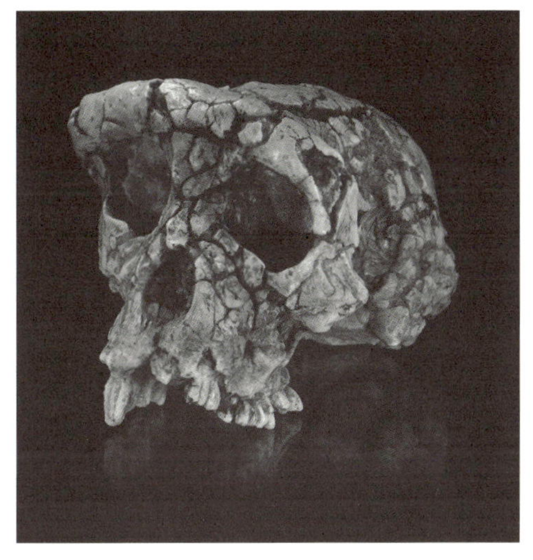

● 사헬란트로푸스 차덴시스 두개골 화석 |
출처: Wikipedia Commons ©Didier Descouens

심지어 700만 년 전의 초기 인류 조상인 사헬란트로푸스 차덴시스에서도 후두공이 아래쪽으로 이동한 경향이 관찰될 정도이다.[7] 물론 과학자들은 결코 단 하나의 단서만으로 성급하게 결론 내리지 않는다. 후두공 부위가 손상되었다면 치아의 형태나 칼갈이 장치가 사라진 흔적이 아주 중요한 백업 증거가 된다. 결국 고인류학은 법정 배심원처럼 여러 단서를 모아 가장 설득력 있는 이야기를 재구성하는 과정이다.

사막의 투마이,
700만 년 전의
수수께끼

인류의 기원을 찾아 떠나는 여정은 언제나 동아프리카의 익숙한 협곡으로 향하곤 했다. 그러나 2001년 모든 고인류학자의 시선이 예상치 예상치 못했던 아프리카 차드의 사하라 사막 북부 투로스멘 지역으로 쏠렸다.

그곳에서 프랑스의 고인류학자 미셸 브루네가 이끄는 팀은 거의 완전한 형태의 두개골 화석 하나를 발견했다.[1] 약 700만 년 전의 것으로 추정되는 이 화석에는 사헬란트로푸스 차덴시스라는 학명이 붙었으나 흔히 그를 정감 가는 별명인 투마이(Toumaï)로 부른다. 차드 지역 언어로 '희망의 생명' 또는 '생명의 새벽'을 의미하며, 보통 건기가 오기 직전에 태어난 아기에게 붙여주는 이름이라고 한다. 이름 그대로 투마이는 인류 진화의 가장 이른 새벽을 밝혀줄 희망이 될 수 있었을까?

인간의 얼굴, 유인원의 두뇌

투마이의 두개골을 들여다보면 혼란스러운 모자이크를 마주하게 된다. 어떤 특징은 분명히 유인원의 것을 닮았고, 또 어떤 특징은 인류의 것을 닮았기 때문이다.

가장 먼저 눈에 띄는 것은 뇌 용량이다. 약 350cc 정도로 이는 현대 침팬지의 평균 뇌 용량과 거의 같다. 게다가 매우 두껍고 돌출된 눈썹 융기부는 영락없는 고대 유인원의 특징이다. 이 두 가지만 본다면 투마이를 인류의 조상으로 분류하기는 망설여진다.

그러나 고개를 돌려 얼굴을 보면 이야기가 달라진다. 투마이는 유인원보다 상대적으로 얼굴이 납작하며 특히 송곳니가 매우 작다. 침팬지나 고릴라 수컷이 거대하고 날카로운 송곳니를 과시용 무기처럼 사용하는 것과 대조적이다. 작은 송곳니는 수컷 간의 공격적인 경쟁이 줄어들었음을 시사하는 인류 계통 호미닌으로 향하는 중요한 특징 중 하나로 간주한다.

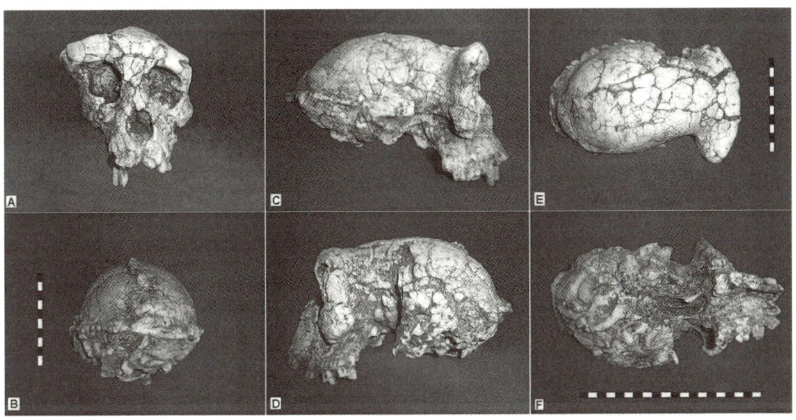

● 측면에서 촬영한 투마이의 두개골 화석 | 출처: Wikipedia Commons ⓒOryctes

● 복원된 투마이 | 출처: 전곡선사박물관

무엇보다 결정적인 특징은 두개골 바닥에서 발견된 후두공의 위치이다. 후두공은 뇌와 척수가 연결되는 커다란 구멍인데, 네 발로 걷는 유인원들은 이 구멍이 두개골의 뒤쪽에 치우쳐 있다. 반면 두 발로 걷는 인간은 머리가 척추 위에 균형을 잡아야 하므로 이 구멍이 두개골의 정중앙 아래쪽에 자리 잡고 있다.

놀랍게도 투마이의 후두공은 침팬지보다 훨씬 앞쪽인 즉 두개골의 아래쪽에 있었다.[2] 이는 투마이가 700만 년 전에 이미 직립보행을 했을지도 모른다는 강력한 증거이다.

최초의 인간인가, 또 다른 유인원인가?

후두공의 위치와 작은 송곳니라는 두 가지 인류적 특징을 근거로, 찬성 측 학자들은 투마이가 인류와 침팬지가 갈라진 직후에 나타난 최초의 인류라고 주장했다. 만약 700만 년 전에 직립보행을 했다면 투마이는 그동안 발견된 어떤 후보보다도 가장 오래된 직계 조상이 된다.

하지만 반론은 거셌다. 비판적인 학자들은 투마이의 증거가 너무

달리는 호모 사피엔스

빈약하다고 지적했다. 우선 발견된 것이 거의 완전한 두개골 1개와 일부 치아밖에 없다는 점이 문제였다. 직립보행은 다리뼈나 엉덩뼈 같은 두개골 하부 증거가 뒷받침되어야 하지만 관련 자료가 부족하다. 일부 학자들은 투마이의 두개골이 화석화되는 과정에서 눌리거나 변형되어 후두공의 위치가 복원 과정에서 왜곡되었을 가능성을 제기했다.[3]

또한 투마이가 가진 압도적인 유인원의 특징들인 작은 뇌와 두꺼운 눈썹 융기를 무시할 수 없었다. 투마이는 인류 조상이 아니라 인류와

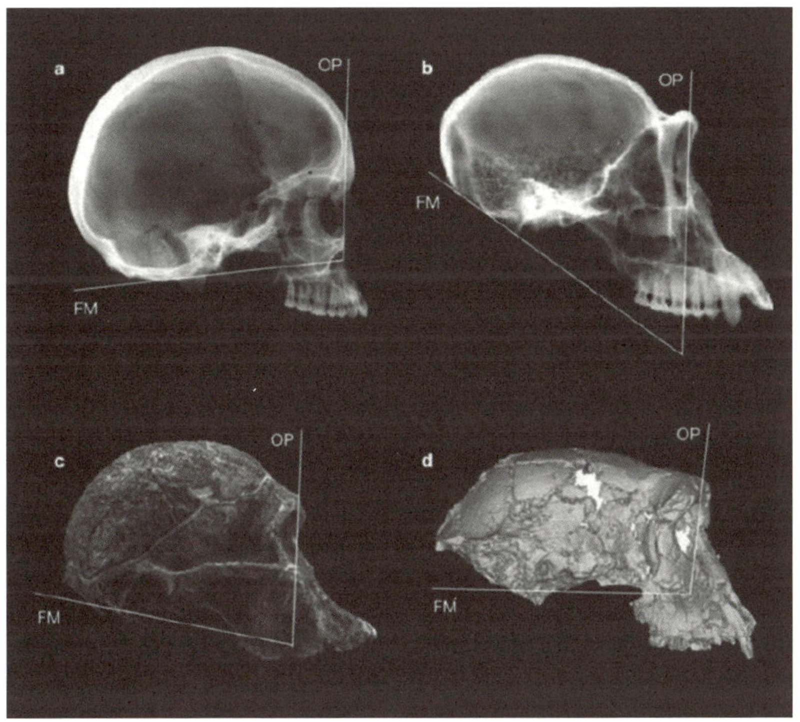

● 후두공과 안와면에 의해 형성된 각도 사이의 관계 a) 호모 사피엔스, b) 침팬지, c) 오스트랄로피테쿠스 아프리카누스, d) 투마이 | 출처: Zollikofer et al. 2005

는 관계없이 독자적으로 진화하다가 멸종해버린 또 다른 유인원 계통의 한 가지일 수 있다는 주장이다. 단지 우연히 인간과 비슷한 납작한 얼굴이나 직립보행 자세를 일부 진화시켰을 뿐이라고 설명한다.

결론 없는 논쟁과 그 의미

이 지루한 논쟁을 끝내줄 증거가 필요하던 차에 2022년 투마이 발견지에서 함께 발굴되었던 대퇴골과 팔뼈를 분석한 결과가 드디어 발표되었다.[4] 학계는 숨을 죽이고 그 결과를 기다렸다.

결과는 어땠을까? 분석 결과 투마이는 땅에서는 두 발로 걸었을 가능성이 보였지만 동시에 나무 위에서도 능숙하게 팔을 사용해 이동했던 것으로 나타났다. 이 새로운 증거조차 투마이가 완전한 직립보행을 했는지 아니면 그저 나무타기와 직립보행을 어설프게 병행했는지 확정적인 결론을 내주지 못했다.

현재 학계의 다수 의견은 신중하다. 투마이를 인류와 침팬지의 공통 조상 직후의 존재일 가능성이 있는 중요한 후보로 인정하면서도, 최초의 호미닌이라고 단정하기에는 결정적인 증거가 부족하다는 견해다.

투마이가 인류의 직계 조상이든 아니든 그 학문적 의미는 엄청나다. 투마이의 발견은 동아프리카만이 인류의 요람이라는 오랜 패러다임을 뿌리째 흔들었다. 인류의 조상들이 동아프리카의 리프트 밸리뿐만 아니라, 중앙아프리카 차드처럼 넓은 아프리카 대륙 전체에서 동시다발적으로 나타났을 가능성을 열어주었기 때문이다.

달리는 호모 사피엔스

투마이는 인류의 진화가 하나의 종에서 다음 종으로 이어지는 직선적 과정이 아니었음을 보여주는 극적인 사례이다. 700만 년 전 아프리카에는 어쩌면 투마이처럼 직립보행을 시도했던 수많은 존재가 있었으며, 그 복잡하게 얽힌 가지 중 하나만이 현생인류에게 이어졌을 것이다. 투마이는 그 잃어버린 새벽의 풍경을 잠시 엿보게 해주는 소중한 창문인 셈이다.

CHAPTER 2

소통과 협력

마음을 잇는 그물:
소통과 협력

앞선 장에서 인류 조상이 마주했던 거대한 장벽을 확인했다. 근육과 뿔 그리고 본능으로 뭉친 유제류의 거대한 무리. 그들은 무리를 유지하고 안전거리를 확보하며 추격을 피해 무리로 숨으라는 철옹성의 적응 법칙으로 자신들을 지켜왔다.

사바나의 포식자 사자를 생각해 보자. 사자 무리조차도 이 거대한 무리의 흐름을 제어하지 못해 사냥 성공률은 20% 남짓에 불과하다. 하물며 힘과 속도에서 절대적으로 불리했던 조상들에게 이 규칙들은 넘을 수 없는 벽처럼 보였을 것이다. 특히 모든 사냥의 첫 번째 관문이자 가장 풀기 어려운 숙제, 즉 목표물을 무리로부터 분리하라는 과제는 거의 불가능에 가까워 보였다.

그렇다면 조상들은 대체 어떻게 다른 맹수들도 어려워하는 이 고립이라는 위업을 달성할 수 있었을까? 그 해답은 그들의 손에 들린 돌도끼가 아닌 그들의 머릿속과 가슴속에 있었다. 인류 진화의 중요한 가설 중 하나인 협력 사냥 가설은 바로 이 지점에서 시작된다. 이 가설은 거대한 동물을 사냥해야 한다는 절체절명의 과제가 오히려 인류의 협력, 소통 능력 그리고 복잡한 사회성을 폭발적으로 진화시킨 핵심 동력이었다고 설명한다.[1] 그 모든 것의 중심에는 바로 다른 동물과 인류를 구분 짓는 가장 위대한 능력, 소통이 있었다.

보이지 않는 무기 _ 언어와 사회 지성

인류의 진정한 무기는 날카로운 돌날이 아닌 동료를 잇는 보이지 않는 연결망인 소통 능력이었다. 이는 단순한 까마귀의 경고음이나 늑대의 울음소리를 초월하여 공동의 목표를 세우고 서로의 마음을 읽으며 각자의 역할을 조율하는 고도의 사회 지성을 의미한다. 진화심리학자 마이클 토마셀로가 주창한 공유된 의도성이라는 개념은 이 경이로운 능력을 잘 설명해 준다.[2] 이것은 단순히 여러 명이 같은 사슴을 노리는 것을 넘어, 인류가 함께 사냥감을 잡기로 계획하여 각자의 역할을 맡는다는 사실을 서로가 인지하고 공유하는 능력이다.

마치 잘 훈련된 농구팀이 눈빛만으로 스크린플레이를 펼치고 축구팀이 약속된 움직임으로 상대 수비수를 무너뜨리는 것과 같다. 인류 조상은 눈빛과 손짓, 미세한 표정의 변화만으로 '나는 저기 뒤처진 어린 개체를 노릴 테니, 너는 오른쪽으로 넓게 돌아 들어가라'라는 복잡하고 유동적인 의도를 공유할 수 있었다. 이는 다른 동물들의 본능적인 집단행동과는 차원이 다른 정교한 팀워크의 서막이었다.

여기에 인류만의 독특한 해부학적 특권이 더해져 이 보이지 않는 무기는 더욱 강력해졌다. 이는 달리면서 자유롭게 소리 내어 말할 수 있는 능력이다. 대부분의 네발 동물은 전력 질주할 때 숨을 들이마시고 내쉬는 호흡의 주기와 다리를 움직이는 보행의 주기가 1:1로 고정된다. 즉 한 걸음 뛸 때 한 번 숨을 쉬어야 하므로 달리는 도중에는 그저 헥! 헥! 헐떡일 뿐 복잡한 소리를 만들어내기 극히 어렵다.

하지만 직립보행으로 상체가 자유로워진 인류는 호흡을 다리 움직임과 분리하여 훨씬 유연하게 조절할 수 있었다. 이것은 추격 중에도 동료들과 끊임없이 소통하는 것을 가능히게 만든 그야말로 진화의 결정적 선물이었다.[3]

왼쪽으로 돌아! 속도를 늦춰! 너무 빨라! 내가 저쪽으로 몰겠다! 반대편을 막아!

이것은 사냥터에 울려 퍼지는 단순한 소음이 아니었다. 이는 사냥 국면을 실시간으로 바꾸는 역동적인 변수이자 흩어진 사냥꾼의 움직임을 하나의 거대한 그물처럼 촘촘하게 엮어내는 전술적 언어였다.

전략의 탄생: 고립 작전

소통과 협업이라는 막강한 무기를 통해 인류는 마침내 철옹성 같던 무리를 깨뜨릴 방법을 찾아냈다. 인류의 사냥은 더 이상 운에 맡기는 개별적인 추격이 아니었다. 높은 수준의 공유된 의도성을 바탕으로 잘

달리는 호모 사피엔스

짜인 각본처럼 움직이는 전략적 몰이의 형태를 띠기 시작했다.

사냥의 막이 오르면 한두 명의 배우가 의도적으로 무리의 정면에서 시선을 끈다. 그사이 나머지 사냥꾼들은 소리 없는 손짓과 눈빛으로 약속된 계획을 재확인하며 좌우로 넓게 퍼져 보이지 않는 그물을 펼친다. 이윽고 약속된 신호와 함께 사냥꾼들은 각기 다른 방향에서 고함을 지르며 무리에게 심리적 압박을 가하고, 그들의 도주 경로를 원하는 방향으로 미묘하게 조종한다.

극도의 혼란에 빠진 무리는 본능적으로 압박이 가장 덜한 방향, 즉 열려 있는 것처럼 보이는 공간으로 도망치기 시작하는 사냥감 앞에 인류가 설계한 덫이 기다리고 있다. 사냥꾼들은 미리 점찍어 둔 약하고 어린 개체와 무리의 본진 사이를 파고들어 그 경로를 차단하고 거대한 흐름을 둘로 갈라놓는다. 결국 목표물은 어미와 동료들의 거대한 물결에서 떨어져 나와 공포에 질린 채 홀로 남겨지게 된다.

협력하는 유인원의 탄생

이것이 바로 인류의 사냥이 시작되는 방식이었다. 사냥감을 무리로부터 분리하는 것은 단순한 기술이 아니었다. 그것은 소통을 통해 서로의 의도를 파악하고 역할을 분담하며 공동의 목표를 위해 움직이는 고도의 사회적 행위였다.

이 과정은 인류 진화의 강력한 엔진이 되었으며 소통과 협력의 향상은 사냥 성공률을 높이는 결과로 이어졌다. 성공적인 사냥으로 얻은 풍부한 영양(특히 뇌 발달에 필수적인 단백질과 지방)은 더 복잡한 소통과 사고를 가능하게 하는 두뇌의 성장을 촉진했다. 발달한 두뇌는 다시 정교한 사냥 방식과 사회적 협력을 가능하게 했다.[4]

결국 인간의 가장 근원적인 특성은 바로 이 지점에서 출발한다. 혼자서는 세상에서 가장 나약한 존재 중 하나이지만 함께 소통하고 협력할 때 상상 이상의 힘을 발휘하는 존재. 언어와 사회 그리고 오늘날 문명을 지탱하는 뿌리는 수백만 년 전 초원에서 동료와 함께 사냥감을 몰던 인류 조상의 심장 속에 이미 자리 잡고 있었다.

달리는 호모 사피엔스

달리면서 전하는 말: 협력의 위대한 교향곡

동료와 힘을 합쳐 무언가를 이룰 때 가장 중요한 것은 무엇일까. 아마 많은 이가 소통을 핵심으로 답할 것이다. 이 소통이라는 단어 안에는 단순한 정보 교환을 넘어, 서로의 마음을 읽고 감정을 나누며 공동의 목표를 향해 나아가는 복잡하고도 경이로운 과정이 담겨 있다.

마치 오케스트라의 각 악기가 지휘자의 섬세한 손짓과 동료 연주자들과의 미묘한 교감 속에서 비로소 하나의 장엄한 교향곡을 완성해내듯, 인간 사회의 정교한 협력 역시 다층적인 소통이 있을 때 비로소 그 빛을 발한다. 인간을 다른 동물과 구별 짓는 핵심 능력은 정교한 목소리와 언어이다. 이 목소리가 만들어내는 복잡한 언어는 단순한 정보 전달을 넘어, 감정을 공유하고 문화를 창조하며 거대한 사회를 직조해내는 실과 같다.

인류 조상의 사냥 장면을 상상해 보자. 교향곡은 침묵 속에서 연주되는 조용한 서곡으로 시작된다. 경험 많은 사냥꾼은 눈썹을 살짝 치켜올리거나 턱짓으로 동료에게 사냥감의 예상 이동 경로를 알린다. 다른 동료는 손짓으로 포위망의 형태를 그리거나 특정 지점을 가리키며 자신이 맡을 역할을 전달한다. 말 한마디 없이도 서로의 시선과 미세한 표정 변화를 읽으며 일사불란하게 움직이는 것이다.

이렇게 소리 없는 언어로 목표물에 최대한 가까이 다가간 후, 결정적인 순간이 오면 목소리를 이용한 역동적인 추격전인 교향곡의 클라이맥스가 펼쳐진다.

지금이야! 외곽으로 몰아붙여!, 왼쪽! 왼쪽으로 도망가지 못하게 막아!

우렁찬 외침과 함께 사방에서 좁혀오는 포위망, 동료들의 함성과 발소리가 어우러져 사냥감을 혼란에 빠뜨린다. 이처럼 인간은 상황에 따라 소리 없는 눈짓과 몸짓 그리고 우렁찬 목소리라는 다채로운 소통 도구를 마치 지휘자처럼 유연하게 활용하며 협력의 정교함을 극대화했다.

사냥이 성공적으로 끝나면 그 기쁨과 흥분은 또 다른 형태의 소통으로 이어진다. 함께 둘러앉아 사냥의 경험을 나누고 다음 사냥 방식을 논의하며 이야기가 탄생했을 것이다. "그때 그 녀석이 갑자기 방향을 틀었을 때 네가 재빨리 길을 막지 않았다면 놓쳤을 거야"라는 생생한 경험담은 집단의 지혜를 축적하고 기술을 전수하며 유대감을 강화했다.

달리는 호모 사피엔스

더 나아가 현실에 존재하지 않는 대상에 대해 이야기하는 능력, 즉 허구를 만들어내는 능력은 대규모의 유연한 협력을 가능하게 한 핵심 요인이 되었다. 공동의 신화, 규칙, 가치관을 공유함으로써 혈연관계를 넘어선 수많은 사람이 하나의 목표를 향해 나아갈 수 있게 된 것이다.

눈빛, 그 깊은 울림: 인간의 눈에 담긴 소통과 협력의 대서사시

분주한 카페 안, 잠시 고개를 들어 주위를 둘러본다고 상상해 보라. 누군가는 창밖을 보며 몽상에 잠겨 있고, 누군가는 맞은편 친구의 이야기에 웃으며 눈을 맞추고 있다. 저쪽 구석에서는 노트북 화면에 시선을 고정한 채 무언가에 열중하고 있다. 인간은 풍경 속에서 타인의 마음을 즉시 그려낸다. 누가 무엇에 관심을 두고 있는지, 어떤 감정을 느끼고 있는지, 그들의 시선이 머무는 곳을 따라가며 마치 숙련된 독심술사처럼 무의식적으로 읽어낸다.

눈은 마음의 창이라는 오랜 격언처럼 인간에게 눈은 단순히 세상을 보는 시각 기관을 넘어 매우 특별한 의미를 지닌다. 그런데 왜 유독 인간의 눈은 이토록 수많은 이야기를 담은 깊고 투명한 소통의 매개체가 되었을까? 왜 우리의 눈은 다른 동물들처럼 자신의 의도를 감추려 하지 않고 이토록 솔직하게 모든 것을 드러내도록 설계되었을까? 이 질문에 대한 답은 우리 눈의 독특한 구조와 그 구조를 활용하는 인

달리는 호모 사피엔스

간만의 놀라운 능력 그리고 그 모든 것이 가능하게 한 수백만 년에 걸친 진화의 장대한 여정 속에 숨겨져 있다.

드러난 흰자위, 소통을 위해 던진 진화의 승부수

우선 거울을 통해 눈을 들여다보라. 그리고 인간과 가장 가깝다는 침팬지의 눈 사진과 나란히 놓고 비교해 보라. 아주 명백하고도 결정적인 차이점이 단번에 눈에 띌 것이다. 그것은 넓게 드러난 흰자위인 공막이다.

침팬지를 포함한 대부분의 영장류는 공막이 어두운색이거나 눈꺼풀에 대부분 가려져 있어 언뜻 보면 검은 눈동자만 둥둥 떠 있는 것처럼 보인다. 마치 자신의 패를 절대 보여주지 않는 포커 플레이어처럼 그들의 눈은 자신의 의도나 관심사를 철저히 숨기는 데 최적화되어 있다. 그들의 시선이 어디를 향하는지 알려면 고개가 돌아가는 방향 전체를 봐야만 겨우 짐작할 수 있다.

반면 인간의 눈은 새하얀 도화지 같은 흰자위가 검은 눈동자를 선명하게 감싸고 있다. 게다가 눈의 형태도 위아래로 좁고 좌우로 긴 타원

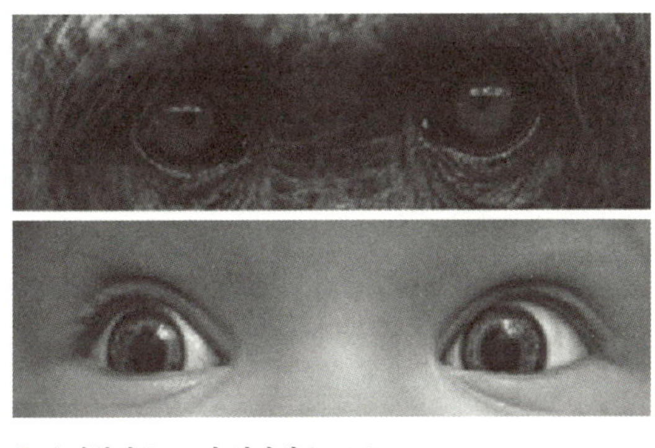

● 유인원의 눈(위)과 인간의 눈(아래)

형이라서 눈동자가 왼쪽에서 오른쪽으로 미끄러지듯 움직이는 모습
이 아주 명확하게 드러난다. 이것이 단순한 우연일까? 일본의 연구자
고바야시 히로미와 고시마 쇼지는 이것이 결코 우연이 아니며, 인류
가 협력이라는 적응 방식을 선택하면서 던진 진화의 위대한 승부수라
고 주장했다.[5]

어두운 밤하늘에 밝은 별이 잘 보이듯 밝은 흰자위는 어두운 눈동
자의 미세한 움직임조차 마치 무대 위의 스포트라이트처럼 비추어 강
조한다. 이는 곧 나의 의도와 관심사를 숨기기보다는 타인에게 적극
적으로 드러내겠다는 사회적 선언과도 같다. 경쟁자나 포식사에게 자
신의 시선을 숨기는 편이 유리했을 다른 영장류의 진화 경로와는 정
반대의 길, 즉 신뢰와 공유의 길을 선택한 것이다.

이러한 선택은 우리 조상들의 삶을 어떻게 바꾸었을까? 드넓은 아
프리카의 사바나에서 함께 사냥감을 추적하는 초기 인류의 무리를 상
상해 보라. 저 멀리 덤불 속에서 미세한 움직임이 포착된다. 가장 먼
저 발견한 사람이 큰 소리를 지르면 사냥감과 주변 포식자에게 위치
를 발각당할 위험이 크지만, 아무 말 없이 눈동자만 돌려 그곳을 응시
하면 선명한 흰자위를 본 동료들이 즉시 상황을 인지하고 함께 시선
을 고정하게 된다. 이렇듯 소리 없는 정보 교환은 사냥의 성공률을 높
이고 무리의 유지 가능성을 키웠다.

이는 비단 이는 비단 사냥에만 국한되지 않았으며, 아이에게 석기
제작법을 가르치거나 열매의 독성 여부를 구별할 때 말보다 빠르고
정확하게 정보를 전달하는 도구가 되었다. 시선은 인류 최초의 교과

달리는 호모 사피엔스

서이자 가장 믿음직한 내비게이션이었던 셈이다.

우리는 눈빛을 읽도록 태어났다

특별하게 설계된 눈이라는 하드웨어가 있다면 그것을 능숙하게 사용하는 소프트웨어 또한 필요하다. 놀랍게도 인간은 그 특별한 소프트웨어를 뇌에 탑재하고 태어난다. 저명한 발달 심리학자 마이클 토마셀로가 이끄는 연구팀의 연구는 이 사실을 명확하게 보여준다.[6] 연구팀은 인간의 눈이 타인과의 협력적인 상호작용을 위해 진화했다는 협력적 눈 가설을 증명하기 위해 아주 흥미로운 실험을 설계했다.

연구팀은 아직 말도 못 하는 아기들과 인간과 가장 가까운 유인원(침팬지 보노보 고릴라 등)을 대상으로 실험자가 특정 사물을 바라볼 때 그 시선을 따라가는지 관찰했다. 여기서 핵심적인 조건은 실험자가 머리는 정면에 둔 채 오직 눈만 돌려서 사물을 바라보는 상황이었다. 고개 전체의 움직임이라는 커다란 힌트를 제거하고, 순수하게 흰자위와 눈동자의 방향 정보만으로 의도를 파악할 수 있는지를 실험한 것이다.

실험 결과 유인원은 고개를 돌릴 때는 시선을 따라갔지만 눈동자만 움직였을 때는 그 방향을 거의 알아차리지 못했다. 유인원에게 소통의 단서는 여전히 크고 분명한 신호인 고개의 방향이었던 셈이다.

하지만 인간 아기들은 완전히 달랐다. 생후 12개월 정도의 아기들은 고개의 움직임이 전혀 없어도 실험자의 눈동자가 향하는 곳을 정확하게 따라가 쳐다보았다. 이는 아기들이 태어날 때부터 타인의 마

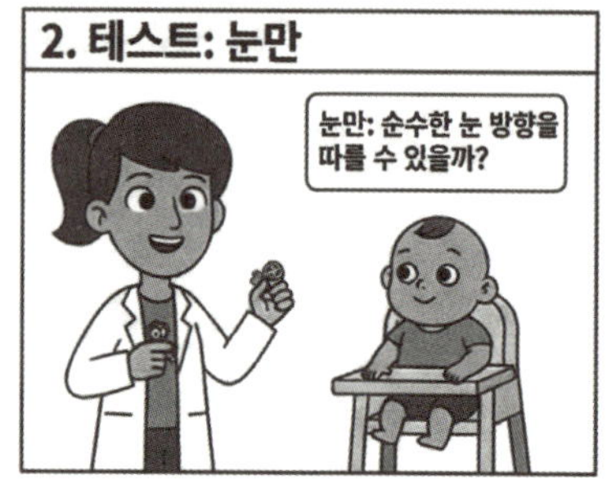

음을 읽는 첫 번째 열쇠가 눈이라는 사실을 본능적으로 알고 있음을 시사한다. "저 사람이 지금 무엇을 보고 있을까?"라는 질문은 곧 "저 사람은 무슨 생각을 하고 있을까?"라는 질문으로 이어지는 인간 고유의 사회적 지능의 싹인 셈이다.

이 능력은 공동 주의(joint attention)라고 불리는 결정적인 사회적 능력으로 발전한다. 공동 주의란 다른 사람과 함께 같은 대상에 관심을 집중하는 상태를 의미한다. 아이가 손가락으로 사과를 가리키고 엄마를 쳐다볼 때 그리고 엄마가 아이의 시선을 따라 사과를 보고 대답할 때, 아이-엄마-사과를 잇는 공유된 경험의 삼각형이 형성된다. 이 삼 각형 안에서 아이는 세상의 사물에 이름이 있음을 배우고 언어를 습 득하며 타인과 경험을 공유하는 기쁨을 깨닫는다. 이 모든 위대한 여 정의 첫걸음이 바로 서로의 눈을 들여다보고 시선을 따라가는 아주 단순한 행위에서 시작되는 것이다.

눈빛, 문명을 쌓아 올린 보이지 않는 건축가

선명한 시선을 드러내는 눈의 해부학적 구조와 그 시선을 본능적으 로 읽어내는 뇌의 인지적 능력은 완벽한 한 쌍의 파트너가 되어 인간 을 초사회적인 동물로 만들었다. 이 정교한 시선 소통 시스템은 인류 가 거대한 사회를 이루고 찬란한 문명을 건설하는 보이지 않는 건축 가였다.

사람은 상대방의 눈을 통해 동의, 의심, 기쁨, 슬픔과 같은 수십 가 지 미묘한 감정을 읽어내고 상대의 의도를 파악하여 다음 행동을 예 측한다. 이러한 비언어적 소통은 인간이 함께 거대한 건축물을 짓고, 복잡한 사회 규칙을 만들며 세대를 거쳐 지식과 문화를 전수하는 모 든 협력 활동의 핵심적인 윤활유 역할을 했다.

더 나아가 이 능력은 타인의 상황을 이해하고 감정을 함께 느끼는 공감 능력의 뿌리가 된다. 타인의 시선을 따라 그의 관점에서 세상을 보려는 시도는 자연스럽게 그 사람의 감정 상태를 헤아리려는 노력으 로 이어진다. 우리가 소설 속 주인공의 처지에 깊이 몰입하거나, 영화

속 인물의 슬픔에 함께 눈물 흘리는 것도 어쩌면 수백만 년에 걸쳐 진화해 온 이 시선 기반의 공감 능력이 고도로 발달한 결과일지 모른다.

물론 시선은 언제나 협력과 공감만을 위해 쓰이지는 않는다. 때로는 상대를 제압하려는 강렬한 응시로, 때로는 불편한 상대를 외면하는 무시의 도구로 사용되기도 한다. 하지만 분명한 것은 이 모든 복잡하고 미묘한 사회적 상호작용이 가능한 것 자체가 눈과 뇌가 서로의 시선을 읽고 해석하는 데 극도로 특화되었기 때문이라는 사실이다.

그러니 다음에 누군가의 눈을 바라볼 때 그 깊은 시선 속에 남긴 인류의 오랜 이야기와 소통의 경이로움을 다시 한번 느껴보는 것은 어떨까? 우리가 서로의 눈을 맞추고 눈빛을 교환하며 때로는 말없이도 깊은 이해에 도달하는 그 모든 순간에는 우리를 인간답게 만들고 위대한 문명을 쌓아 올리게 한 보이지 않는 힘이 담겨 있다. 눈은 단순한 창이 아닌 마음과 마음을 잇고 사회를 직조하는 가장 강력하고도 섬세한 다리이다.

달리는 호모 사피엔스

언어의 새벽:
유전자와 뼈 그리고
근육이 빚어낸 언어의 기적

인류의 사냥이 단순한 추격이 아닌 정교한 소통과 협업을 바탕으로 한 위대한 드라마였음을 확인했다. 동료의 눈빛을 읽고, 함께 소리치며 거대한 무리를 이겨냈던 인류 조상. 이 모든 것의 중심에는 인류를 다른 모든 종과 구별 짓는 가장 위대한 능력, 바로 언어가 있다. 그렇다면 이 결정적인 무기인 언어는 과연 언제, 어떻게 탄생하게 된 것일까?

인간은 언제부터 말을 하게 되었나? 이 질문은 어쩌면 과학계에 남은 가장 어려운 숙제일지도 모른다. 언어는 뼈처럼 화석으로 남지 않기 때문이다. 최초의 단어, 최초의 문장은 시간 속으로 흔적도 없이 사라졌다. 하지만 과학자들은 포기하지 않고 마치 탐정처럼 여러 분야에 흩어진 간접적인 단서들을 모아 언어의 기원을 추적하고 있다. 그 단서들은 해부학적인 인체와 유전자 그리고 남겨진 고고학적 흔적 속에 숨겨져 있다. 사람들이 매일 공기처럼 당연하게 사용하는 언어라는 능력 뒤에는 수백만 년에 걸친 진화의 드라마가 숨어있다. 이 드라마의 주인공은 단순히 머릿속의 지능만이 아니다. 우리 몸속 깊은 곳에서 정교하게 맞물려 돌아가는 유전자, 아주 작은 뼈 하나 그리고 거대한 근육의 움직임이 조화를 이룰 때 비로소 인간은 인간다운 목소리를 낼 수 있다.

하드웨어의 진화 _ 하강된 후두, 목뿔뼈 그리고 횡격막의 자유

복잡한 소리를 내기 위해서는 그에 맞는 하드웨어, 즉 신체 구조가 필수적이다. 인간의 후두는 다른 유인원보다 훨씬 아래쪽에 위치하여 아[a], 이[i], 우[u]와 같이 명확하게 구분되는 다양한 모음을 낼 수 있는 넓은 공간을 확보했다.[7] 뇌 화석을 통해 언어 담당 영역인 브로카 영역과 베르니케 영역이 이미 200만 년 전 호모 하빌리스의 뇌에서부터 확장되기 시작했음을 알 수 있다.[8]

인간의 성대는 마치 숙련된 장인이 수십 년간 다듬어 온 악기처럼 아주 미세한 근육의 떨림과 호흡의 조절을 통해 놀랍도록 다양한 높낮이와 크기 그리고 음색의 소리를 창조해낼 수 있다. 다른 영장류와 비교했을 때 인간의 후두인 성대가 위치한 기관은 목구멍 아래쪽으로 더 내려와 있는 독특한 해부학적 특징을 보이는데 이를 하강된 후두라고 부른다. 이러한 구조는 성대에서 만들어진 소리가 공명할 수 있는 인두강이라는 공간을 넓혀준다.[9] 마치 기타의 울림통이 클수록 소리가 더 크고 풍부해지는 것처럼 이 넓어진 공간 덕분에 우리는 훨씬 더 다채롭고 명확한 발음을 할 수 있게 된 것이다. 침팬지의 경우 후

달리는 호모 사피엔스

두가 높이 있어 비강으로 소리가 많이 빠져나가 콧소리가 섞인 제한된 발성만 가능한 것과는 대조적이다.[10]

하지만 이 하강된 후두는 인류에게 큰 이점을 준 만큼 아찔한 위험도 함께 안겨주었다. 후두가 아래로 내려오면서 음식물이 통과하는 식도와 공기가 통과하는 기도가 매우 가깝게 위치하게 되었고, 이는 음식을 삼킬 때 자칫 음식물이 기도로 넘어가 질식할 위험을 높였다. 그런데도 이러한 해부학적 변화가 선택되었다는 것은 그 위험을 상쇄하고도 남을 만큼 정교한 발성 능력이 인류 조상의 생존과 번식에 중요했다는 강력한 증거이다.

물리적 구조물 중 가장 독특한 것이 바로 목뿔뼈(Hyoid bone)이다. 인체에는 200개가 넘는 뼈가 있지만 목뿔뼈는 그 어디에도 속하지 않고 홀로 존재하는 아웃사이더이다. 턱뼈 아래 깊숙한 곳에 자리한 이 U자 모양의 작은 뼈는 다른 어떤 뼈와도 직접 맞닿아 있지 않고 근육과 인대에 매달려 공중에 떠 있다. 마치 꼭두각시 인형처럼 근육들에 의해 지지가 되는 독특한 구조 덕분에 목뿔뼈는 매우 자유롭게 움직일 수 있다. 목뿔뼈는 혀의 뿌리와 후두를 안정적으로 받쳐주며 음식을 삼키고 숨을 쉬며 노래하는 모든 순간의 핵심축이 된다.

목뿔뼈 주변에는 이를 위로 당기는 목뿔뼈상근군과 아래로 당기는 목뿔뼈하근군이 촘촘하게 배치되어 있다.[11] 사람이 침을 꿀꺽 삼킬 때 목뿔뼈상근군이 목뿔뼈와 후두를 번쩍 들어 올리면 후두개가 기도를 뚜껑처럼 덮어 음식물이 폐로 들어가는 것을 막아준다. 반대로 목뿔뼈하근군은 발성 시 후두의 위치를 안정적으로 고정하는 닻 역할을

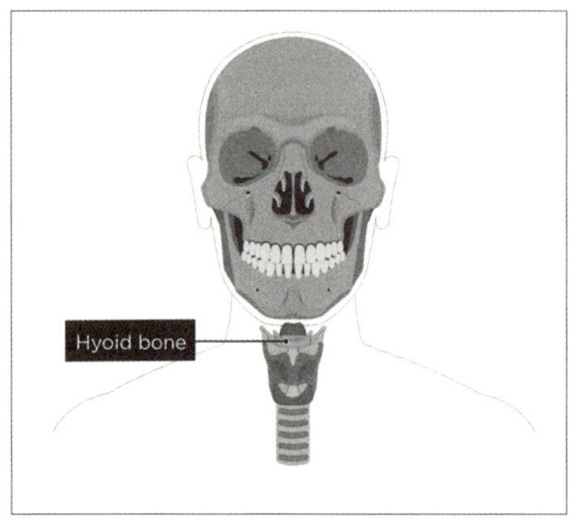

● 목뿔뼈(Hyoid bone)의 위치

한다. 1989년 이스라엘 케바라 동굴에서 발견된 네안데르탈인의 목뿔뼈 화석은 현대인의 것과 거의 똑같았으며, 이는 그들 역시 어느 정도 복잡한 소리를 낼 해부학적 잠재력이 있었음을 증명했다.[12]

언어의 엔진 역할을 하는 근육인 횡격막은 가슴(흉강)과 배(복강)를 나누는 거대한 돔 모양의 근육막이다. 평소에는 낙하산처럼 위로 솟아 있다가 숨을 들이마시는 순간 팽팽하게 수축하며 아래로 내려간다.[13] 이때 가슴 공간이 넓어지며 발생하는 음압 덕분에 신선한 공기가 폐로 빨려 들어온다. 횡격막은 호흡의 70~80%를 담당하는 주연 배우이며, 특히 우리가 의식적으로 행하는 복식호흡은 횡격막을 최대한 활용하는 방식이다.[14] 복식호흡을 하면 인체의 정보 고속도로인 미주 신경을 자극하여 스트레스를 완화하고 신체를 안정 모드로 전환하는 생물학적 마법이 일어나기도 한다.[15]

하지만 횡격막의 진정한 가치는 인류가 네발짐승의 숙명에서 벗어나면서 빛을 발했다. 1983년 브램블과 캐리어의 연구에 따르면, 개나 말 같은 네 발 포유류는 달릴 때 한 걸음에 한 번 숨을 쉬어야 하는 1:1 연동 비율에 묶여 있다.[16] 이를 내장 피스톤 효과라고 하는데 달릴 때 무거운 장기들이 앞뒤로 출렁이며 세로로 형성되어 있는 횡격

달리는 호모 사피엔스

막을 강제로 밀고 당기기 때문이다. 이 때문에 그들은 아무리 숨이 차도 보폭보다 더 빨리 숨을 쉴 수 없는 한계가 있다.

인류는 직립보행을 선택하며 이 속박에서 해방되었다. 장기들이 골반이라

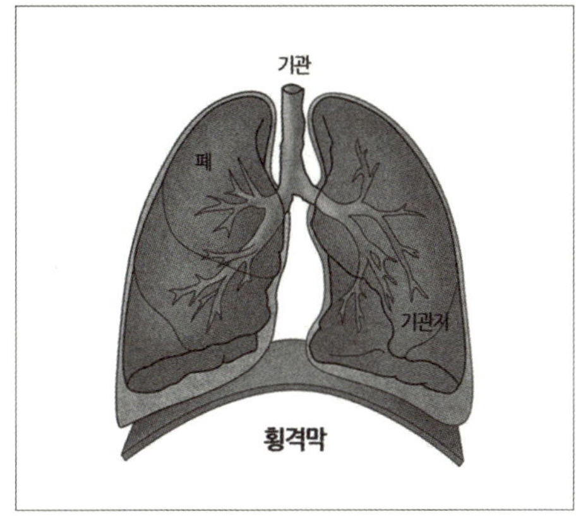

● 폐 아래쪽에 있는 돔 형태의 큰 근육 횡격막

는 바구니 속에 안정적으로 담기면서 횡격막은 달리는 리듬과 상관없이 독립적인 제어권을 얻었다. 덕분에 우리는 두 걸음이나 네 걸음에 한 번 숨을 쉬며 산소 공급을 최적화할 수 있게 되었고, 이는 인류가 불볕더위 속에서도 사냥감을 지칠 때까지 추격하는 지구력 사냥꾼이 되는 결정적 계기가 되었다. 더 놀라운 것은 이 호흡의 해방이 언어와 결합했다는 점이다. 인간은 달리면서도 횡격막을 미세하게 조절해 동료에게 소리를 지르거나 사냥 전략을 전달할 수 있다.[17] 사냥하는 긴박한 순간에도 서로 오른쪽으로 몰라고 외치며 협력할 수 있었다. 횡격막이라는 정교한 공기 조절 밸브 덕분에 우리는 단순한 외침이 아닌 감정과 정보를 담은 긴 문장을 말할 수 있게 된 것이다.

소프트웨어의 진화 _ 사냥하는 뇌와 FOXP2 유전자의 합주

정교한 하드웨어가 있더라도 그것을 구동할 소프트웨어가 없다면

무용지물이다. 유전학은 인류 DNA 속에서 그 소프트웨어의 흔적인 FOXP2 유전자를 찾았다. 이 유전자는 말을 하는 데 필요한 입술, 혀, 성대의 미세한 움직임을 조절하는 오케스트라의 지휘자 역할을 한다. 스스로 연주하는 연주자가 아니라 수많은 연주자에게 언제, 어떻게 연주할지를 지시하는 지휘자인 셈이다. FOXP2가 지휘하는 단원들은 주로 뇌가 발달하는 과정에서 언어 구사에 필요한 정교한 신경 회로를 구축하는 유전자들이다.

특히 뇌의 기저핵처럼 절차적 기억과 섬세한 운동 제어를 담당하는 영역의 발달에 깊이 관여한다. 인간이 복잡한 문법을 생각하고 단어의 의미를 이해하는 고차원적인 인지 능력이 아니라 그 생각을 소리로 표현하기 위해 입술, 혀, 턱, 성대를 정교하게 움직이는 신체적 능력에 직접적으로 관여하는 것이다.

이 유전자의 역할이 명확히 밝혀진 것은 영국의 한 가계(KE 가문)에 관한 연구 덕분이었다. 이들은 3대에 걸쳐 구성원의 절반가량이 심각한 언어 장애, 즉 발달성 언어 실행증을 겪고 있었다.[18] 단어나 문법을 이해하는 데는 큰 문제가 없었지만, 지휘자의 지휘봉이 부러진 탓에 입과 혀가 제대로 움직여주지 않았다. 인간의 FOXP2는 침팬지의 것과 단 두 개의 아미노산 서열이 다른데 이 미세한 차이가 인간만의 정교한 발음 능력을 가능하게 했다. 놀랍게도 네안데르탈인 역시 현대 인류와 똑같은 형태의 FOXP2 유전자를 가지고 있었음이 밝혀졌는데, 이는 언어를 위한 핵심적인 유전적 기반이 적어도 50만 년 이전에 이미 완성되었음을 시사한다.[19]

달리는 호모 사피엔스

진화의 선순환 _ 달리며 빚어낸 인류의 정신

그렇다면 무엇이 이 값비싼 하드웨어와 소프트웨어의 진화를 그토록 강력하게 이끌었을까? 많은 학자는 그 동력원이 바로 협력적 지구력 사냥이었다고 주장한다. 달리면서 말할 수 있는 능력이 사냥에서 엄청난 이점을 제공했고, 이 이점이 다시 언어를 더욱 정교하게 발전시키는 강력한 선택압으로 작용하는 진화적 선순환 루프가 형성되었다는 것이다.[20]

상상해 보자. 여러 명의 사냥꾼이 몇 시간 동안 쉬지 않고 거대한 동물을 추격한다. 이때 아무 말 없이 달리기만 하는 그룹과 끊임없이 소통하며 달리는 그룹 중 어느 쪽의 성공 확률이 높았을까? 답은 명백하다.

"목표물이 오른쪽으로 방향을 튼다! 지친 기색이 보인다, 조금만 더! 나는 왼쪽으로 돌아가 퇴로를 막겠다!" 같은 실시간 정보 공유는 사냥의 성공률을 극적으로 끌어올렸을 것이다.

이러한 환경 속에서는 더 명확하게 발음하고 더 복잡한 문장을 빨리 이해하며, 동료의 의도를 더 잘 파악하는 개인이 사냥에 더 크게 기여하고 더 많은 자원을 확보하여 생존과 번식에 유리했을 것이다. 즉 달리며 말하는 능력이 곧 생존 능력이 된 것이다. 이 강력한 선택압은 우리의 후두를 더욱 정교하게 하고 뇌의 언어 영역을 복잡하게 만들었으며 FOXP2 유전자를 더욱 안정적으로 만들도록 압력을 가했다. 사냥에 언어가 필요했고, 그 언어는 다시 사냥을 더욱 성공적으로 만들며 서로의 진화를 가속한 것이다.

이러한 진화의 정점에서 마침내 상징적 사고가 폭발적으로 발현된다. 약 10만 년 전부터 나타나는 조개껍데기 목걸이나 동굴 벽화는 언어가 생존을 위한 도구(저기 들소가 있다)를 넘어, 세상에 대한 추상적인 생각과 의미(들소는 힘과 풍요의 상징이다)를 공유하는 매체로 발전했음을 보여주는 증거이다.[21]

언어는 어느 날 갑자기 나타난 것이 아니다. 그것은 수백만 년 동안 초원을 달리던 인류 조상들의 거친 숨결 속에서 태어나, 사냥의 성공이라는 절실한 필요성에 의해 담금질 되며 점진적으로 완성된 위대한 발명품이다. 최초의 단어는 어쩌면 동료를 부르는 외침이었을지도 혹은 지쳐가는 사냥감의 상태를 알리는 거친 보고였을지도 모른다. 하지만 그 소리가 동료의 마음속에 공유된 의미를 만들어내고 함께 달리는 무리의 발걸음을 하나의 목표로 향하게 하는 순간, 인류는 비로소 하나의 정신으로 뭉칠 수 있는 위대한 힘을 얻게 되었다. 언어의 새벽은 곧 인간이라는 종의 새로운 시대가 밝아왔음을 알리는 신호탄이었다.

달리는 호모 사피엔스

이가 들려주는
털의 역사

인류의 가장 극적인 변신 중 하나인 털 없는 피부. 그 비밀이 사람들이 그토록 박멸하고 싶어 하는 작은 기생충의 DNA에 담겨 있다는 것은 흥미로운 일이다. 인류가 언제 털을 버리고 매끈한 피부를 갖게 되었는지에 대한 답을 인체에 기생하는 이(louse)가 제시하고 있다. 이 작은 생물은 단순한 해충이 아니라 수백만 년의 시간을 거슬러 올라가는 진화의 여정을 기록한 살아있는 화석과도 같다. 이들의 역사를 추적하는 것은 곧 잃어버린 과거를 탐사하는 일이다.

하나의 숲, 하나의 거주자

아득한 옛날 인류 조상도 지금의 침팬지처럼 온몸이 빽빽한 털로 뒤덮여 있었다. 당시 인체는 한 종류의 이에게 완벽한 서식지인 즉 머리부터 발끝까지 이어진 거대한 털의 숲 대륙이었다. 오늘날 머릿니의 직계 조상인 이들은 털을 붙잡고 이동하며 우리 조상의 온몸을 자유롭게 누비고 다녔을 것이다.

그런데 인류의 진화 과정에서 거대한 변화가 찾아온다. 몸의 털이 사라지기 시작한 것이다. 이러한 진화적 선택은 기생충인 이에게는 재앙과도 같았다. 광활했던 털의 대륙이 사라지고 머리카락과 음모 정도라는 몇 개의 외딴섬만 남게 된 것이다. 게다가 두 섬 사이에는 매끄러운 피부라는 건널 수 없는 사막이 펼쳐졌다. 이 지각 변동으로 인해 몸에 살던 이는 대부분 멸종했으며 머리카락이라는 섬에 고립된 이들만이 간신히 살아남아 오늘날의 머릿니로 진화하게 되었다.

새로운 이주민의 등장

그렇다면 두 번째 거주자인 사면발이는 어디서 나타난 것일까? 여기서 진화의 역사는 예상치 못한 방향으로 전개된다. 과학자들이 사면발이의 DNA를 분석해 보니, 놀랍게도 우리와 함께 진화해 온 머릿니보다 아프리카 고릴라의 이와 훨씬 가깝다는 사실이 밝혀졌다.[1]

생김새만 봐도 차이는 확연하다. 머릿니의 다리는 가느다란 머리카락을 잡기 좋게 섬세한 구조지만, 사면발이는 굵고 뻣뻣한 털을 꽉 움켜쥘 수 있도록 크고 튼튼한 집게발을 가지고 있다. 과학자들이 DNA의 돌연변이 속도를 이용한 분자시계 기법으로 연대를 측정해 본 결과, 인간의 사면발이와 고릴라의 이는 약 330만 년 전에 갈라진 것으로 나타났다.[2]

이것이 의미하는 바는 명확하다. 적어도 약 330만 년 전쯤 우리 인류는 이미 온몸의 털이 사라진 상태였다는 것이다. 만약 그때까지도 온몸이 털로 덮여 있었다면 고릴라에게서 건너온 이들이 굳이 음모라는 한정된 공간에만 자리를 잡을 이유가 없었기 때문이다. 뼈 화석으

달리는 호모 사피엔스

로는 알 수 없는 털이 사라진 시점을 이 작은 기생충이 증명해 준 셈이다.

작은 기생충이 완성한 진화의 연대기

이 작은 생물들의 역사를 통해 우리는 인류 진화의 연대표를 다음과 같이 재구성할 수 있다.

첫째, 330만 년 이전 어느 시점에 인류 조상은 적응을 위해 몸의 털을 대부분 잃었다. 이로 인해 머리카락과 음모라는 두 개의 고립된 털의 섬이 만들어졌다.

둘째, 약 330만 년 전이다. 고릴라와의 접촉을 통해 고릴라의 이가 우리 조상에게로 건너왔다. 이들은 비어 있던 생태적 지위인 음모에 정착하여 사면발이로 진화했다. 이는 우리 몸의 털이 사라진 시점의 하한선을 제시하는 결정적 증거가 된다.

셋째, 약 17만 년 전이다. 훨씬 시간이 흐른 뒤 머릿니의 일부는 또 다른 진화의 길을 걷는다. 인류가 추위를 피하고자 옷을 입기 시작하자 이 새로운 조건에 적응하여 옷의 섬유질에 서식하는 몸니가 머릿니로부터 분화되어 나온 것이다.[3] 우리 인류가 이 무렵부터 옷을 입기 시작했음을 시사한다.

● 머릿니(왼쪽), 몸니(가운데), 사면발이(오른쪽)

결국 우리 몸에 사는 여러 종류의 이는 각각 다른 경로를 통해 우리의 동거인이 되었다. 머릿니는 우리 조상과 수백만 년을 함께하며 털의 상실과 고립을 겪어낸 토착민이고, 사면발이는 몸의 환경이 변한 뒤 고릴라에게서 이주해 온 외부 정착민인 셈이다. 우리가 그저 비위생적인 존재로만 여겼던 이들이 자기 DNA 속에 이토록 장구한 인류 진화의 비밀을 간직하고 있었다니, 생명의 역사는 참으로 놀라운 방식으로 기록을 남긴다.

달리는 호모 사피엔스

머리카락의 재발견

인류는 뜨거운 조건에 적응하기 위해 온몸의 털을 과감히 벗어던졌으며, 그 대신 땀과 정교한 두뇌 냉각 시스템을 발명해냈다. 여기서 한 가지 아주 흥미로운 질문이 생긴다. 전신 탈모에 그토록 진심이었던 인류 조상은 왜 유독 머리에만 빽빽한 털을 남겨두었을까 하는 점이다. 사실 뙤약볕이 내리쬐는 여름날 머리에서 비 오듯 땀을 흘리다 보면 거추장스러운 머리카락이 아예 없는 편이 훨씬 시원할 것 같다는 생각이 들기 마련이다. 땀이 증발하는 과정을 머리카락이 오히려 방해물처럼 가로막고 있다고 느껴지기 때문이다.

오랫동안 사람들은 머리카락이 자외선으로부터 두피를 보호하는 모자 같은 역할에 그칠 것이라 막연하게 짐작해 왔다. 하지만 진화는 이보다 훨씬 더 영리하고 다재다능한 해답을 내놓았다. 머리카락은 단순히 햇빛을 가리는 양산을 넘어 단열과 냉각이라는 상반된 기능을 동시에 수행하는 최첨단 하이브리드 소재라는 것이다.

실험실에 들어간 가발 _ 과학자들의 기발한 질문

머리카락의 수수께끼를 풀기 위해 최근 과학자들은 아주 기발한 실험을 설계했다. 열 실험용 마네킹을 실험실에 앉혀두고 강력한 램프로 마치 아프리카의 정오처럼 뜨거운 태양 빛을 마네킹의 머리 위로 내리쬐게 한 것이다. 과학자들의 질문은 명쾌했다. 과연 어떤 종류의 머리카락이 뇌를 품은 머리를 가장 효과적으로 시원하게 유지해 줄까 하는 점이었다.

연구팀은 아무것도 쓰지 않은 민머리 상태부터 아시아인의 직모, 유럽인의 웨이브, 아프리카인의 촘촘하고 곱슬곱슬한 머리 가발까지 여러 종류를 준비했다. 실험의 핵심은 마네킹의 머리 온도를 일정하게 유지하기 위해 얼마나 많은 냉각 에너지가 필요한지를 측정하는 일이었다. 머리카락이 햇빛을 잘 막아줄수록 마네킹을 식히는 데 드는 에너지가 줄어들 것이기 때문이다. 그 결과는 실로 놀라웠다.[1]

예상대로 머리카락이 아예 없는 민머리 상태가 열을 가장 많이 흡수했다. 어떤 종류든 머리카락이 있는 편이 없는 것보다는 훨씬 나았던 셈이다. 하지만 진짜 놀라움은 그다음이었다. 머리카락의 종류에 따라 열 차단 능력에 극적인 차이가 나타났으며, 그중 가장 뛰어난 양산 역할을 한 것은 촘촘하게 말린 아프리카인의 머리카락이었다.

뜨거운 태양 아래 곱슬머리의 생존 전략

왜 촘촘하게 말린 곱슬머리가 이토록 뛰어난 열 차단 효과를 보였을까? 그 비밀은 머리카락이 만들어내는 독특한 공간과 구조에 숨어 있다.

달리는 호모 사피엔스

우선 곱슬머리는 서로를 지지하며 위로 솟아올라 두피와 머리카락 표면 사이에 상당한 두께의 공기층을 형성한다. 공기는 훌륭한 단열재이기에 태양의 복사열이 두피에 직접 전달되는 것을 효과적으로 차단해 준다. 마치 머리 위에 천연 단열 패드를 올려놓은 것과 같은 원리이다. 또한 곱슬머리의 구불구불한 형태는 표면적을 넓혀 땀이 증발하는 효율을 극대화한다. 동시에 머리카락이 두피에 완전히 밀착되지 않아 공기 순환이 원활해지고 땀이 증발하며 발생하는 시원한 기화열이 두피 주변에 머물며 효과적으로 뇌를 식혀주는 것이다.

일부 연구에 따르면 곱슬머리는 건조한 조건에서 불필요하게 수분을 머금지 않아 인체의 소중한 수분을 오직 땀 배출에만 집중하도록 돕는 지혜까지 발휘한다. 결국 인류의 고향인 아프리카 적도 지역에서 뇌의 과열을 막는 것은 적응의 최우선 과제였고, 진화는 그에 대한 완벽한 해답으로 촘촘하게 말린 머리카락이라는 최적의 설계를 찾아낸 것이다.[2]

위대한 여정의 기록 _ 추위와 햇빛이 빚어낸 직모

하지만 인류의 이야기는 아프리카에서 끝나지 않았다. 인류 조상이 북쪽의 더 추운 지역으로 이주하면서 적응의 규칙이 바뀌었기 때문이다. 이제는 강렬한 태양을 막는 것보다 낮은 기온과 적은 일조량에 적응하는 것이 새로운 과제가 되었고 이 지점에서 직모의 진화적 이점이 빛을 발하기 시작했다.

직모는 곱슬머리보다 두피에 더 가깝게 밀착되어 자라는 특징이 있다. 이 구조는 머리에서 발생하는 체온이 차가운 외부 공기로 빠져나

● 아시아인의 직모(왼쪽), 유럽인의 웨이브 머리(가운데), 아프리카인의 곱슬머리(오른쪽)

가는 것을 막아주는 천연 방한모 역할을 더 충실히 수행한다. 추운 날 털모자 하나만 써도 온몸이 따뜻해지는 것처럼 직모는 열 손실을 줄여 체온을 유지하는 데 유리했다.

또한 북쪽으로 갈수록 햇빛은 적응에 필수적인 희소 자원이 된다. 빽빽한 그늘을 만드는 곱슬머리와 달리 직모는 그 사이로 햇빛이 더 잘 통과하여 부족한 일조량 속에서도 비타민 D를 효율적으로 합성하도록 도왔을 것이다. 그뿐만 아니라 직모는 아래로 흘러내리며 눈이나 빗물이 얼굴과 눈으로 직접 들어오는 것을 막아주는 유용한 가림막 역할도 수행했다. 동아시아나 북유럽처럼 위도가 높은 지역에서 직모가 흔하게 나타나는 이유는 바로 이러한 각 지역의 생존 조건에 맞춰 최적화된 결과물인 셈이다.

달리는 호모 사피엔스

머리카락에 새겨진 유전 암호

머리카락의 형태를 결정하는 근본적인 비밀은 인체 피부 속 모낭의 모양에 있다. 모낭의 단면이 완벽한 원형에 가까우면 머리카락은 곧게 자라는 직모가 되고, 납작한 타원형일수록 구불구불한 곱슬머리가 된다.[3] 이러한 모낭의 모양은 동아시아인에게서 주로 발견되는 EDAR 유전자나 TCHH 유전자 같은 특정 유전자들의 복합적인 상호작용으로 결정되는 것이다.

결국 찰랑이는 직모든 풍성한 곱슬머리든 머리카락은 단순히 유전자의 산물을 초월한다. 이는 수백만 년에 걸쳐 뜨거운 태양과 혹독한 추위를 이겨내며 지구 곳곳에 적응해 온 인류의 위대한 역사를 담고 있는 놀라운 생체 기록물이다.

CHAPTER 3

끈기와 집념

인류, 끈기와 집념으로
초원을 정복하다

인류의 조상들이 어떻게 소통과 협력이라는 보이지 않는 무기를 사용하여 철옹성 같던 영양 공급원의 무리를 깨뜨렸는지 살펴보았다. 마침내 무리로부터 분리되어 홀로 남겨진 한 마리의 추격 대상. 이제 광활한 초원은 두려움에 떠는 한 마리의 동물과 그를 바라보는 소수의 사냥꾼만을 위한 거대한 결투장으로 변한다.

결투의 시작을 알리는 총성은 울렸다. 추격 대상은 생존 본능이 이끄는 대로 먼지 폭풍을 일으키며 지평선을 향해 폭발적인 속도로 질주하기 시작한다. 그 모습은 너무도 빨라 인간의 눈으로는 금세 아득한 점이 되어 사라져 버린다. 사냥꾼들은 그저 묵묵히 마치 끝이 정해져 있지 않은 순례길을 떠나는 사람들처럼 일정한 속도로 달리기 시작할 뿐이다. 상식적으로 본다면 이 경기는 이미 시작과 동시에 끝난 것처럼 보인다.

하지만 이 경기는 100m 단거리 경주가 아니다. 이것은 수 시간에 걸쳐 펼쳐지는 의지와 생리의 한계를 시험하는 잔인하고도 숭고한 마라톤이다. 그리고 이 경기에서 인류는 그 어떤 종도 흉내 낼 수 없는 필승의 방식을 쓰고 있었다.

열과의 전쟁 _ 우리 몸속의 진화적 증거

이 위대한 사냥법의 핵심을 이해하기 위해서는 먼저 열과의 전쟁이라는 개념을 알아야 한다. 격렬한 운동은 엄청난 양의 열을 발생시키고 이 열을 효과적으로 식히지 못하면 모든 생명체는 과열되어 멈춰 설 수밖에 없다. 바로 이 지점에서 인류와 사냥감의 운명이 극명하게 갈린다. 인류의 몸은 마치 오래달리기를 위해 태어난 것처럼 완벽한 냉각 시스템을 갖추도록 진화했다.

이러한 주장을 학계 중심으로 이끈 이들은 하버드 대학의 대니얼 리버먼과 유타 대학의 데니스 브램블이다. 그들은 2004년 세계적인 과학 저널 네이처에 발표한 기념비적인 논문을 통해 인간의 몸에 오직 오래달리기에만 유리한 26가지의 해부학적 특징이 살아있는 화석처럼 새겨져 있다고 주장했다.[1]

그 대표적인 증거들은 다음과 같다. 목덜미인대, 긴 아킬레스건, 거대한 둔근은 인체를 완벽한 장거리 주자로 만드는 삼위일체이다. 목덜미인대는 달릴 때 머리가 흔들리지 않도록 잡아주는 천연 안전장치며, 길고 탄력 있는 아킬레스건과 거대한 엉덩이 근육은 발을 디딜 때마다 에너지를 저장했다가 다음 발걸음에 되돌려주는 인체 속에 내장된 생체 스프링과 같다. 또한 네발짐승과 달리 상체와 어깨가 자유로워진 덕분에 인류는 달릴 때 팔을 힘차게 흔들어 몸의 균형을 잡고 추진력을 더할 수 있다.

그리고 무엇보다 결정적인 것은 피부이다. 빽빽한 털을 벗어 던진 매끈한 피부와 그 위에 촘촘히 박힌 수백만 개의 땀샘은 엔진의 열을 식히는 라디에이터처럼 작동하며 장거리 달리기에 필수적인 체온 조절을 가능하게 한다. 반면 영양 공급원인 유제류 대부분은 땀을 거의 흘리지 못하고 헐떡임에 의존해 폐의 뜨거운 공기를 체외로 내뱉어 체온을 식힌다. 여기에는 치명적인 약점이 숨어있다. 네 발로 질주할 때 동물의 호흡은 다리의 움직임과 기계적으로 연동될 수밖에 없다.[2] 숨을 쉬는 리듬이 달리는 보폭에 완벽히 종속되어 체온 배출을 위한 빠른 호흡을 자유자재로 할 수 없기 때문이다. 이는 마치 자동차가 전속력으로 달리는 동안에는 냉각팬을 제대로 돌릴 수 없는 엔진과 같은 셈이다. 그들의 가장 큰 무기인 속도는 역설적으로 자기 몸을 과열시키는 독이 된다.

한낮의 결투 _ 살아있는 전설, 칼라하리의 추격자들

이러한 이론이 단순한 추측이 아님을 보여주는 살아있는 증거가 바로 오늘날까지도 이 사냥법을 실천하고 있는 아프리카 칼라하리 사막의 산(San) 부족이다. 인류학자 루이스 리벤버그는 수십 년간 이들과 함께 생활하며 그들의 사냥법을 생생하게 기록했다.[3] 산 부족의 지구력 사냥은 1년 중 가장 덥고 건조하여 기온이 40℃에 육박하는 한낮에 주로 대형 영양인 쿠두를 목표로 이루어진다. 이 사냥의 핵심은 단순한 달리기가 아니라 발자국만으로 영양 공급원의 성별, 나이, 속도, 피로도, 심지어 심리 상태까지 읽어내는 고도의 지적 활동인 추적이다. 리벤버그는 모래 위에 쓰인 이 역동적인 이야기를 해독하는 추적술이야말로 가설을 세우고 증거를 찾아 검증하는 과정인 과학의 원형이라고 주장했다.

이제 이들의 증언과 과학적 분석을 바탕으로 인류의 오래된 지구력 사냥을 재구성해 보자. 사냥꾼들에 의해 무리에서 고립된 쿠두 한 마리가 공포에 질려 전속력으로 달아나며 시작과 탈출의 단계가 펼쳐진다. 사냥꾼들은 서두르지 않고 쿠두가 남긴 발자국이라는 이야기를 읽으며 일정한 속도로 추격을 시작한다. 수 킬로미터를 질주한 쿠두는 안전한 장소를 찾아 멈춰 서서 뜨거워진 몸을 식히기 위해 필사적으로 헐떡이지만, 채 숨을 고르기도 전에 저 멀리 아지랑이 너머로 자신을 향해 다가오는 사냥꾼들과 절망의 재회를 하게 된다. 다른 포식자라면 벌써 포기했을 시간임에도 아직도 쫓아오고 있다는 사실은 쿠두에게 엄청난 심리적 충격과 함께 공포를 안겨준다.

쿠두는 남아있는 체력을 쥐어짜 다시 질주하기 시작하지만, 이번의 질주는 처음보다 짧고 헐떡임은 더욱 길어지는 소모와 고갈의 과정을 겪는다. 사냥꾼들이 땀을 흘리며 꾸준히 체온을 유지하는 반면 쿠두의 몸은 달릴 때마다 한계점까지 뜨거워졌다가 불완전하게 식기를 반복하며 서서히 망가져 간다. 몇 시간의 추격 끝에 마침내 쿠두는 한계에 도달하는 최후의 순간을 맞이한다. 근육은 경련하고 입에서는 거품 섞인 침이 흐르며, 더 이상 달릴 힘도 의지도 남지 않은 채 결국 쓰러지고 만다. 신체 기능이 과열로 정지되는 열사병에 걸린 것이다. 그제야 사냥꾼들은 지쳤지만 과열되지는 않은 몸을 이끌고 경이로운 속도를 자랑하던 사냥감 앞에 다가선다.

추격이 우리에게 남긴 것

이 지구력 사냥은 인류의 적응 방식을 초월하여 인간 본질을 빚어낸 위대한 조각칼이었다. 이 사냥법은 우리의 몸을 길고 탄력 있는 아킬레스건, 달릴 때 몸의 균형을 잡아주는 거대한 엉덩이 근육 그리고 머리의 흔들림을 막아주는 목덜미인대 등을 갖춘 장거리 주자의 몸으로 만들었다. 또한 사냥의 성공으로 얻은 거대한 고기는 혼자 독차지할 수 없었기에 음식 공유라는 규칙을 낳았고, 이는 인류의 사회성과 유대감을 강화하는 핵심적인 계기가 되었다.

하지만 이 모든 것을 가능하게 한 진짜 비밀은 무엇이었을까? 물론 이 모든 것은 오래 달리도록 설계된 경이로운 신체 덕분이었다. 하지만 제아무리 뛰어난 생체역학적 설계를 가졌다 한들 그것만으로는 충분하지 않았다. 지평선 너머로 아득히 사라지는 사냥감을 보며 눈앞이 캄캄해지고 포기하고 싶은 마음이 왜 없었겠는가? 타는 듯한 갈증과 온몸의 근육이 비명을 지르는 고통 속에서 그 자리에 주저앉고 싶

달리는 호모 사피엔스

은 순간이 왜 없었겠는가?

그 모든 육체적 고통을 누르고, 보이지 않는 목표를 향해 한 걸음 또 한 걸음을 내딛게 만든 힘. 그것이 바로 우리 인간의 가장 원초적이면서도 가장 위대한 정신적 무기, 바로 끈기와 집념이었다. 지구력 사냥은 단순히 동물을 쫓는 행위가 아니었다. 이는 반드시 잡을 수 있다는 미래에 대한 굳건한 믿음이자, 그 믿음을 현실로 만들기 위해 현재의 고통을 기꺼이 감내하는 지독한 집념의 과정이었다.

결론적으로 인류가 초원을 정복한 진정한 비결은 땀 흘리는 몸과 함께 절대 포기하지 않는 마음이었다. 그 기나긴 추격의 과정에서 단련된 끈기와 집념의 정신은 오늘날 인간이 불가능해 보이는 문제에 도전하고 수십 년이 걸리는 연구에 매진하며, 더 나은 미래를 향해 나아가는 모든 위대한 여정의 바로 그 심장부에 흐르고 있다. 인류는 모두 위대한 추격자의 후예들이기 때문이다.

보이지 않는 적, 열과의 전쟁: 인류 최고의 냉각 시스템

인체를 고성능 자동차 엔진에 비유해 보자. 엔진이 힘을 내기 위해 연료를 태우면 필연적으로 뜨거운 열이 발생한다. 이 열을 식혀주지 않으면 엔진은 과열되어 눌어붙고 결국 멈춰 서게 된다. 인체도 마찬가지이다. 달리고 움직이며 생각하는 모든 순간 인체 속 세포는 쉴 새 없이 에너지를 만들며 생명의 불꽃을 태우고, 그 과정에서 열을 발생시킨다.

우리는 인류의 조상들이 이 열이라는 보이지 않는 무기를 사용해 자신보다 훨씬 빠른 사냥감을 쓰러뜨리는 경이로운 지구력 사냥을 했다고 이야기했다. 그렇다면 이 열이라는 것은 대체 왜 그토록 치명적일까? 왜 모든 생명체는 이 보이지 않는 적과의 사투에서 반드시 이겨야만 하는 것일까? 그 답은 우리 몸의 가장 중요하고 가장 많은 에너지를 소비하며 동시에 가장 연약한 기관 바로 뇌에 있다. 그리고 그 비밀은 생명의 가장 근원적인 설계도 안에 숨겨져 있다.

달리는 호모 사피엔스

생명의 공장을 멈추는 주범, 단백질 변성

우리 몸속에서 일어나는 모든 화학 반응을 조율하는 초정밀 촉매인 효소는 단백질로 이루어져 있다. 이 예민한 일꾼들에게는 열에 약하다는 치명적인 약점이 있다. 각각의 효소는 저마다 고유의 정교한 3차원 입체 구조로 되어 있을 때만 제 기능을 할 수 있는데, 체온이 일정 수준 이상으로 올라가면 이 단백질 구조는 마치 열을 받은 플라스틱처럼 흐물흐물하게 변형되기 시작한다. 이를 단백질 변성이라고 한다.

이는 달걀의 흰자가 열을 만나 하얗게 익어 버리는 것과 같은 원리이다. 투명하고 액체 같던 흰자가 열을 받으면 단단하고 하얀 고체로 변하는 것처럼 인체 효소도 열을 받으면 그 구조가 완전히 뒤틀려 버린다. 한번 망가진 열쇠로 자물쇠를 열 수 없듯, 구조가 변해버린 효소는 더 이상 아무런 일도 할 수 없게 되며 온도가 다시 낮아져도 대부분 원래대로 돌아오지 않는다. 체온이 임계점을 넘는다는 것은 곧 인체라는 거대한 화학 공장이 가동을 멈추고 무너져 내린다는 뜻이다.

37도, 뇌를 위한 절대 온도를 향한 진화

모든 신체 기관이 열에 영향을 받지만 이 문제에 가장 민감하게 반응하는 기관은 단연 뇌이다. 포유류가 파충류와 같은 변온동물과 구별되는 가장 큰 특징 중 하나는 스스로 열을 내어 체온을 일정하게 유지하는 항온성이다. 인간의 경우 심부 체온이 약 37도에 맞춰진 이 온도는 결코 우연히 정해진 숫자가 아니다. 그것은 수백만 년에 걸쳐 고도로 발달한 뇌가 최상의 성능을 발휘하도록 정교하게 조율된 진화의 걸작이라고 할 수 있다. 인간의 뇌는 마치 고성능 슈퍼컴퓨터와 같아서 최상의 성능을 내기 위해선 적절히 열이 나야 하지만 과열은 곧 시스템 전체의 파괴를 의미한다.

약 37도의 체온은 뇌 기능에 최적의 조건을 제공한다. 먼저 뇌의 모든 활동은 효소가 주관하는 생화학 반응의 합주이며, 포유류의 체온은 이 수많은 효소가 가장 효율적이면서도 안정적으로 작동할 수 있는 골디락스 영역이다. 또한 높은 체온은 정보 처리 속도를 최대한으로 끌어올려 복잡한 인지 기능과 빠른 반사 작용을 가능하게 하며 인체 전체 에너지의 20%를 사용하는 뇌의 높은 대사율을 안정적으로 지원한다.[4] 결국 안정적인 고온을 유지하는 항온능력과 뇌의 크기가 증가하는 과정은 서로를 부추기며 함께 진화했다. 높은 수준의 뇌 기능은 안정적인 온도 조건을 요구했고, 안정적인 내부 환경은 다시 더 복잡한 뇌의 발달을 촉진하는 선순환이 이루어진 것이다.

과열, 뇌의 기능을 멈추는 치명적인 스위치

이처럼 뇌는 최적 온도에서 높은 성능을 발휘하지만 그 이면에는 결정적인 한계가 숨어있다. 바로 최적의 작동 온도 범위가 극도로 좁다는 것이다. 체온이 섭씨 40도에 도달하기 시작하면 인체의 생명 유지 시스템은 서서히 붕괴의 길을 걷기 시작한다.[5] 체온이 38도 이상에 도달하면 뇌 기능에 안개가 끼기 시작하며 집중력과 인지 기능이 저하되고 39도에서 40도 사이가 되면 혼란과 어지러움, 과민 반응 등

달리는 호모 사피엔스

시스템에 본격적으로 경고등이 켜진다. 40도를 초과하는 순간은 비상사태이다. 뇌세포를 구성하는 단백질이 변성되기 시작하고 혈액뇌장벽이 약해지며 섬망이나 발작으로 이어질 수 있다. 이것이 바로 쿠두의 마지막 순간인 열사병의 실체이다. 체온이 41도 이상으로 치솟으면 뇌는 회복 불가능한 손상을 입어 영구적인 장애를 남기거나 생명을 앗아갈 수 있다.

이러한 열의 법칙이 얼마나 절대적인지는 치타의 사냥 방식을 보면 알 수 있다. 치타는 시속 110㎞로 먹잇감을 추격하지만 그 질주는 대부분 20초에서 30초를 지나지 못한다. 근육이 지쳐서가 아니라 짧은 순간의 전력 질주로 인해 뇌 온도가 위험 수위인 40.5도 이상까지 치솟기 때문이다.[6] 즉 치타는 더 달릴 힘이 남아있더라도 뇌가 요리되는 것을 막기 위해 스스로 멈춰야만 한다. 치타에게 속도는 가장 큰 무기인 동시에 자신의 생명을 위협하는 가장 위험한 적이기도 한 셈이다. 이처럼 자연계의 그 어떤 포식자도 열이라는 물리적 한계 앞에서는 무력해질 수밖에 없다.

인류 최고의 냉각 시스템 _ 땀과 털 없는 피부

모든 포유류의 뇌가 이처럼 열에 취약하다면 인류는 어떻게 이 열과의 전쟁에서 승리할 수 있었을까? 인류는 털이 없는 매끈한 피부와 수백만 개의 땀샘을 이용해 증발 냉각이라는 수랭식 냉각 시스템을 사용한다. 포유류 대부분은 빽빽한 털가죽으로 온몸을 감싸고 있는 데, 털은 추위로부터 몸을 지키는 훌륭한 단열재이지만 뜨거운 대낮에 사바나를 질주해야 하는 개체에는 몸에서 뿜어져 나오는 열을 가둬버리는 움직이는 감옥이 된다. 털 사이의 공기층은 열 방출을 철저히 차단하고 동물의 몸은 순식간에 달궈진 가마솥처럼 변한다. 인류는 약 150만 년 전 이 무거운 털가죽을 과감히 벗어던졌다.

털 없는 피부는 단순히 매끄러운 겉모습을 탈피하여 열방사와 대류 효율을 극대화한 진화의 걸작이었다. 물리학적으로 모든 물체는 전자기파의 형태로 열을 방출하는데 이를 열방사라 한다.[7] 동물의 털은 이 전자기파를 다시 몸 안으로 가두어버리는 걸림돌이 되지만, 인류의 매끄러운 피부는 뜨거운 엔진의 열기를 아무런 저항 없이 직접 허공으로 뿜어낼 수 있는 광활한 안테나와 같았다. 여기에 털이 사라진 매끄러운 표면은 공기의 흐름인 대류 현상이 방해받지 않고 피부 위를 직접 스쳐 지나가게 했다. 달릴 때 몸 주위를 스치는 바람은 피부 표면의 뜨거운 공기층을 끊임없이 갈아치우며 몸속의 열을 신속하게 앗아간다. 빽빽한 털에 가로막혀 정체된 공기층을 가진 동물들과는 비교할 수 없는 효율이다.

이처럼 자유로운 열방사와 대류의 시너지 위로 수백만 개의 에크린샘이 인류 비장의 무기가 되었다. 인체에는 끈적한 땀을 내는 아포크린샘과 달리 99%가 물인 에크린샘이 전신에 퍼져 있다. 성인 한 명은 약 200만 개에서 400만 개의 땀샘을 통해 하루 최대 12ℓ의 땀을 쏟아낸다. 땀 한 방울이 피부 위에서 증발할 때 기화열의 원리를 이용해 몸의 열기를 낚아채 지평선 멀리 날려 보낸다.[8] 털 없는 피부를 통한

달리는 호모 사피엔스

열방사와 대류 그리고 땀이 기화되며 가져가는 냉각 효과가 유기적으로 결합할 때 인류의 몸은 수백만 개의 초소형 에어컨을 가동하는 것과 같은 엄청난 성능을 얻게 된다.

이 압도적인 냉각 효율은 사냥의 양상을 완전히 바꾸어 놓았다. 첫째는 순환계의 딜레마 해결이다. 냉각 효율이 뛰어난 인간은 적은 혈액만 피부로 보내도 충분히 열을 식힐 수 있었기에 남는 피를 모두 달리는 근육으로 집중시킬 수 있었다. 둘째는 호흡과의 완전한 독립이다. 개나 말처럼 헐떡임으로 체온을 식히는 동물들은 호흡 리듬이 파괴되지만, 인간은 피부 전체를 라디에이터로 쓰기 때문에 질주하면서도 깊고 규칙적인 호흡을 유지할 수 있었다.[9] 이것이 바로 사냥감은 과열되어 비틀거릴 때 인간은 땀을 흘리며 평온하게 추격을 이어갈 수 있었던 비결이다.

인간과 사냥감의 차이 _ 열적 여유

인류에게는 결정적인 이점이 하나 더 있었다. 인류의 정상 체온이 사냥감들의 체온보다 낮게 설정되어 있다는 점이다. 인간의 심부 체온은 약 37.0도지만 말은 38.0도, 소는 38.6도이며 양과 염소는 무려 39도를 웃돌아 40도에 육박한다. 특히 소나 염소 같은 반추동물은 혹위 속에서 미생물이 먹이를 발효시킬 때 발생하는 엄청난 열 때문에 체온을 아예 높게 유지하도록 진화했기 때문이다.

이 사실이 지구력 사냥에서 결정적인 차이를 만든다. 평소 체온이 39도인 사냥감은 단 2도만 체온이 올라도 뇌 손상 임계점인 41도에 도달하지만, 37도인 인간은 똑같은 임계점까지 4도의 여유가 있다. 즉 인간은 사냥감보다 두 배나 더 많은 열을 몸에 축적하고도 버틸 수 있는 열적 여유를 가진 셈이다. 아프리카의 뜨거운 태양 아래서 몸속에 거대한 발열팩을 지닌 채 달리는 사냥감의 뇌는 효율적인 냉각 장치를 갖춘 우리의 뇌보다 훨씬 빨리 과열되어 스스로 멈춰 서게 된다.

머리에 숨겨진 정교한 냉각 장치

피부 전체가 발산하는 냉각 성능에 더해 인류는 얼굴과 머리 부위에 더욱 정교한 보조 장치들을 마련했다. 인간의 크고 평평한 얼굴 특히 혈관이 풍부한 이마는 그 자체가 중요한 열 방출 부위이다. 신체가 운동할 때 얼굴이 붉어지는 것은 피부 표면의 혈관이 확장되어 더 많은 혈액을 공기 중에 드러내 식히려는 자연스러운 현상이다. 머리카락의 역할 또한 독특하다. 꼬불꼬불한 머리카락은 뜨거운 햇볕이 두피에 직접 닿는 것을 막아주는 완벽한 차양 역할을 하는 동시에 머리카락 사이의 공기층이 외부의 열기를 차단하는 단열 효과도 수행한다. 여기에 땀이 났을 때는 땀이 너무 빨리 증발하지 않도록 붙잡아두어 냉각 효과를 서서히 오래 지속시킨다.[10]

하지만 이 시스템의 진정한 백미는 뇌 내부에 숨겨진 수랭식 장치에 있다. 머리 전체를 하나의 거대한 라디에이터로 활용하는 방식이

달리는 호모 사피엔스

다. 그 중심에는 도출정맥이라
는 혈관이 있다. 이 혈관은 두
개골에 난 수많은 미세한 구멍
을 통해 두피의 정맥과 뇌를 감
싸는 혈관을 직접 연결하는 비
밀 통로이다. 도출정맥의 가장
놀라운 특징은 일반적인 정맥
과 달리 혈액의 역류를 막는 판
막이 없다는 것이다.[11] 판막이

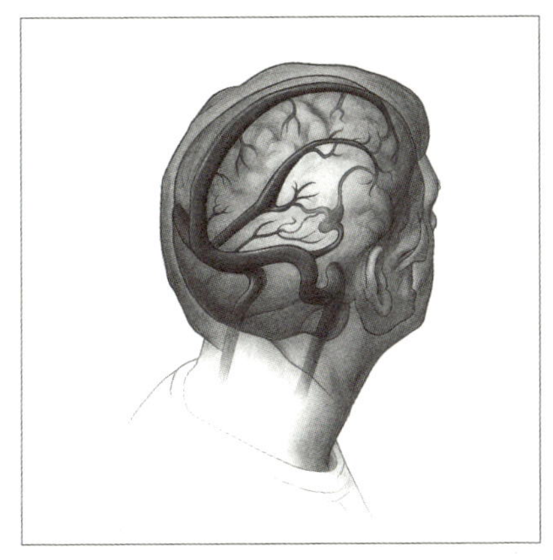

● 두개골 내의 도출정맥

없다는 것은 혈액이 압력 경사, 즉 압력의 차이에 따라 어느 방향으로
든 흐를 수 있음을 의미한다.

평상시에는 뇌 내부의 압력이 두피 쪽보다 더 높으므로 혈액은 뇌
에서 바깥 두피 쪽으로 자연스럽게 흘러나간다. 하지만 달리기를 시
작해 고온 환경에 처하면 마법 같은 일이 벌어진다. 격렬한 운동으로
뇌는 뜨거워지고 동시에 이마와 두피에서는 땀이 폭발적으로 증발하
며 피부 표면을 식힌다. 이때 두피의 혈액은 뇌 속의 혈액보다 더 차
가워진다. 이 온도 차이와 압력 변화로 인해 혈액의 흐름이 역전된다.
차가워진 두피의 혈액이 판막 없는 도출정맥을 타고 두개골 안쪽으로
역류하여 뜨거운 뇌를 감싸는 정맥동으로 흘러 들어가 뇌의 표면을
직접 식혀주는 것이다. 마치 컴퓨터 CPU에 냉각수를 직접 순환시키
는 수랭식 냉각기와 같은 지극히 정교하고 효율적인 시스템이다.

뇌가 클수록 냉각이 잘 되었다?

인류학자 딘 포크 교수는 이 정교한 시스템이 단순히 뇌 성장의 허가증 역할만 한 것이 아닐 수도 있다는 사실에 주목했다. 어느 날 그는 자신의 낡은 자동차를 수리하기 위해 정비소를 찾았다가 보닛을 열고 엔진을 살피던 정비사로부터 무심코 이런 말을 듣게 된다. "교수님 엔진은 엔진 자체가 내는 힘보다 라디에이터가 그 열을 얼마나 빨리 식혀줄 수 있느냐에 따라 크기가 결정됩니다." 이 짧은 한마디

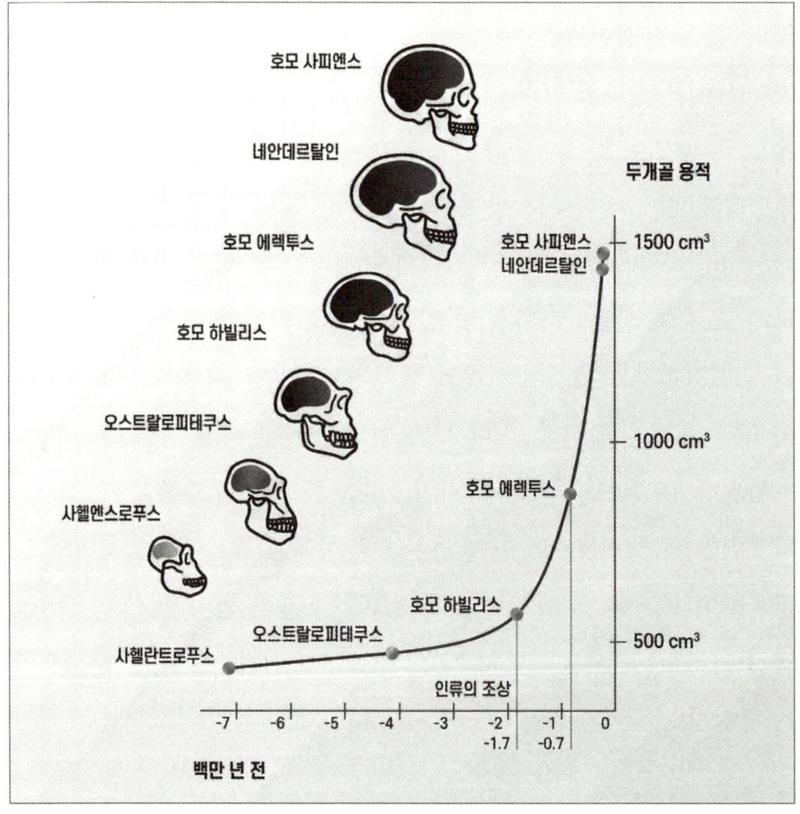

● 지난 700만 년 동안 인류 두뇌 크기의 증가 양상

달리는 호모 사피엔스

는 딘 포크 교수에게 번뜩이는 영감을 주었다.[12] 인류의 조상인 오스트랄로피테쿠스가 350만 년 전부터 직립보행을 시작했음에도 불구하고, 그 후 150만 년 동안 뇌 크기가 거의 정체되어 있었던 이유가 바로 여기에 있었다. 아무리 뇌가 커지고 싶어도 그 뇌가 내뿜는 열을 식혀줄 라디에이터가 없다면 뇌는 결코 커질 수 없었다. 열이라는 족쇄가 인류 지능의 발달을 가로막고 있었던 셈이다.

이 내용이 단순한 추측이 아닌 근거는 화석에 있다. 그는 오스트랄로피테쿠스에 비해 호모 속으로 진화하면서 도출정맥이 지나가는 미세한 구멍들이 훨씬 더 복잡하고 풍부하게 발달했음을 발견했다. 이는 호모 속이 더 큰 뇌를 감당하기 위해 혹은 더 격렬한 지구력 방식 등을 하기 위해 이 뇌 냉각 라디에이터 시스템을 훨씬 정교하게 업그레이드했음을 보여주는 강력한 해부학적 증거이다.

또한 뇌가 커지는 과정 자체가 냉각 효율을 높이는 선순환을 만들었을 가능성이 크다. 뇌가 커진다는 것은 그 뇌를 담는 그릇인 두개골과 두피의 표면적 역시 함께 넓어진다는 뜻이다. 두피는 인체의 핵심 라디에이터였으므로 표면적이 넓어졌다는 것은 곧 열을 방출할 수 있는 면적이 더 커졌다는 의미이다. 더 넓어진 두피에는 더 많은 땀샘이 분포할 수 있고 냉각 파이프인 도출정맥 네트워크 역시 더 촘촘하고 복잡하게 발달할 수 있었을 것이다.

도출정맥이라는 냉각 시스템이 발달하며 뇌 용적이 증가했고, 커진 뇌만큼 두피라는 라디에이터 또한 더 넓어졌다. 이 넓어진 라디에이터 덕분에 냉각 효율은 이전보다 훨씬 좋아졌으며, 더 강력해진 냉각 성능은 뇌가 더욱더 커질 수 있도록 허락해 주어 이 과정이 거듭되며 뇌 크기의 폭발적인 증가를 끌어낸 것이다. 이처럼 효과적인 냉각 시스템이라는 안전장치가 완벽하게 갖춰지자 비로소 150만 년간 뇌의 크기를 억제하던 생리적 제약이 풀렸다. 뇌가 커짐으로써 발생하는 엄청난 열을 충분히 감당할 수 있게 된 결과 약 200만 년 전부터 뇌 용량이 급격히 커지는 현상이 일어날 수 있었다.[13]

정비공의 한마디에서 시작된 라디에이터 이론은 150만 년이라는 기나긴 진화의 공백을 이토록 명쾌하게 증명한다. 결국 인류의 가장 위대한 자산인 지성은 열을 식히는 물리적 과제를 해결하고 나서야 비로소 가능했다. 고고한 철학, 복잡한 언어, 눈부신 예술은 모두 작열하는 아프리카의 태양 아래서 뇌가 과열되지 않도록 막아준 이 생물학적 라디에이터라는 토대 위에 세워진 셈이다.

달리는 호모 사피엔스

흔들림 없는 조정석: 달리면서 세상을 보는 기술

뜨거운 아프리카의 태양 아래 한 명의 초기 인류가 에너지 자원을 쫓아 맹렬히 달린다. 온몸은 위아래로 격렬하게 흔들리고 팔다리는 정신없이 움직인다. 그런데 이상하게도 사냥감을 향한 그의 시선은 마치 시간이 멈춘 듯 놀랍도록 안정적이다. 마치 최첨단 스테디캠으로 촬영하는 영화의 한 장면처럼 말이다. 어떻게 이런 일이 가능할까?

이것은 인체에 내장된 진화가 수백만 년에 걸쳐 완성한 머리 안정화 메커니즘 덕분이다. 이 시스템은 단순히 목 근육의 힘만으로 작동하는 것이 아니다. 우리 몸속에 숨겨진 특별한 해부학적 구조와 빛의 속도로 정보를 처리하는 정교한 신경계가 유기적으로 협력한 결과물이다.

달리는 인간, 흔들림 없는 시야의 미스터리

머리가 척추 위에 고착되었다면 어떠한 결과가 나타났을까? 한 걸음만 내디뎌도 시야는 지진이 난 것처럼 흔들리며 세상은 온통 흐릿한 잔상으로 가득했을 것이다. 롤러코스터 위에서 책을 읽으려는 시도처럼 무모하고 어지러웠을 것이다. 인류 조상들이 그러한 신체를 가졌다면 빠르게 움직이는 사냥감을 쫓거나 울퉁불퉁한 초원에서 포식자를 피해 도망치는 것은 거의 불가능했을 것이다.

하지만 인류는 달릴 때도 목표물을 시야에 고정하는 놀라운 능력을 손에 넣었다. 안정적인 시선은 단순히 보는 것을 탈피하여 균형 감각과 적응에 직결된다. 흔들림 없는 시각 정보가 뇌로 들어와야만 뇌는 인체의 위치와 움직임을 정확하게 파악하고 근육을 조절하여 균형을 유지할 수 있다. 그렇다면 이 생체 스테디캠을 작동시키는 숨은 조력자들은 누구일까?

숨겨진 조력자들 _ 묵묵한 인대와 예민한 센서의 협력

머리 안정화 능력 뒤에는 두 명의 핵심적인 조력자가 있다. 목덜미인대라는 듬직한 물리적 지지대와 귀 안에 숨겨진 전정기관이라는 최첨단 센서이다.

첫 번째 조력자, 목덜미인대는 목 뒤편 두개골의 뒤쪽에서 시작해 목뼈를 따라 길게 뻗어 있는 강력한 탄성 조직이다.[14] 이 인대는 근육처럼 에너지를 쓰지 않으면서도 마치 튼튼한 밧줄처럼 머리가 앞뒤로 과도하게 끄덕이는 것을 안정적으로 잡아주는 역할을 한다. 달릴 때 발생하는 반복적인 충격을 흡수하는 천연 충격 흡수제인 셈이다. 말이나 개처럼 머리가 몸통 앞으로 길게 뻗어나간 동물들은 이 인대가

달리는 호모 사피엔스

매우 발달했지만 직립보행을 하는 인간에게는 그 중요성이 덜해 보일 수 있다. 하지만 장거리 달리기를 시작하는 순간 이 겸손한 인대는 묵묵히 제 역할을 다하며 머리의 안정성을 확보하는 일등 공신이 된다.

두 번째 조력자, 전정기관은 귀 깊은 곳에 숨겨진 정교한 자이로스코프이다.[15] 이곳에는 머리의 회전인 끄덕임, 도리도리를 감지하는 세 개의 반고리관과 중력 및 가속도와 같은 차가 출발하거나 멈출 때의 느낌을 감지하는 이석기관이 있다. 우리가 달릴 때 머리가 1㎜만 움직여도 이 기관들 속의 액체와 이석이라는 미세한 칼슘 결정들이 움직이며 그 정보를 즉시 뇌로 전송한다. 그러면 뇌는 이를 바탕으로 전정안구반사라는 신경계의 마법을 부린다.[16] 이 반사 작용은 머리가 움직이는 방향과 정확히 반대 방향으로, 같은 속도로 눈동자를 순간적으로 움직이게 만든다. 고개를 오른쪽으로 15도 돌리면 눈동자는 정확히 왼쪽으로 15도 돌아가 시선을 원래 있던 곳에 고정하는 식이다. 이 모든 과정은 우리가 의식할 틈도 없이 1초에 수백 번씩 일어나며 달리는 동안에도 세상이 흔들리지 않도록 막아주는 무의식적인 초능력이다.

분리된 조종석, 자유로운 엔진

머리가 이처럼 안정적으로 고정되자 인류는 또 다른 중요한 이점을 얻었다. 머리라는 조종석과 몸통이라는 엔진이 서로 분리되어 독립적으로 움직일 수 있게 된 것이다.

달릴 때 몸통과 어깨는 균형을 잡기 위해 골반과 반대 방향으로 회전하고, 팔은 힘차게 앞뒤로 흔들린다. 만약 머리가 이 모든 움직임에 묶여 함께 흔들렸다면 어지러움으로 인해 제대로 뛸 수 없었을 것이다. 하지만 안정된 조종석 덕분에 몸통과 팔다리는 오직 추진력을 만드는 데에만 집중할 수 있게 되었다.

또한 이는 호흡의 자유로 이어졌다. 개나 치타가 격렬하게 헐떡일 때 호흡과 달리기의 리듬이 엉키는 딜레마가 존재한다. 그러나 인간은 머리가 안정되어 있어서 몸통이 아무리 격렬하게 움직여도 일정하고 깊은 호흡 패턴을 유지하며 근육에 산소를 효율적으로 공급할 수 있다. 이는 장거리 달리기에 절대적인 조건이다.

진화의 흔적 그리고 현대인의 능력

이러한 머리 안정화 능력은 인류 조상이 지구력을 기반으로 한 사냥을 성공적으로 수행하는 데 결정적인 무기였을 것이다. 이글거리는 태양 아래 예측 불가능하게 움직이는 사냥감을 몇 시간이고 추격하려면 흔들림 없는 시야로 목표물을 놓치지 않는 능력이 필수적이었을 테니까 말이다.

이렇게 단순해 보이는 달리기에는 복잡하고 정교한 진화의 지혜가 숨어있다. 다음번에 달리기할 때 목덜미인대와 귀속의 작은 센서들이 당신의 시야를 위해 얼마나 열심히 일하고 있는지 한번 떠올려 보는 것은 어떨까? 인체는 아는 것보다 훨씬 더 경이로운 기계임을 느낄 수 있을 것이다.

고통을 넘어선 희열:
러너스 하이와 사냥꾼의 뇌

혹시 오랫동안 달려본 적이 있는가? 처음에는 상쾌하지만 어느 순간 숨이 턱까지 차오르고 허벅지는 터질 듯한 고통을 호소한다. 심장은 금방이라도 튀어나올 것처럼 뛰며 뇌는 온 힘을 다해 "이제 그만해! 멈춰!"라고 비명을 지른다. 우리는 이것을 흔히 벽에 부딪혔다고 표현한다.

그런데 정말 신기한 일이 벌어지는 것은 바로 그다음이다. 포기하고 싶은 절망의 정점에서 갑자기 세상의 모든 소음이 사라지고 고요함이 찾아온다. 조금 전까지 나를 괴롭히던 통증은 사라지고 말로 설명하기 힘든 행복감과 희열이 온몸을 감싸는 순간이 찾아온다. 이것이 바로 우리가 러너스 하이라고 부르는 신비로운 경험이다.

이 황홀한 고통의 역전 현상은 단순히 운동으로 인한 즐거운 부산물이 아니며 진화생물학적으로 중요한 의미를 지닌다. 그들은 이것이 인류가 지구상에서 가장 끈질긴 사냥꾼으로 살아남을 수 있도록 우리 몸과 뇌에 깊숙이 새겨진 보상 시스템이라고 말한다. 다시 말해, 러너스 하이는 생존을 위해 진화가 설계한 뇌 속의 천연 도핑 시스템인 셈이다.

뇌 속에 숨겨진 마약 공장

1970년대 과학자들은 이 마법 같은 기분의 원인을 엔도르핀에서 찾았다. 내부(endo)에서 생성되는 모르핀(morphine)이라는 이름처럼 엔도르핀은 인체가 스스로 만들어내는 강력한 진통제이자 행복 호르몬이다. 힘든 운동을 하면 엔도르핀이 분출되어 고통을 줄여준다는 설명은 꽤 그럴듯했다. 하지만 결정적인 문제가 있었다. 엔도르핀 분자는 꽤 덩치가 커서 뇌로 들어가는 아주 깐깐한 검문소인 혈뇌장벽을 통과하지 못한다는 사실이 밝혀진 것이다. 아무리 뇌하수체에서 엔도르핀이 많이 만들어져도 정작 기분을 조절하는 총사령부인 뇌에 들어가지 못한다면 소용이 없다.

그러던 중 아주 강력한 새로운 용의자가 등장했다. 내인성 카나비노이드이다.[17] 이름에서 짐작할 수 있듯이 이 물질은 대마초(카나비스)의 성분과 비슷한 작용을 하지만 외부에서 온 것이 아니라 인체가 필요할 때마다 스스로 만들어내는 것이다. 인류의 뇌 속에는 카나비노이드가 딱 들어맞는 수용체인 자물쇠가 있는데 대마초 성분은 이 자물쇠를 여는 위조 열쇠이고, 내인성 카나비노이드는 인체가 생성한 진짜 열쇠인 셈이다.

달리는 호모 사피엔스

이 진짜 열쇠 중에서도 가장 유명한 것이 아난다미드이다. 이 이름은 고대 산스크리트어로 더없는 행복, 환희를 뜻하는 아난다에서 유래했다.[18] 이름처럼 아난다미드는 인간에게 평온함과 깊은 몰입감을 선물한다. 놀랍게도 아난다미드는 지방질로 이루어진 작은 분자이다. 덕분에 마치 VIP 출입증을 가진 것처럼 깐깐한 혈뇌장벽을 유유히 통과하여 뇌의 보상 회로에 직접 작용할 수 있다. 격렬한 달리기를 시작하면 혈중 아난다미드 농도가 급격히 오르고, 이 작은 행복 전도사들이 뇌로 흘러 들어가 고통을 잊게 하고 불안을 잠재우며 세상을 고요하게 만드는 몰입의 황홀경을 펼쳐내는 것이다.[19]

200만 년 전, 사바나에서 온 진화의 선물

이제 타임머신을 타고 200만 년 전 아프리카의 드넓은 초원으로 날아가 본다. 그곳에는 인류의 직계 조상인 호모 에렉투스가 살고 있었다. 그들의 사냥 도구라고는 고작 뾰족하게 다듬은 나무 창이나 돌멩이가 전부였다. 하지만 그들에게는 다른 어떤 동물도 따라올 수 없는 지구력이라는 무시무시한 무기가 있었다.

그들은 최고 속도로는 치타나 영양을 따라갈 수 없었지만, 몇 시간이고 끈질기게 동물을 추격해서 스스로 지쳐 쓰러지게 만드는 지구력 사냥의 대가였다.[20] 이러한 사냥이 가능했던 것은 인류의 진화적 특징 덕분이다. 온몸의 털을 줄이고 땀샘을 발달시켜 세상에서 가장 효율적인 수랭식 냉각 시스템을 갖췄고, 길고 탄력 있는 아킬레스건은 달릴 때마다 에너지를 저장했다가 다시 뿜어주는 스프링 역할을 했다.

하지만 한번 상상해 보라. 뜨거운 태양 아래 몇 시간 동안 사냥감을 쫓는 것은 얼마나 끔찍한 고통이었을까. 근육은 비명을 지르고 발바닥은 불타는 듯했을 것이다. 이때 인류의 뇌는 적응을 위한 비장의 무기, 즉 러너스 하이를 꺼내 들었다.

아난다미드는 온몸에서 뇌로 전달되는 통증 신호를 중간에서 가로채 무디게 만드는 강력한 진통 효과를 발휘한다. 덕분에 사냥꾼은 한계를 돌파하여 계속 달릴 수 있었다.

또한 아난다미드는 뇌의 공포 조절 센터인 편도체를 안정시켜 사냥감을 놓칠지 모른다는 불안감이나 맹수에게 역습당할지 모른다는 공포심을 잠재우는 완벽한 항불안 효과를 제공했다. 무엇보다 중요한 것은 아난다미드가 달리는 행위 그 자체를 즐거운 것으로 느끼게 만들었다는 점이다. 고통스러운 의무가 아니라, 쾌락을 동반한 놀이로 만들어 포기하지 않고 사냥을 계속하게 하는 강력한 동기 부여가 된 것이다. 결국 러너스 하이는 단순한 생리 현상을 탈피하여 포기하지 않는 두뇌를 만들어낸 위대한 진화적 장치였다.

달리는 동물에게만 주어지는 특권

이 흥미진진한 진화적 가설은 어떻게 증명할 수 있을까. 애리조나 대학의 인류학자 데이비드 라이클렌의 연구팀은 아주 기발한 실험을 설계했다.[21] 그들은 달리기에 잘 적응한 동물인 인간과 개 그리고 달리기가 주특기가 아닌 동물인 페럿을 트레드밀 위에서 뛰게 한 뒤 혈

달리는 호모 사피엔스

액 속 아난다미드 농도를 측정했다.

결과는 놀라웠다. 인간과 개는 30분 이상 달리자 아난다미드 수치가 눈에 띄게 치솟았지만 짧은 다리로 종종걸음을 치는 페럿은 아무리 달려도 수치에 변화가 없었다. 이 결과는 러너스 하이가 아무에게나 주어지는 것이 아니라, 오직 달리도록 진화한 종에게만 허락된 신경 화학적 특권이라는 강력한 증거가 되었다.

라이클렌은 더 나아가 장거리 달리기 중인 사람의 뇌파를 분석했다.[22] 그 결과 러너스 하이 상태에 진입하면 뇌는 명상에 깊이 빠졌을 때나 창의적인 아이디어가 샘솟을 때 나타나는 알파파와 세타파를 동시에 뿜어냈다. 이는 사냥꾼이 고통을 초월해 오직 눈앞의 목표물에만 완벽하게 몰입하도록 돕는 의식 상태의 전환이 실제로 뇌 안에서 일어난다는 것을 보여준다.

사냥꾼의 뇌는 여전히 우리 안에 살아있다

오늘날 인류는 더 이상 생존을 위해 사바나를 달리지 않는다. 하지만 헬스장 트레드밀 위를 달리거나 마라톤 결승선을 통과할 때 느끼는 그 황홀감은 수십만 년 전 사냥꾼의 뇌 회로가 인체에 여전히 생생하게 살아 숨 쉬고 있음을 증명한다.

최근의 뇌 영상 연구들은 더욱 흥미로운 사실을 알려준다. 러너스 하이 상태가 되면 평소 자아를 감시하고 비판하던 뇌 속의 잔소리꾼인 전전두엽의 활동이 잠시 줄어든다.[23] 이 덕분에 인간은 나는 누구인가 같은 복잡한 생각에서 벗어나 오직 달리는 행위 자체에 완전히 녹아드는 자기 초월적 몰입을 경험하게 된다. 동시에 뇌의 쾌락 중추인 측좌핵이 활성화되어 마치 맛있는 음식을 먹거나 사랑에 빠지거나 아름다운 음악을 들을 때처럼 달리기를 강력한 보상의 경험으로 인식하게 만든다.

인간이 달리면서 느끼는 쾌감은 단순히 운동했더니 건강해져서 기분이 좋다는 차원의 이야기가 아니다. 인간의 뇌가 본래부터 달리기를 통해 희열을 느끼도록 정교하게 설계되었기 때문이다. 만약 달리다가 온몸의 감각이 사라지고 세상이 고요해지는 그 순간을 맞는다면 그저 신기한 화학 반응이라고만 생각하지 말기 바란다. 그것은 수십만 년 전, 아프리카의 초원을 달리던 위대한 선조 사냥꾼의 본능이 지금 당신의 심장 박동과 함께 다시 깨어나는 순간일지도 모른다.

달리는 호모 사피엔스

뇌를 재건하는
기적의 비료, BDNF

지난 장에서는 달리기가 선사하는 경이로운 정신적 경험인 러너스 하이와 완전한 몰입의 세계를 탐험했다. 하지만 혹시 이런 생각이 들지 않았는가? 그저 기분이 좋아지는 것, 그게 전부일까? 만약 달리기가 단순히 기분을 좋게 만드는 단계를 탈피하여 뇌 구조를 물리적으로 더 튼튼하게 만들고 사고나 질병으로 손상된 뇌마저 다시 일으켜 세우는 힘을 가지고 있다면 어떨까?

뇌과학계의 슈퍼스타이자 인간 두뇌의 무한한 가능성을 증명하는 살아있는 증거, 뇌유래신경영양인자(BDNF, Brain-Derived Neurotrophic Factor)를 소개한다. BDNF를 한마디로 표현하자면 뇌를 위한 기적의 비료이며 쓰러진 뇌를 재건하기 위한 신경 재활의 핵심 열쇠이다.

뇌의 건축가이자 수호자, BDNF

BDNF는 이름 그대로 뇌에서 유래하여 신경에 영양을 공급하는 단백질의 한 종류이다. 하지만 영양 공급이라는 말로는 이 놀라운 분자의 역할을 다 설명할 수 없다. BDNF는 뇌가 최상의 상태를 유지하고 새로운 것을 배우며 소중한 기억을 보존하는 거의 모든 과정에 관여하는 만능 해결사에 가깝다. 이 부지런한 일꾼이 뇌에서 하는 역할은 크게 세 가지로 나눌 수 있다.

첫째는 새로운 건축인 신경 발생이다. 오랫동안 성인의 뇌세포는 한번 죽으면 다시 생성되지 않는다고 알려졌다. 하지만 이제 뇌의 특정 영역에서 새로운 뉴런이 계속 태어난다는 사실이 밝혀졌다. BDNF는 마치 뇌라는 정원에 새로운 씨앗을 심는 정원사처럼 새로운 뇌세포가 태어나도록 촉진하는 가장 강력한 물질 중 하나이다. 특히 인간의 학습과 기억을 총괄하는 핵심 영역인 해마에서 이 역할이 두드러진다.

둘째는 연결망 확장, 즉 시냅스 강화이다. 뇌가 똑똑해진다는 것은 단순히 뇌세포 수가 많아지는 것을 의미하지 않는다. 수많은 뇌세포가 얼마나 촘촘하고 효율적으로 연결되어 있느냐가 더 중요하다. BDNF는 기존 뇌세포들 사이의 연결 통로인 시냅스를 더욱 튼튼하게 만들고 새로운 연결망을 구축하는 네트워크 엔지니어 역할을 한다. 정보가 오가는 좁고 구불구불한 오솔길을 시원하게 뚫린 8차선 고속도로로 확장하여 생각과 기억이 빛의 속도로 달리게 만드는 것과 같다.

셋째는 신경의 보호와 유지이다. 인간의 뇌는 스트레스나 노화 및 독성 물질과 질병 등 수많은 위협에 매일 노출되어 있다. BDNF는 이러한 외부의 위협으로부터 연약한 뇌세포들이 파괴되지 않도록 보호하는 든든한 경호원 역할을 한다. 뇌세포의 방어력을 높이고 적응률

달리는 호모 사피엔스

을 끌어올려 뇌의 건강을 꾸준히 지켜주는 것이다.

달리기, BDNF를 깨우는 가장 강력한 스위치

인간 뇌에 이렇게나 중요한 BDNF를 더 많이 만들어낼 방법은 무엇일까? 명상, 학습, 영양가 높은 식단 등 여러 방법이 있지만, 수많은 과학자가 이구동성으로 꼽는 가장 강력하고 확실한 방법은 유산소 운동, 특히 오래달리기다.

수많은 연구가 운동이 뇌의 BDNF 수치를 그야말로 극적으로 증가시킨다는 사실을 일관되게 보여주고 있다.[24] 러닝화를 신고 달리기 시작하면 심장이 빠르게 뛰고 호흡이 가빠지며 근육이 활발하게 움직인다. 이러한 신체적 활동은 뇌에 일종의 건강한 위기 신호로 작용한다. '주인님, 지금 몸이 평소와 다른 도전에 직면했습니다! 더 강하고 똑똑해져서 이 상황에 대비해야 합니다!' 이 신호를 받은 뇌는 자신을 보호하고 더 강하게 만들기 위한 비상 대비책으로 기적의 비료 BDNF를 대량으로 생산하기 시작하는 것이다.

특히 주목할 점은 달리기가 다른 부위보다도 기억의 중추인 해마 영역의 BDNF를 집중적으로 증가시킨다는 사실이다. 이는 달리기가 왜 인간의 기억력을 향상시키고 새로운 언어를 배우는 능력을 높이며, 나아가 알츠하이머병과 같은 퇴행성 뇌 질환의 위험을 낮추는 데 큰 도움이 되는지를 설명하는 가장 강력한 증거가 된다.[25] 다리를 움직여 달리는 행위가 머릿속 기억 공장을 가장 효과적으로 가동하게 시키는 최고의 스위치인 셈이다.

쓰러진 뇌를 다시 일으키는 힘

여기서 과학자들과 의사들은 한 걸음 더 나아가 다음과 같은 대담하고 희망적인 질문을 던졌다. 만약 달리기가 건강한 뇌를 더 건강하게 만든다면 혹시 사고나 질병으로 손상된 뇌를 회복시키는 데에도 도움을 줄 수 있지 않을까? 결론부터 말하자면 대답은 그렇다. 뇌졸중이나 외상성 뇌 손상 환자들에게 달리기는 꺼져가던 희망의 불씨를 되살리는 놀라운 가능성을 보여주었다.

여러 연구에서 뇌졸중으로 인해 신체 일부가 마비된 환자들을 대상으로 트레드밀 훈련을 포함한 재활 치료를 진행했다. 그 결과 꾸준히 운동한 환자 그룹은 그렇지 않은 그룹에 비해 혈중 BDNF 수치가 눈에 띄게 증가했으며, 이는 손상되었던 운동 기능과 보행 능력이 뚜렷하게 개선되는 결과로 이어졌다.[26] 운동을 통해 폭발적으로 생성된 BDNF가 손상된 뇌 영역 주변의 신경 회로를 재구성하고 끊어졌던 길을 우회하는 새로운 통로를 뚫어주는 것을 촉진했기 때문이다.

동물 실험에서는 더욱 극적인 결과가 관찰되었다. 쥐에게 인위적인 뇌 손상을 입힌 뒤 쳇바퀴를 자유롭게 달리게 하자 열심히 달린 쥐 그룹에서 BDNF가 급증하며 손상되었던 학습 및 기억 능력이 놀라운 수준으로 회복되는 것이 확인되었다.[27] 이러한 연구들은 운동이 단순히 재활을 돕는 보조 수단을 탈피하여 약물이나 다른 치료와 병행될

달리는 호모 사피엔스

때 시너지 효과를 내는 강력한 뇌 회복 촉진제가 될 수 있음을 시사한
다. 결국 달리기는 단순히 근육을 단련하는 행위를 상회한다. 그것은
뇌라는 대지에 기적의 비료를 듬뿍 뿌려 새로운 신경망이 쑥쑥 자라
나게 하고, 끊어졌던 길을 다시 이어주는 가장 자연스럽고 근본적인
뇌 재활 치료 중 하나이다.

사냥꾼의 딜레마와 진화의 해법

뇌를 성장시키고 심지어 치유하기까지 하는 이 놀라운 능력은 결국
인류의 깊은 진화적 뿌리와 맞닿아 있다. 앞서 이야기했던 인류 조상
인 지구력 방식의 주체를 다시 떠올려 보자. 성공적인 사냥꾼이 되려
면 무작정 잘 달리는 것만으로는 부족했다. 드넓은 초원에서 길을 잃
지 않는 공간 기억력, 사냥감의 다음 행동을 예측하는 판단력, 동료들
과 소통하는 능력 등 명석한 두뇌가 동시에 필요했다.

강인한 신체와 명석한 두뇌라는 두 가지 요소를 동시에 발전시켜
야 했던 사냥꾼의 딜레마에 대해 진화는 달리는 행위 자체가 뇌를 똑
똑하게 만드는 BDNF를 분비하도록 설계하는 해법을 내놓았다. 이는
다음과 같은 선순환 구조를 만들어냈다. 첫째, 적응을 위해 달린다.
둘째, 달리면 뇌에서 BDNF가 쏟아져 나온다. 셋째, BDNF가 해마를
강화해 공간지각력과 학습 능력을 비약적으로 향상시킨다. 넷째, 똑
똑해진 뇌 덕분에 다음 사냥에서 길을 더 잘 찾고, 더 효율적인 방식
을 세워 성공 확률을 높인다. 다섯째, 사냥 성공률이 높아지니 또다시

달릴 동기와 기회가 생긴다.

　만약 지난 장에서 이야기한 내인성 카나비노이드가 고통스러운 추격의 과정을 견디게 해주는 달콤한 단기 처방 진통제였다면, BDNF는 그 힘든 과정을 완수한 뇌에 주어지는 영구적인 능력치 업그레이드라는 값진 보상이었다. 오늘날 러닝화를 신고 밖으로 나가 달리며 땀을 흘릴 때 인체 뇌 속에서는 수십만 년 전 위대한 사냥꾼의 뇌를 만들고, 손상된 뇌마저 회복시키는 기적의 비료가 지금도 어김없이 뇌의 영양분으로 뿌려지고 있다.

달리는 호모 사피엔스

달리는 심장, 노래의 기원: 오래달리기와 음악의 탄생

음악은 어디에서 왔을까? 이 질문에 대한 답을 찾아 인류는 오랫동안 어머니의 자장가나 연인을 향한 세레나데를 상상해왔다. 하지만 여기 그보다 훨씬 더 원초적이고 역동적인 가설이 있다. 인류 최초의 음악은 평화로운 순간이 아닌 적응을 위한 가장 치열한 행위인 오래달리기 사냥의 뜨거운 숨결과 쿵쾅거리는 심장 박동 속에서 태어났다는 이야기이다. 단순한 이동 수단을 탈피하여 달리기는 존속과 직결된 행위였다. 지평선 아득히 도망치는 사냥감을 지칠 때까지 끈질기게 추격하는 지난한 과정에서 인류는 자기 몸이 세상에서 가장 정교한 악기이며 적응의 리듬이 가장 위대한 음악임을 깨닫기 시작했다.

달리는 인간, 리듬을 발견하다

드넓은 초원을 가로지르며 사슴을 쫓는 사냥꾼의 모습을 상상해 본다. 그의 몸 전체는 하나의 거대한 리듬 섹션을 구성한다. 마른 땅을 때리는 발소리가 규칙적인 박자를 "탁 탁 탁…" 새기고, 한계에 다다른 폐는 "스읍 하아 스읍 하아…" 하며 일정한 주기로 숨을 몰아쉰다. 가슴 속에서 북처럼 울리는 "쿵 쿵 쿵…" 소리까지 더해지면 이 모든 소리는 하나로 합쳐져 반복적인 리듬을 만들어낸다.

이 리듬은 단순히 사냥의 부산물이 아니었다. 그것은 몸과 마음을 동기화시키는 원초적인 박동이었고, 지쳐가는 몸에 활력을 불어넣는 묘약이었다. 단조로울 수 있는 달리기의 고통 속에서 몸이 만들어내는 이 규칙적인 소리는 의식의 흐름을 일정하게 유지하고 사냥에 대한 집중력을 높이는 데 이바지했다. 반복되는 움직임은 정신적인 지루함을 덜어주고, 마치 명상처럼 몰입감을 선사했을지도 모른다.

음악의 가장 기본적인 뼈대인 규칙적인 박자는 일정한 속도로 땅을 내딛는 케이던스(일정 시간당 걸음 수)에서 비롯되었을 가능성이 크다. 사냥감을 지치게 하려면 일정한 페이스를 유지해야 했고, 이 규칙적인 발걸음이 만들어낸 소리는 음악의 4/4박자나 2/4박자 같은 기본 구조의 원형이 되었다. 또한 상황에 따라 속도를 조절했던 경험, 즉 템포의 변화는 음악에서 빠르고 느린 흐름을 만드는 기반이 되었다. 단순한 박자에 생명력을 불어넣는 리듬의 감정적 측면은 심장 박동과 깊이 연결되어 있다. 사냥감을 발견하고 흥분했을 때 강하고 빠르게 뛰는 심장은 음악에서 특정 박자를 엑센트로 강조하는 요소로 발전했을 수 있다. "쿵 쿵 쿵"이라는 단순한 박자에서 "쿵 따 쿵 따"와 같이 강약을 주는 리듬으로 진화하는 데 영감을 준 것이다. 긴장, 흥분, 고통, 안도감에 따라 시시각각 변하는 심장의 리듬은 인류가 음악을 통해

달리는 호모 사피엔스

미묘한 감정의 변화를 표현하는 데 중요한 동력이 되었다.

집단의 리듬 _ 협력을 넘어 문화로 흐르다

　개인의 몸속에서 시작된 리듬은 집단 사냥으로 이어지며 더욱 강력한 사회적 힘을 발휘했다. 여러 사냥꾼이 같은 박자로 달리면서 만들어내는 발소리와 호흡은 거대한 합창처럼 울려 퍼졌고, 이는 단순한 물리적 협력을 넘어 정신적인 유대감을 형성하는 핵심 요소가 되었다. 지쳐 쓰러지고 싶은 순간에도 옆 동료의 규칙적인 발소리는 함께 가자는 무언의 메시지가 되었으며, 이 과정에서 사냥꾼들은 무의식적으로 혹은 의식적으로 특정한 소리나 구호를 내뱉으며 리듬에 맞춰 움직였을 것이다. 이는 훗날 복잡한 음악 형태로 발전할 합창과 챈트의 초기 형태였다.

　달리기는 고통스러운 행위였지만 동시에 엔도르핀 분비와 같은 신체적 쾌감인 러너스 하이를 유발했다. 사냥감을 잡았을 때의 성취감과 안도감은 이러한 쾌감을 극대화했고, 이러한 긍정적인 감정은 필연적으로 표현하고자 하는 욕구로 이어졌다. 몸이 기억하는 리듬에 맞추어 기쁨의 함성을 지르거나 손뼉을 치고 발을 구르는 행위는 자연스러운 감정 표현의 방식이었다. 이러한 표현은 단순히 소리를 내는 것을 탈피하여 리듬에 맞춘 춤이나 몸짓으로 이어졌을 가능성도 있다.

　또한 일정한 박자와 리듬은 정보를 기억하고 학습하는 데 매우 효과적이다. 사냥 기술이나 경험을 공유하고 전수하는 과정에서 리듬감 있는 구전 방식이 사용되었을 수 있는데, 마치 오늘날 우리가 노래로 가사를 외우듯 서사적인 음악의 형태로 발전했다. 이러한 리듬 화 된 정보 전달 방식은 공동체의 정체성을 확립하고 문화를 전승하는 중요한 수단이 되었다.

진화가 남긴 과학적 증명과 현대의 메아리

이 가설은 단순한 상상이 아니라 현대의 여러 학문을 통해 뒷받침된다. 진화 음악학자 조셉 조르다니아는 저서 『Why Do People Sing?』에서 음악의 핵심 기능으로 집단 동조화를 꼽는다. 그는 오래달리기 사냥과 같은 협력 활동에서 함께 소리를 내고 리듬을 맞추는 행위가 집단의 결속력을 강화하고 존속 가능성을 높였으며 이것이 음악의 기원이 되었다고 주장한다. 또한 그는 방어적 경고 신호 가설을 통해 포식자를 위협하기 위해 집단으로 내던 소리가 노래의 형태로 발전했다고 설명한다.[28] 신경과학적으로 보아도 뇌가 외부의 리듬에 자신의 활동을 맞추는 신경 동기화 현상은 이 가설의 강력한 과학적 근거가 된다. 인간의 뇌는 발소리나 심장 박동 같은 반복적인 자극에 본능적으로 반응하여 리듬감을 형성하도록 설계되어 있다.[29]

이 밖에도 진화 심리학자 제프리 밀러는 음악이 번식적 이점을 위해 진화했다고 주장하며 신체 활동의 영향을 언급했고, 음악 심리학자 윌리엄 톰슨은 리듬이 인간의 움직임을 동기화하는 강력한 힘을 가졌음을 과학적으로 입증했다.

달리는 호모 사피엔스

수십만 년이 흐른 지금도 인체는 달리기와 음악의 깊은 관계를 기억하고 있다. 연구에 따르면 120~140bpm의 음악은 심박수를 운동에 적합한 수준으로 끌어올리고 같은 힘을 내는 데 필요한 산소량을 줄여 운동 효율을 높인다.[30] 인체는 무의식적으로 음악의 비트에 심장 박동과 호흡을 맞추려 한다. 많은 주자가 자신의 목표 케이던스에 맞는 음악을 선택하여 훈련한다. 180bpm의 음악은 분당 180보를 뛰도록 자연스럽게 유도하여 안정적인 자세를 유지하고 부상 위험을 낮춘다. 전설적인 마라토너 하일레 게브르셀라시에가 특정 노래의 템포에 맞춰 세계 신기록을 세웠다는 일화는 이를 증명하는 유명한 사례이다.

결론적으로 오래달리기 방식은 인류에게 규칙적인 리듬에 대한 인지와 활용 능력을 심어준 계기였다. 달리는 몸이 만들어내는 원초적인 박동, 협력을 위한 구호, 감정 표현을 위한 소리 그리고 정보 전달을 위한 리듬은 모두 음악의 씨앗이 되었다. 인간의 본성 깊숙이 자리한 리듬에 대한 갈망은 어쩌면 수백만 년 전 사냥감을 쫓던 그 뜨거운 심장에서부터 시작되었을지도 모른다.

인간은 달리도록 태어났다: 몸에 새겨진 달리기의 증거

음악이 달리는 인간의 영혼과 공동체를 하나로 묶어주는 강력한 리듬의 소프트웨어였다면 이제 그 리듬을 실제 존속의 동력으로 바꾸어주는 완벽한 하드웨어에 주목해야 한다. 고성능 엔진을 식힐 냉각 장치가 아무리 훌륭하더라도 그 엔진을 받쳐줄 단단한 차체와 에너지를 아껴줄 효율적인 구동장치가 없다면 결코 장거리 경주에서 승리할 수 없기 때문이다.

단거리 경주에서는 고양잇과 동물은 물론 동네 강아지에게도 뒤처지는 인류가 어떻게 몇 시간이고 계속 달릴 수 있는 지구력의 제왕이 되었을까? 그 해답은 인체의 중심인 골반에서 시작해 발, 다리 그리고 목에 이르기까지 온몸에 숨겨진 경이로운 생체 공학적 발명품들에 있다. 인류는 수백만 년에 걸쳐 자신을 완벽한 장거리 달리기용 기계로 개조해 왔다.

걷기 위해 태어난 골반, 달리기를 완성하다

매일 아무렇지 않게 행하는 걷기 그리고 마음만 먹으면 몇 시간이고 계속할 수 있는 달리기. 이 두 가지 능력의 비밀을 파헤치기 위해서는 인체의 중심인 골반에서부터 이야기를 시작해야 한다. 놀랍게도 인류를 위대한 장거리 주자로 만든 그 능력이 실은 잘 걷기 위한 진화의 과정에서 얻어진 보너스와도 같았다. 마치 험지를 돌파하기 위해 튼튼한 오프로드 차량을 만들었는데 알고 보니 훌륭한 장거리 레이싱 기능까지 갖추게 된 셈이다.

이야기는 약 600만 년 전 인류의 먼 조상이 네 발 대신 두 발로 서기로 결심한 그 극적인 순간으로 거슬러 올라간다. 숲을 벗어나 드넓은 초원으로 나선 인류에게 가장 시급한 과제는 넘어지지 않고 안정적으로 걷는 것이었다. 당시 인류 조상이 가졌던 침팬지와 유사한 길고 좁은 골반으로는 어림도 없는 일이었다. 상체를 제대로 지탱할 수 없어 걸을 때마다 엉덩이를 심하게 뒤뚱거릴 수밖에 없었다. 따라서 적응을 위해 골반은 혁명적인 재설계를 거쳐야 했다.

가장 핵심적인 변화는 골반이 짧고 넓은 그릇 형태로 바뀐 것이다.[31] 위에서 내려오는 무거운 장기와 상체의 무게를 안정적으로 받쳐주고 걸을 때마다 무게중심이 좌우로 크게 흔들리는 것을 막아주는 완벽한 구조였다. 여기에 또 하나의 절묘한 변화가 더해진다. 골반의 날개 부분인 엉덩이뼈가 넓어지면서 엉덩이 근육인 중둔근, 소둔근의 부착 위치가 옆으로 이동한 것이다. 이 작은 변화가 엄청난 차이를 만

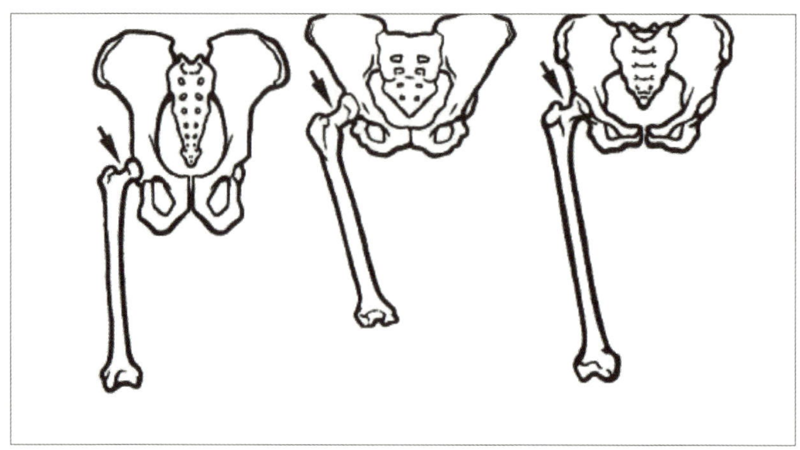

● 침팬지(왼쪽), 초기 인류(가운데), 현생인류(오른쪽)의 엉덩뼈와 윗다리 뼈 | 출처: Karen Carr Studios ©스미스소니언 협회

들었다. 우리가 걸을 때 한쪽 다리를 들어 올리는 순간 반대쪽 엉덩이 근육이 강력하게 수축하며 골반이 주저앉는 것을 꽉 잡아주는 자연적인 안전장치 역할을 하게 된 것이다.[32] 이 덕분에 인류는 유인원과 달리 모델처럼 우아하게 걸을 수 있게 되었다.

그렇게 걷기의 대가가 된 인류 앞에 새로운 무대가 펼쳐진다. 약 200만 년 전 호모 에렉투스가 등장하면서 시작된 달리는 인간의 시대이다.[33] 흥미롭게도 달리기를 위해 골반이 또 한 번 극적으로 변한 것은 아니었다. 이미 걷기 위해 완성된 짧고 넓은 골반이 달리기에도 놀라울 정도로 적합했다. 넓은 골반은 달릴 때 몸통이 좌우로 심하게 뒤틀리는 것을 막아주었고 지면에서 올라오는 체중의 3~4배의 강력한 충격을 효과적으로 분산시켜 척추를 보호하는 완충 장치가 되어주었다.[34]

달리는 호모 사피엔스

물론 달리기라는 고성능 옵션을 제대로 활용하기 위해 추가적인 업그레이드가 있었다. 인간의 상징과도 같은 풍성한 엉덩이를 만드는 대둔근이 그것이다. 이 근육은 평범하게 걸을 때는 거의 잠들어 있다가 달리거나 오르막을 오를 때 비로소 깨어나 강력한 힘을 발휘하는 인류만의 독특한 달리기 전용 근육이다.[35] 이 모든 달리기 패키지의 중심에 걷기 위해 진화했던 골반이 굳건히 버티고 있었다. 당시 인류는 이 놀라운 능력을 바탕으로 다른 포식자들이 더위에 지쳐 활동을 멈춘 한낮에 동물이 쓰러질 때까지 끈질기게 쫓는 지구력 사냥이 가능했다.[36]

발바닥의 아치 _ 땅을 박차고 미래를 향해 뛴 스프링

몸의 중심이 이처럼 단단히 잡히자 진화의 시선은 땅과 직접 맞닿는 부분으로 향했다. 매일 수천 번씩 땅을 딛고 서는 발바닥에 숨겨진 아치인 족궁이 그 주인공이다. 족궁은 단순히 발을 둥글게 만든 구조가 아니다. 그것은 인류가 오랫동안 달릴 수 있도록 진화가 설계한 정교한 생체 스프링과 같다.

이 스프링의 성능을 이해하기 위해 잠시 발이 땅에 닿는 순간을 상상해 보자. 걸을 때는 체중의 약 1.5배, 달릴 때는 무려 3~4배에 달하는 힘이 발 하나에 쏟아진다.[37] 이때 족궁은 용수철처럼 살짝 아래로 내려앉으며 충격을 부드럽게 흡수한다. 만약 족궁 없이 발바닥이 평평하였다면 이 모든 충격은 여과 없이 발목, 무릎, 고관절 그리고 척추까지 그대로 전달되어 인체를 망가뜨릴 것이다.

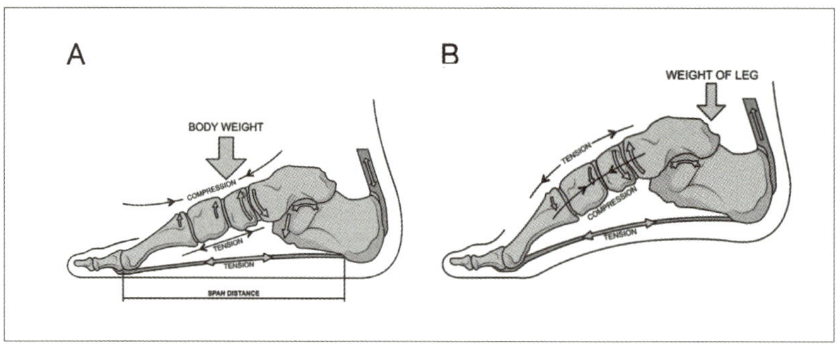

● A. 체중을 받을 때 트러스 구조로 아치를 유지하는 장면 B. 족저근막 장력이 더 커져 아치가 높아지고, 발이 강성이 큰 지렛대가 되어 추진을 돕는 장면 | 출처: ©Healthy Step 2025

하지만 족궁의 진정한 위대함은 에너지를 다루는 방식에 있다. 발이 땅에 닿아 족궁이 눌리면서 평평해질 때 발바닥을 길게 가로지르는 두꺼운 섬유 띠인 족저근막과 주변 인대들은 고무줄처럼 팽팽하게 늘어난다. 이 과정에서 충격 에너지는 사라지는 것이 아니라 탄성 에너지의 형태로 족저근막에 고스란히 저장된다.[38] 그리고 우리가 발뒤꿈치를 들고 땅을 박차고 나아가며 아치가 다시 높아지는 순간 팽팽하게 당겨졌던 고무줄이 수축하면서 저장되었던 에너지가 폭발적으로 방출된다.

이러한 스프링 메커니즘 덕분에 우리는 근육의 힘을 100% 사용하지 않아도 된다. 족궁이 에너지의 상당 부분을 재활용해주기 때문이다. 실제로 연구에 따르면 달리기할 때 족궁은 전체 기계적 일의 약 17%에 해당하는 에너지를 저장했다가 되돌려준다고 한다.[39] 이 놀라운 구조는 발 안쪽의 내측 세로궁, 바깥쪽의 외측 세로궁, 발가락 뒤편의 횡궁까지, 총 세 개의 아치가 서로를 지지하며 유기적으로 작동

달리는 호모 사피엔스

하는 건축학적 기재이다.

아킬레스건, 인체 최대의 고무줄

만약 발바닥 아치가 작은 판 스프링이라면 다리에는 놀랄 만한 거대한 코일 스프링이 하나 더 장착되어 있다. 바로 발뒤꿈치에서 종아리 근육으로 이어지는 아킬레스건이다. 인체에서 가장 크고 강력한 힘줄인 아킬레스건은 달리기를 위해 장착되었다 해도 과언이 아니다.

달리는 동작을 슬로 모션으로 상상해 보자. 발이 땅에 닿으면 발목이 앞으로 꺾이면서 아킬레스건은 활시위처럼 팽팽하게 늘어난다. 이때 어마어마한 양의 탄성 에너지가 이 힘줄 안에 저장된다.

그리고 몸을 앞으로 밀어내며 땅을 박차는 순간 늘어났던 아킬레스건은 믿을 수 없는 속도로 수축하며 저장했던 에너지가 폭발적으로 방출된다. 이 힘은 우리 몸을 공중으로 띄워 다음 스텝으로 나아가게 하는 주된 동력이 된다. 과학자들은 달릴 때 필요한 에너지의 최대 50%가 바로 이 아킬레스건의 스프링 효과에서 나온다고 추정한다.[40] 이는 인류 조상이 몇 시간이고 지치지 않고 개체를 추격할

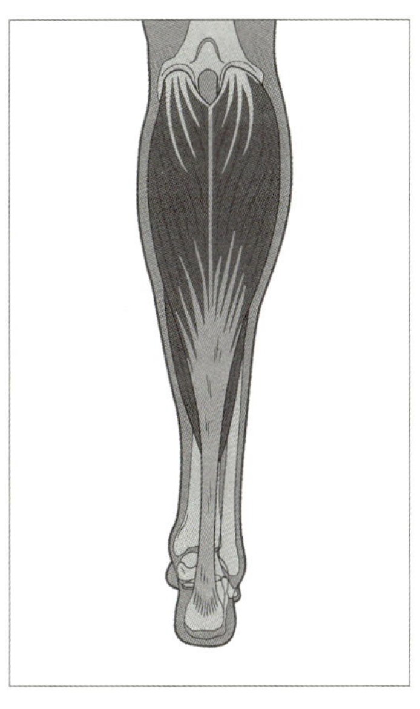

● 종아리 근육과 아킬레스건

수 있었던 핵심 비결 중 하나였다.

보이지 않는 안정장치, 목덜미인대

이제 우리 몸에는 완벽한 스프링이 장착되었다. 하지만 빠르게 달리는 차일수록 흔들림을 잡아주는 안정장치가 중요하듯 달리는 인체에도 안정장치가 필요하다. 특히 무게가 5kg에 달하는 머리는 달릴 때마다 위아래, 앞뒤로 심하게 흔들릴 수밖에 없다.

이 문제를 해결하기 위해 진화는 목덜미에 아주 특별한 장치인 목덜미인대를 숨겨두었다. 달릴 때 상체가 앞으로 숙이면 이 목덜미인대가 고무줄처럼 팽팽하게 늘어나며 머리가 앞으로 푹 꺾이지 않도록 잡아주는 스태빌라이저 역할을 한다. 덕분에 인간은 목 근육에 과도한 힘을 주지 않고도 머리의 흔들림을 최소화하고 시선을 안정적으로 유지할 수 있다. 침팬지를 비롯한 유인원들에게는 거의 퇴화하여 있는 이 인대가 인간에게 두드러지게 있다는 사실은 이것이 바로 달리기를 위한 명백한 적응이었음을 보여주는 증거이다.

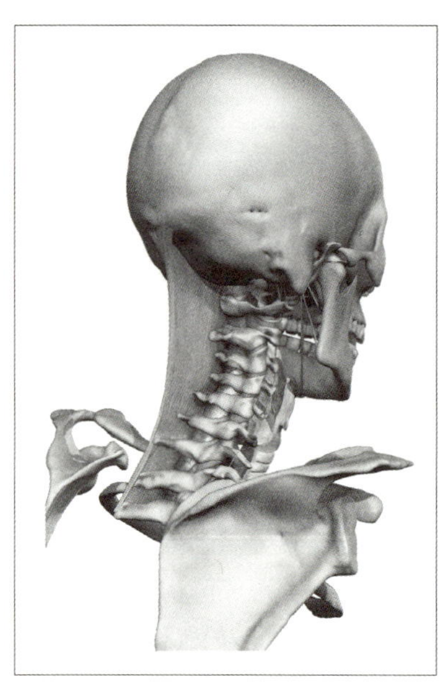

● 목덜미인대

인간은 달리도록 태어났다 _ 리버먼과 브램블의 26가지 증거

2004년 대니얼 리버먼과 데니스 브램블이 네이처에 발표한 기념비적인 논문은 인류의 신체가 단순한 보행 단계를 탈피하여 오랜 시간 동안 지치지 않고 달리기 위해 특별히 설계되었다고 주장한다. 그들은 그 증거로 인체 곳곳에 숨겨진 26가지 해부학적 특징들을 제시했다.

에너지 효율과 스프링 기능

1. **긴 다리와 힘줄:** 더 넓은 보폭을 가능하게 하며 용수철처럼 에너지를 저장하고 되돌려준다.

2. **아킬레스건:** 발뒤꿈치에 있는 강력한 스프링으로 달리기 에너지의 최대 50%를 담당한다.

3. **발바닥 아치:** 충격을 흡수하고 기계적 일의 약 17%에 해당하는 에너지를 재활용한다.

4. **짧은 발가락:** 유인원의 긴 발가락과 달리 달리기의 마지막 단계에서 안정적인 추진을 가능하게 한다.

충격 흡수와 뼈 구조 강화

5. **넓어진 관절 면적:** 엉덩이, 무릎, 발목 관절의 표면적을 넓혀 압력을 분산시키고 관절을 보호한다.

6. **튼튼한 허리뼈:** 달리기의 큰 충격을 견디기 위해 하부 척추인 허리뼈가 더 크고 튼튼해졌다.

7. **넓어진 엉치엉덩관절:** 척추와 골반이 만나는 관절이 넓어져 상체 충격을 다리로 효과적으로 전달하고 분산시킨다.

8. **짧아진 발꿈치뼈:** 아킬레스건에 가해지는 스트레스를 줄여주는 구조이다.

안정적인 자세 유지

9. **거대한 둔근:** 달릴 때 상체가 앞으로 쏠리는 것을 막아주는 핵심적인 안정화 근육이다.

10. **분리된 흉곽과 어깨:** 골반 회전의 반대 방향으로 상체를 돌릴 수 있게 하여 몸의 안정성을 높여준다.

11. **잘록한 허리:** 상체와 하체의 유연한 회전을 가능하게 한다.

12. **팔 길이 단축:** 유인원에 비해 팔이 짧아져 달릴 때 불필요한 무게 중심 이동을 줄여준다.

13. **확장된 어깨 위쪽 근육:** 머리와 목을 안정적으로 지지한다.

14. **낮은 어깨 위치:** 무게중심을 낮추고 안정성을 더한다.

머리와 시선 안정화

15. **목덜미인대:** 달릴 때 머리가 앞뒤로 과도하게 끄덕여지는 것을 방지하는 헤드 스태빌라이저이다.

16. **커진 반고리관:** 귀 안쪽의 반고리관이 커져 머리의 움직임을 더 민감하게 감지하고 제어한다.

달리는 호모 사피엔스

17. **발달한 전정-안구 반사:** 머리가 움직여도 눈은 목표물에 고정될 수 있도록 돕는다.

18. **짧아진 얼굴:** 무게중심을 뒤로 이동시켜 달릴 때 머리의 균형을 잡는 데 도움이 된다.

체온 조절과 기타 전략적 특징

19. **적은 체모:** 털이 거의 없어 땀의 직접 증발을 통한 효율적인 냉각이 가능하다.

20. **많은 에크린샘:** 온몸에 분포한 수백만 개의 땀샘이 스프링클러 역할을 한다.

21. **길고 날씬한 체형:** 열 발산에 유리한 라디에이터와 같은 구조이다.

22. **입으로 호흡:** 격렬한 운동 시 더 많은 산소를 들이마시고 열을 빠르게 배출한다.

23. **커진 부비강:** 호흡하는 공기의 습도와 온도를 조절하는 데 도움을 준다.

24. **넓어진 어깨와 좁아진 골반:** 상체의 회전을 돕고 다리의 움직임을 효율적으로 만든다.

25. **전두엽 발달:** 달리기에 필요한 계획, 인내, 고통 관리 등 고등 인지 기능을 담당한다.

26. **지방 저장 능력:** 피하 지방의 형태로 에너지를 효율적으로 저장하여 연료로 사용한다.

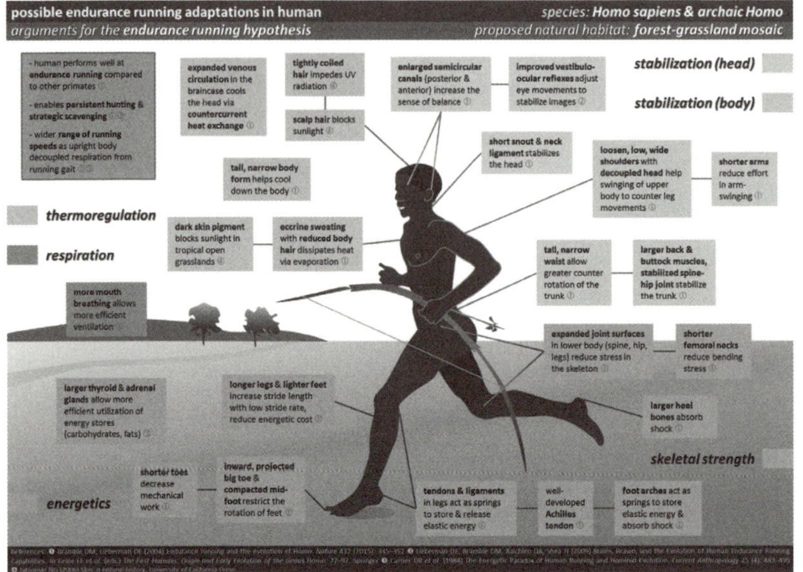

● 리버먼과 브램블의 26가지 증거 | 출처: Wikipedia Commons ©Chakazul

결국 인체는 그냥 서고 걷기 위해 만들어진 것이 아니다. 걷기에 최적화되어 달리기의 완벽한 토대가 되어준 넓은 골반, 땅의 충격을 에너지로 바꾸는 발바닥의 정교한 아치, 폭발적인 추진력을 재활용하는 강력한 아킬레스건, 흔들리는 시야를 잡아주는 목덜미인대 그리고 앞서 살펴보았던 최고의 냉각 시스템까지. 이 모든 요소가 완벽한 조화를 이루며 인류를 지구상 최고의 장거리 주자로 만들었다. 리버먼과 브램블의 압도적인 증거들은 우리에게 분명하게 말해주고 있다. 인간은 말 그대로 달리도록 태어난 존재라고 말이다.

달리는 호모 사피엔스

당신의 몸은 이미 달리는 법을 알고 있다

이처럼 완벽하게 조율된 인류의 하드웨어는 오늘날 뜻밖의 장벽을 만났다. 수백만 년간 맨발로 지면과 상호작용하며 다듬어온 주법이 고작 수십 년 역사의 푹신한 러닝화 쿠션 아래 잠들어버린 것이다. 현대의 러닝화는 두툼한 뒤꿈치 쿠션을 통해 자연스럽게 힐 스트라이크(뒤꿈치 착지)를 하도록 유도한다. 이 방식은 심리적인 안정감을 주지만, 푹신한 쿠션이 흡수해주는 줄 알았던 착지의 충격은 사실 상당 부분 사라지지 않고 인체의 더 깊숙한 곳 무릎과 고관절, 허리로 전달된다. 마치 브레이크를 밟으며 달리는 것처럼 발이 몸의 중심보다 앞에서 착지하면서 달리는 힘을 미세하게 깎아 먹기도 한다.

이제 그 잠든 기억을 깨워볼 시간이다. 가까운 공원이나 운동장 트랙처럼 안전한 곳을 찾아 잠시 신발을 벗고 천천히 달려보자. 맨발로 단지 수십 미터만 달려봐도 아마 깜짝 놀랄 것이다. 평소처럼 발뒤꿈치로 쿵 하고 착지하는 것이 얼마나 고통스러운 일인지 즉시 깨닫게 되기 때문이다. 인체는 이 고통을 피하고자 본능적으로 착지 방식을 바꾼다. 발뒤꿈치가 아닌 발의 중간이나 앞부분을 사용해 부드럽게 착지하려는 움직임, 이것이 바로 당신의 몸이 수십만 년간 간직해온 달리기의 본능이다.

하버드 대학의 진화생물학자인 대니얼 리버먼 교수는 바로 이 지점에 주목했다. 그는 습관적으로 신발을 신고 달리는 사람들과 평생 맨발로 달려온 사람들의 달리기 메커니즘을 비교 분석하여 현대 달리기

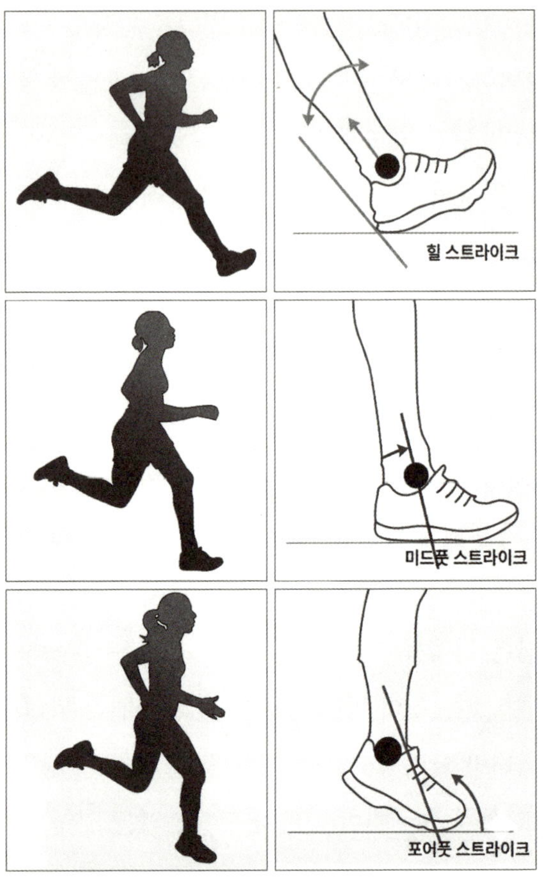

● 힐 스트라이크, 미드풋 스트라이크, 포어풋 스트라이크

과학에 가장 큰 반향을 일으킨 연구 결과를 발표했다.[41] 리버먼에 따르면 맨발 주자들은 본능적으로 발뒤꿈치가 아닌 발의 중간이나 앞부분으로 부드럽게 착지하며 지면과의 충격을 최소화한다. 이것이 바로 맨발로 달릴 때 본능적으로 구사하게 되는 주법인 미드풋과 포어풋 스트라이크이다.

발바닥의 아치를 완벽한 구조의 스프링처럼 사용해 충격을 아름답

달리는 호모 사피엔스

게 흡수했다가 그 에너지를 추
진력으로 되돌려주고[42] 아킬레
스건의 탄성을 폭발적으로 활용
하는 이 방식은 진화가 설계한
최적의 매뉴얼이다. 현대인이
겪는 달리기 부상의 상당수는
원래 달리기가 위험해서가 아니
라 이 천연 스프링 시스템을 사
용하는 법을 잊었기 때문에 발
생한다.

● 맨발 달리기 모습 | 출처: vivobarefoot.com

결국 가장 좋은 주법은 유행을 따르는 것이 아니라 진화가 새겨놓
은 신체의 설계대로 가장 자연스럽게 움직이는 것이다. 신발을 벗고
땅의 감각을 직접 느껴보자. 그곳에 수백만 년의 진화가 인체에 새겨
놓은 인류만의 고유한 달리기의 방법이 살아 숨 쉬고 있다. 우리의 몸
은 이미 가장 효율적으로 달리는 법을 알고 있다.

웨스턴 스테이츠 100마일 인듀어런스 런

험준한 산악지대 161㎞를 달리는 대회가 말과의 경주에서 시작되었다고 한다면 믿겠는가? 세계에서 가장 오래되고 권위 있는 100마일 울트라 트레일 러닝 대회인 웨스턴 스테이츠 100마일 인듀어런스 런이 그 주인공이다. 매년 6월 마지막 주말, 미국 캘리포니아 시에라 네바다 산맥에서 열리는 이 대회는 전 세계 울트라러너들에게 그야말로 꿈의 무대로 불린다.

이 거대한 대회의 시작은 사실 조금 황당한 도전에서 비롯되었다. 원래 이 코스는 테비스 컵이라는 말을 타고 시에라 네바다를 횡단하는 혹독한 승마 대회용이었다. 본래 말이 하루 동안 100마일을 달릴 수 있는지 증명하기 위해 시작된 만큼 말에게도 매우 힘든 경주였다.

그런데 1974년, 매년 이 대회에 참가하던 베테랑 고디 에인슬리는 대회를 앞두고 말이 부상을 입어 출전이 불가능한 상황에 처한다. 보통 사람이라면 다음을 기약하며 포기했겠지만 그는 달랐다.

● 고디 에인슬리 | 출처: youtube Gordy Ainsleigh, the Trailblazer of Western States

그의 머릿속에는 말이 아니라 사람이 직접 이 코스를 24시간 안에 완주할 수 있을까 하는 황당한 의문이 피어오른 것이다. 이 호기심과 도전 정신 하나로 그는 말없이 맨몸으로 직접 기수들과 오래달리기 경주를 시작했다. 결과는 놀라웠다. 고디 에인슬리는 무려 23시간 42분 만에 100마일을 완주해냈다. 이 전설적인 사건을 계기로 맨몸으로 참가하는 사람들이 점차 늘어났고, 1977년에는 세계 최초의 100마일 트레일 러닝 대회로 공식 인정받기에 이르렀다.[1]

극한의 환경 _ 저산소증부터 40도의 열기까지

이 대회 코스는 말 그대로 인체의 한계를 시험한다. 캘리포니아 올림픽밸리에서 시작해 오번에서 끝나는 약 161.3km의 여정은 누적 상승 고도 약 5,790m(2025년 기준), 누적 하강 고도는 무려 약 7,000m에 달한다.

레이스 초반 참가자들은 해발 2,600m가 넘는 고산 지대를 통과하며 저산소증과 저체온증이라는 적을 만난다. 인체는 적응을 위해 혈관을 수축시키고 근육을 떨며 안간힘을 쓴다. 하지만 고비를 넘기면 이번에는 기온이 40도에 육박하는 뜨거운 계곡이 기다리고 있다. 몸은 이제 반대로 혈관을 확장하고 땀을 쏟아내며 과열을 막으려 하지만, 이 과정에서 탈수와 저나트륨혈증, 열사병의 위험에 직면하게 되는 것이다.

특히 7,000m에 달하는 내리막은 허벅지 근육인 대퇴사두근에 엄청난 스트레스를 가한다. 근육이 길이를 늘이면서 힘을 버텨내는 신장성 수축이 반복되면서 근육 섬유에 미세한 손상을 입히기 때문이다. 오르막보다 내리막에서 허벅지가 터질 듯한 고통을 느끼는 이유가 바로 여기에 있다.

말보다 빠른 인간, 그 경이로운 기록

왜 사람들은 이 고통을 감수하며 열광하는 것일까? 24시간 이내 완주자에게 수여되는 은색 버클과 30시간 이내 완주자에게 주어지는 동색 버클은 울트라러너들 사이에서 최고의 영예로 통한다.

이 엄청난 도전은 지금도 계속되고 있다. 2025년 6월에 열린 52회 대회에서는 369명의 참가자가 한계에 도전했다. 남자 부문에서는 케일럽 올슨이 역대 두 번째 기록인 14시간 11분으로 우승했고, 여자 부문에서는 애비 홀이 16시간 37분으로 우승을 차지했다.

흥미로운 점은 같은 코스에서 열린 2025년 테비스 컵(말 경주)의 우

달리는 호모 사피엔스

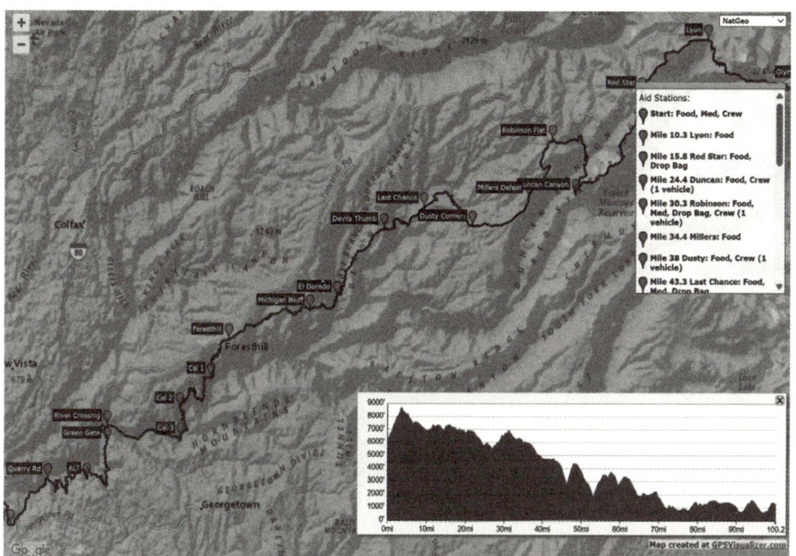

● 웨스턴 스테이츠 인듀어런스 런 대회 코스 | 출처: copyright © Western States Endurance Run Foundation.

승 기록이 17시간 46분이었다는 사실이다. 기수가 타고 있었다는 점을 참작하더라도 인간이 말보다 무려 3시간 이상 빠른 기록을 낸 것이다.[2] 이는 말과 버금가거나 오히려 더 우월한 인간의 오래달리기 능력을 여실히 보여주는 결과라 할 수 있다.

웨스턴 스테이츠 100마일 인듀어런스 런은 단순한 달리기 대회를 넘어, 말이 달리던 길을 인간의 두 발로 정복해 보겠다는 도전 정신의 상징이다. 지금 이 순간에도 수많은 사람이 자연 앞에서 자신의 한계를 시험하며 우리 몸 속에 잠든 달리는 인간의 본능을 깨우고 있다.

CHAPTER 4

추론과 상상

상상력과 추론의 사냥: 사바나의 맹수들, 실패라는 냉엄한 계산서

우리는 정말 지독한 사냥꾼이었다. 몇 시간 전부터 시작된 추격전은 이제 막바지에 다다랐다. 아프리카의 작열하는 태양 아래 온몸의 근육은 비명을 지르고 폐는 터질 듯 뜨거운 공기를 헐떡인다. 하지만 마침내 우리의 끈질김 앞에 거대한 생명 하나가 지쳐 쓰러진다. 이 순간 우리의 두 다리는 조상에게 물려받은 훌륭한 유산 중 하나인 오래달리기 능력을 유감없이 증명해 보였다.

잠시 인류 조상을 상상한다. 우리에겐 날카로운 발톱도 단단한 갑옷도 독니도 없다. 대신 다른 동물에게는 없는 특별한 선물인 열을 식히는 능력이 있었다. 온몸의 털을 벗어던진 매끈한 피부와 수백만 개의 땀샘은 달리는 내내 엔진의 과열을 막아주는 최고의 냉각 장치였다. 길고 탄력 있는 아킬레스건은 달릴 때마다 에너지를 저장했다가 다시 튕겨주는 스프링 역할을 했고, 커다란 엉덩이 근육은 상체가 앞으로 꼬꾸라지지 않도록 안정적으로 붙잡아 주었다. 이 모든 것이 오직 하나 오래달리기라는 경이로운 능력을 위해 설계된 결과물이다.

달리는 호모 사피엔스

하지만 이 위대한 방식에도 한 가지 큰 허점이 있었다. 아무리 인류가 지구력의 제왕이라 한들 드넓은 초원에서 전력으로 질주하는 영양이나 거대한 뿔을 가진 쿠두를 계속해서 시야에 두고 쫓는다는 건 사실상 불가능에 가까웠다. 개체는 존속을 위해 온 힘을 다해 폭발적인 속도를 낸다. 그 순간적인 속도는 인간의 꾸준함을 훌쩍 상회한다. 녀석은 쏜살같이 언덕 뒤편으로 혹은 시야를 가리는 키 큰 풀숲 속으로 사라져 버리고 만다.

바로 이 순간 대부분의 포식 동물들은 실패를 인정하고 돌아선다. 시속 100㎞로 달리는 단거리 육상 선수 치타는 그 폭발적인 추격에 모든 에너지를 소진했기에 더는 쫓을 여력이 없다. 무리 사냥의 대가인 사자나 하이에나 역시 사냥감이 시야에서 사라져 협동할 수 없어지면 미련 없이 다른 기회를 찾아 나서는 것이 보통이다. 아까운 에너지를 헛되이 쓰는 것만큼 생존에 어리석은 짓은 없기 때문이다. 그들에게 사냥은 눈앞에 보이는 현실 그 자체이다.

하지만 우리의 조상들은 달랐다. 모두가 포기하는 그 순간 그들의 진짜 사냥은 이제 막 시작되는 것이었다. 잠시 숨을 고르며 땀을 훔친 눈은 더 이상 사라진 사냥감을 찾지 않는다. 대신 인류의 시선은 땅으로 주변의 풍경으로 향한다. 이제부터는 다리가 아닌 머리로 쫓아야 할 시간이기 때문이다. 이것이 바로 추론과 상상의 사냥이다.

사냥감이 사라진 지점은 더 이상 허탈한 실패의 장소가 아니다. 그곳은 거대한 미스터리로 가득한 탐정 소설의 첫 페이지와도 같다. 땅에 희미하게 남은 발자국, 꺾인 풀잎의 각도, 스치고 지나가며 떨어진 동물의 털 한 올, 심지어 공기 중에 희미하게 남은 냄새까지 모든 것이 결정적 단서가 된다. 인류 조상은 이 흩어진 정보의 조각들을 머릿속에서 하나의 이야기로 꿰맞추기 시작한다.

발자국의 깊이를 보니 아직 완전히 지치지는 않았군. 저쪽 언덕 방향으로 내달렸어. 하지만 저 언덕 너머에는 내가 어제 물을 마셨던 웅덩이가 있지. 목이 마를 테니 분명 그쪽으로 향했을 거야. 이 풀은 방금 꺾였네. 꺾인 단면에 맺힌 이슬이 아직 마르지 않았으니 녀석은 아직 멀리 가지 못했을 거야.

이것은 단순히 흔적을 따라가는 수동적인 행위가 아니다. 사라진 동물의 마음을 읽고 다음 행동을 예측하는 고도의 지적 활동이다. 인간의 뇌는 시야에서 사라진 개체의 모습을 머릿속에 다시 상상하여 그려내고, 남겨진 증거들을 바탕으로 그 동물의 다음 경로를 논리적으로 추론하는 것이다. 바로 보이지 않는 것을 마음속에 그려내고 현재의 단서로 미래를 예측하는 능력인 추상적 사고의 위대한 시작이었다.[1]

이 추론의 과정은 단순히 A 다음에는 B라는 식의 단순한 논리를 탈피한다. 그것은 만약 녀석이 지쳤다면 그늘을 찾아 쉬려 할 것이고, 이 근처에서 가장 그늘이 깊은 곳은 저 아까시나무 아래라는 여러 가설을 세우고 발자국의 상태나 주변 조건이라는 증거를 통해 가장 그럴듯한 가설을 선택하는 오늘날 과학적 방법론의 원형과 다름없었

달리는 호모 사피엔스

다.[2] 이제 추격전의 무대는 광활한 사바나에서 우리의 머릿속으로 옮겨왔다. 다리의 힘이 아닌 추론과 상상을 하는 뇌의 힘으로 사냥감을 추적하는 것이다.

실패라는 냉엄한 계산서

광활한 세렝게티의 초원 해 질 녘 황금빛으로 물든 풍경 속에서 암사자 한 마리가 숨소리마저 죽인 채 엎드려 있다. 팽팽하게 당겨진 활시위 같은 근육, 시선은 오직 한 곳을 향한다. 하지만 우리가 다큐멘터리에서 보는 극적인 성공의 장면은 사실 아주 드문 기적에 가깝다. 카메라가 꺼진 뒤 펼쳐지는 진짜 이야기는 어떻게 잡느냐가 아니라, 못 잡았을 때 어떻게 살아남느냐에 대한 처절한 계산이기 때문이다. 야생에서 에너지는 존속과 번식을 위한 유일한 화폐이다. 포식자들은 마치 냉철한 펀드매니저처럼 사냥 실패의 순간 손절매를 할 것인지 추가 투자를 할 것인지 결정해야 한다. 이들의 세계에서 아마도 혹시나 같은 희망 고문은 곧 죽음을 의미한다.

사자는 백수의 왕이라 불리지만 실상은 다섯 번 중 서너 번을 굶는 프로 실패러이다.[3] 이들이 사냥에 실패하면 가장 먼저 하는 행동은 즉각적인 가동 중단이다. 사자의 근육은 폭발적인 힘을 내는 백근 섬유 비중이 높아 단거리에는 강하지만 지구력이 형편없다. 추격 거리가 100~200m를 지나면 사자의 체온은 급격히 오르고 근육에는 젖산이 쌓인다. 실패가 확정되는 순간 사자는 미련 없이 그 자리에 주저앉아 헐떡이며 휴식을 취한다. 이때 무리의 구성원들은 서로 몸을 비비거나 핥아주는 사회적 유대 행위를 통해 스트레스를 낮추고 에너지를 비축하는 저장 모드로 들어간다. 또한 이들은 지독할 정도의 현실주의자이다. 사냥에 실패하면 곧바로 주위를 살피며 다른 포식자가 잡아놓은 먹이가 없는지 혹은 자연사한 사체가 없는지 확인하는 청소부 모드로 전환한다.[4] 자존심보다 중요한 것은 다음 사냥을 위한 최소한의 칼로리 확보이기 때문이다.

지상에서 가장 빠른 치타의 삶은 훨씬 더 위태롭다. 시속 120㎞에 육박하는 질주는 치타의 몸에 엄청난 과부하를 건다. 단 20~30초의 질주만으로도 체온은 40.5℃를 넘어서고 심장은 터질 듯이 뛴다. 치타가 사냥감을 놓친 직후에 보여주는 행동은 선택이 아닌 생존을 위한 정지이다. 이들은 사냥 실패 후 거의 실신 상태로 그늘에 쓰러져 짧게는 30분에서 길게는 한 시간 넘게 숨을 고른다. 이 휴식 시간은 치타에게 가장 위험한 순간이다. 사자나 하이에나 같은 경쟁자들이 치타의 사냥 흔적을 보고 몰려오기 때문이다. 치타는 사냥에 실패하면 주변을 탐색할 기력조차 없기에 오직 몸을 숨기고 체온을 낮추는 데 모든 신경을 집중한다. 이들에게 실패 후의 휴식은 다음 도박을 위해 판돈(에너지)을 채워 넣는 유일한 시간이다.[5]

늑대는 전혀 다른 방식으로 실패에 대처한다. 이들은 무작정 달리기보다 사냥 초기 단계에서 끊임없이 먹이 무리를 테스트한다. 살짝 겁을 주어 달려보게 한 뒤 무리 중 누가 가장 약한지 집요하게 관찰한다. 만약 목표로 삼았던 동물이 생각보다 강하게 저항하거나 너무 건강해서 잡기 어렵다고 판단되면 아주 영리하게 개체를 변경한다. 추격 도중에도 더 취약한 개체가 발견되면 즉시 무리 전체가 신호를 주고받으며 목표를 바꾼다.[6] 실패를 확정 짓기 전에 수정하는 고도의 방식이다. 만약 완전히 사냥감을 놓쳤다면 늑대들은 뛰어난 후각을 이용해 사냥감의 이동 경로를 몇 시간이고 조용히 추적하며 다시 기회를 엿본다. 이들에게 실패란 끝이 아니라 다음 성공을 위한 자료수집의 과정인 셈이다.

하이에나는 흔히 남의 것을 뺏는 동물로 오해받지만 사실 시속 60㎞로 5㎞ 이상을 달릴 수 있는 사바나의 마라토너이다.[7] 사냥감을 놓쳤을 때 이들이 보여주는 핵심 행동은 흩어지기이다. 무리가 사방으로 흩어져 새로운 먹잇감을 찾거나 다른 포식자의 위치를 파악한다. 하이에나에게는 사냥한 고기와 남이 먹다 남긴 고기의 구분이 무의미하다. 실패의 순간 이들은 1초의 망설임도 없이 사냥꾼에서 강도 혹은 청소부로 완벽하게 변신한다. 이 유연성이야말로 하이에나를 야생의 가장 성공적인 승자로 만든 비결이다.

이처럼 야생의 포식 동물들은 사냥감을 놓친 찰나의 순간에도 본능적인 계산기를 두드린다. 그들의 행동에는 후회나 자책이 없다. 오직 남은 에너지를 어떻게 관리하여 다음 기회를 잡을 것인가에 대한 생존 지혜만이 가득하다. 그들은 시야에서 사라진 사냥감의 향방을 상상하며 추적하지 않는다. 오직 현재의 근육 상태, 남은 에너지 그리고 주변의 기회에만 집중한다.

　그렇다면 인류는 어떠했을까? 사실 생물학적으로만 본다면 인류는 참으로 보잘것없는 사냥꾼이다. 날카로운 발톱도 치명적인 송곳니도 없으며 무엇보다 너무나도 느리다. 인류는 느린 속도로 인해 빠른 사냥감을 시야에서 놓치기가 일쑤이다. 전력 질주를 해도 사바나의 얼룩말을 따라잡는 것은 불가능에 가깝다.

　하지만 인류는 쫓던 사냥감이 시야에서 사라졌더라도 사냥에 실패했다고 생각하지 않았다. 육체적인 추격이 잠시 멈췄을 뿐 인간의 머릿속에서는 더 거대하고 정교한 정신적 추격이 시작되었기 때문이다. 개체가 숲 뒤편으로 사라지는 순간 발자국 꺾인 나뭇가지, 흩어진 흙의 상태를 보고 개체의 상태와 이동 방향을 추론하기 시작했다. 이것이 바로 인류가 발명한 추적 사냥의 시작이다.[8] 시야에서 놓치는 것을 실패가 아닌 지구력 싸움의 2라운드 시작으로 받아들인 것이다.

달리는 호모 사피엔스

땅 위에 새겨진
암호를 풀다

앞서 인류는 다른 맹수들이 개체를 놓쳤을 때 에너지라는 냉엄한 회계 장부 앞에서 미련 없이 돌아서는 모습을 보았다. 그들에게 추격의 끝은 곧 사냥의 끝이었다. 하지만 인류 조상은 달랐다. 개체가 시야에서 사라진 그 순간 그들의 뇌 속에서는 완전히 새로운 차원의 추격전인 총성 없는 전쟁이 막 시작되고 있었다. 그것은 더 이상 다리의 싸움이 아닌 머리를 맞댄 치열한 수 싸움이었다.

사실 이런 머리싸움은 인류에게 선택이 아닌 필연이었다. 인류 조상들이 두 발로 당당히 일어서면서 얻은 것은 드넓은 시야와 효율적인 장거리 이동 능력이었지만 그 대가로 잃어버린 것 역시 치명적이었다. 땅에 코를 박고 냄새를 맡던 강력한 후각이 바로 그것이다. 두 발로 서면서 코는 냄새 분자가 짙게 깔린 땅으로부터 1m 이상 멀어졌다.[9] 다른 포식 동물들이라면 킁킁거리며 쉽게 따라갈 수 있는 냄새의 흔적을 완전히 잃어버린 셈이다. 개체가 시야에서 사라지면서 후각이라는 내비게이션도 없는 막막한 조건에 놓이게 된 것이다.

바로 그 순간 사냥감이 사라진 사바나의 대지는 인류에게 거대한 암호문으로 가득 찬 책이 되었다. 그들은 땅에 남은 발자국을 그저 멍하니 뒤쫓는 단순 기계가 아니었다. 오히려 날카로운 눈썰미로 현장을 분석하는 노련한 탐정이자, 희미한 단서만으로 범인의 심리를 꿰뚫는 뛰어난 프로파일러에 가까웠다.

최초의 탐정, 최초의 과학자

한번 상상해 본다. 단단한 땅에서 희미하던 발자국이 부드러운 흙 위에서 갑자기 깊고 흐트러진 모양으로 나타났다. 인류 조상은 그저 여기 발자국이 있다고 하고 지나치지 않았다. 계획을 세우고 미래를 시뮬레이션하는 전두엽 피질이 번뜩이며 머릿속에서 즉각적으로 상황이 재구성된다.

아! 녀석이 이 지점에서 휘청거렸구나. 뜨거운 열기에 정신이 혼미해지고 다리에 힘이 풀리기 시작한 게 틀림없어. 발자국 옆에 스치듯 지나간 풀잎의 꺾인 방향이나 돌멩이에 묻은 핏자국을 보니 다리에 힘이 풀려 잠시 주저앉았다가 황급히 일어났군. 거의 다 왔다!

이것은 단순한 추측이 아니다. 인류학자 루이스 리벤버그가 그의 저서 『추적의 기술: 과학의 기원』에서 주장했듯이 이것이야말로

달리는 호모 사피엔스

과학적 사고의 원형이었다.[10] 사냥꾼은 멈춰 서서 생각한다.

> 흔적은 없지만 나는 저 영양을 안다. 지금은 한낮이라 덥고 녀석
> 은 지쳤을 것이다. 그렇다면 가장 가까운 물웅덩이나 그늘진 덤
> 불로 향했을 것이다. 만약 덤불로 갔다면 저쪽 부드러운 흙길에
> 다시 흔적이 나타나야 한다.

단순한 감이 아니다. 이것은 명백한 과학적 가설의 수립 과정 그 자체이다. 먼저 사냥꾼은 흔적이 사라졌음을 확인하는 관찰 단계를 거친다. 여기에 영양의 습성과 날씨 그리고 주변 지형에 대한 해박한 지식이 결합한다. 이를 바탕으로 영양은 A 지점인 덤불로 향했을 것이라는 가설 수립의 단계로 나아간다. 만약 이 가설이 맞는다면 B 지점인 흙길에서 새로운 발자국이 발견될 것이라는 예측하고, 사냥꾼은 확인을 위해 B 지점으로 달려가는 검증의 절차를 밟는다.

만약 B 지점에서 발자국이 발견되면 가설은 검증되고 사냥은 계속된다. 만약 발견되지 않는다면 가설은 기각되고, 사냥꾼은 '아니었군. 그렇다면 물웅덩이 쪽인가?'라며 새로운 가설을 세워야 한다. 리벤버그는 이 과정이 현대 물리학자가 입자 가속기에서 보이지 않는 아원자 입자의 흔적을 보고 그 존재와 움직임을 추론하는 과정과 본질적으로 똑같다고 말한다. 칼라하리 사막의 추적자와 입자 물리학자는 같은 종류의 뇌를 사용하고 있는 셈이다. 인류 최초의 과학자는 흰 가운을 입은 학자가 아니라, 아프리카의 뜨거운 태양 아래 땅을 살피던 이름 없는 사냥꾼이었다.

흔적을 꿰뚫어 보는 경지

추론 능력은 먼 과거의 화석으로만 남은 것이 아니다. 오늘날까지 그 명맥을 잇고 있는 칼라하리 사막의 산족 사람들의 사냥 방식에서 생생하게 확인할 수 있다. 이들에게 땅은 살아있는 정보의 도서관이다. 산족의 추적자들은 발자국만 보고도 그 동물의 종, 성별, 나이, 건강 상태를 넘어 심지어는 지금 어떤 감정 상태인지까지 읽어낸다.[11] 발자국과 발자국 사이의 간격이 불규칙해지는 것을 보고는 녀석이 지금 극심한 공포와 혼란에 빠져 어디로 가야 할지 망설이고 있다고 판단한다. 암컷 영양의 발자국 옆에 아주 작고 얕은 발지국이 겹쳐 있다면 '어미가 새끼를 데리고 있군. 새끼 때문에 멀리 그리고 빨리 가지는 못할 것이다'라고 예측하는 식이다.

이 놀라운 추론 능력은 북미 대륙의 광활한 평원과 깊은 숲속에서 살아온 아메리카 인디언들에게서 더욱 빛을 발한다. 특히 아파치족이나 파우니족의 추적자들은 땅 위에 새겨진 아주 미세한 변화만으로도 한 편의 드라마를 읽어내는 능력을 갖추고 있었다. 아메리카 인디언 추적자들은 마른 잎이 눌린 각도와 흙의 수분 함량을 보고 이 흔적은 두 시간 전의 것이며 녀석은 지금 왼쪽 뒷다리를 약간 절고 있다는 사실을 파악해낸다.

이것은 단순히 흔적을 보는 것이 아니라 흔적을 통해 개체의 내면과 다음 행동을 꿰뚫어 보는 것이다. 리벤버그는 이를 최고의 경지에 이른 사변적 추적이라 불렀다. 최소한의 증거만으로 동물의 의도와 심리를 예측하여 그 동물보다 한 수 앞서 나가는 높은 경지이다.

달리는 호모 사피엔스

머릿속 3차원 지도와 감정이입

인류의 위대함은 이 지점에서 폭발한다. 그들은 눈앞의 증거를 토대로 보이지 않는 개체의 미래 행동을 예측했다. 그들의 머릿속에는 주변 지형과 조건에 대한 정교한 3차원 지도가 그려져 있었다. 마치 최첨단 증강현실 안경을 쓴 것처럼 현실 풍경 위에 과거의 경험으로 축적된 데이터가 겹쳐 보였을 것이다.

그들의 머릿속에서 펼쳐지는 추론은 아주 정교한 단계를 거쳐 완성된다. 먼저 사냥꾼은 녀석은 지쳤다. 이글거리는 태양을 피하고 싶을 것이다라며 동물의 생리적 상태를 분석한다. 뒤이어 그렇다면 가장 가까운 그늘은 저 아까시나무 아래다. 하지만 저곳은 너무 개방되어 있어 숨어있는 사자에게 공격받기 쉽다는 걸 녀석도 알 거라는 포식자의 위협까지 고려한 다각적 분석으로 나아간다. 이러한 분석 끝에 사냥꾼은 조금 더 멀고 힘들더라도 바위가 많아 몸을 숨기기 좋은 저쪽 언덕의 그늘로 향했을 가능성이 크다며 여러 가능성 중 최적의 시나리오를 선택한다. 마지막으로 가는 길에 분명 물이 있는 곳을 지나치려 할 테니 말라버린 강바닥을 가로지르지는 않았을 것이라며 동물의 본능적 필요까지 정확히 예측해낸다.

이러한 사고 과정은 본능을 탈피한다. 이것은 개체의 입장이 되어 생각해 보는 감정이입적 추론이며, 여러 가능성 중 가장 확률 높은 시나리오를 선택하는 고도의 방식에 근거한 사고이다.[12] 시야에서 사라진 동물을 쉽게 포기하거나 힘겹게 뒤쫓는 것이 아니라 그 동물이 있을 법한 곳으로 먼저 이동해 기다리는 것. 이것이야말로 두뇌를 이용한 사냥의 정수였다.

협력, 언어의 씨앗을 틔우다

이 지적인 사냥은 협력을 통해 더욱 강력하고 정교해졌다. 개체가 사라졌을 때 무리는 각자 흩어져 단서를 찾고 다시 모여 정보를 교환했을 것이다. 아마도 손짓이나 간단한 소리 표정 등을 통해 오늘날 상상하는 것보다 훨씬 복잡한 대화를 나누었을 것이다.

저기 봐 발자국이 북쪽으로 향하지만 흙을 파헤친 깊이가 얕고 급하게 방향을 틀었어. 이건 우리를 속이려는 짓이야. 저렇게 지친 녀석은 분명 저 동쪽의 물웅덩이로 갔을 거야. 너희 둘은 저쪽 언덕으로 먼저 가서 길목을 막아. 나는 혹시 모르니 이 흔적을 계속 따라가며 녀석을 압박하겠다!

이처럼 각자의 관찰 결과를 종합하고 역할을 분담하여 최적의 경로를 찾아내는 능력은 단순한 무리 사냥을 상회하는 고도로 조직화한 협업이다. 이는 마치 체스판 위의 말을 움직이듯 집단 전체가 하나의 공유된 정신적 목표를 가지고 개체를 서서히 옥죄어 가는 과정이었다. 이러한 복잡한 협력의 필요성은 정교한 의사소통 능력의 발달을 촉진했고 이것이 인류 언어 진화의 중요한 밑거름이 되었을 것이다.

달리는 호모 사피엔스

실패라는 일상 그리고 플랜 B

물론 이 지적인 사냥꾼에게도 실패는 일상다반사였다. 모든 추론이 맞을 수는 없고 갑작스러운 폭우가 흔적을 지우거나 개체가 예상을 탈피하는 행동을 보일 수도 있었을 것이다. 이때도 그들은 다른 동물들처럼 비용-편익 분석을 했겠지만 거기에 더해 집단적 판단이라는 강력한 도구가 있었다. 추격의 성공 가능성, 무리의 남은 에너지, 다른 식량 확보의 가능성 등을 종합적으로 고려하여 포기라는 합리적인 결정을 내렸을 것이다.

그리고 사냥 실패 시 즉각적으로 플랜 B로 전환했다. 더 큰 포식자가 남긴 사체를 찾아 날카로운 석기로 살점을 발라 먹는 청소 활동을 하거나 주로 여성과 아이들이 담당했을 식물의 뿌리나 과일, 견과류를 채집하는 활동으로 부족한 칼로리를 보충했다. 사냥, 채집, 청소를 오가는 이 유연함이야말로 예측 불가능한 자연 속에서 인류가 살아남을 수 있었던 또 하나의 핵심 비결이었다.

결국 인류 선조들의 사냥은 단순한 힘과 힘의 대결이 아니었다. 그것은 지능과 본능의 치열한 대결이었다. 비록 연약한 신체를 가졌지만 추론하고 상상하며 협력하는 능력을 통해 조상들은 지구상 가장 무서운 사냥꾼으로 거듭날 수 있었다. 아프리카의 대지는 인류 최초의 거대한 칠판이었고 개체의 흔적은 조상이 지성이라는 글자를 처음으로 새겨나간 위대한 암호였다.

인류, 비어 있던
생각의 니치를 차지하다

앞선 장에서 아프리카의 뜨거운 대지 위를 달리며 사라진 개체의 흔적을 쫓는 위대한 추적자의 길을 함께 걸었다. 다리가 아닌 머리로 현실이 아닌 상상으로 개체를 뒤쫓은 조상들의 모습은 인류 지성의 위대한 새벽을 보여주었다. 그렇다면 여기서 한 걸음 더 나아가 근본적인 질문을 던져볼 시간이다. 애초에 인류는 왜 그토록 영리한 방식으로 사냥을 해야만 했을까? 다른 동물들처럼 그저 더 빠르고 더 힘세게 진화할 수는 없었을까? 이 질문에 대한 답은 바로 인지적 니치(Cognitive Niche)라는 아주 특별한 개념 속에 숨어있다.

모든 생명체에게는 자신만의 니치가 있다

니치(Niche)라는 단어를 들으면 어딘가 비좁은 틈새가 떠오를지 모른다. 하지만 생물학에서 이 단어는 훨씬 더 중요하고 깊은 의미가 있다. 생태계의 모든 생명체는 자신만의 먹고사는 방식과 역할, 즉 고유

달리는 호모 사피엔스

한 생태적 지위를 가지고 있는데 이것이 그들의 니치이다.

기린의 니치는 무엇일까? 단순히 아프리카 사바나라는 장소가 아니다. 기린의 진짜 니치는 아무도 닿지 않는 높은 곳의 나뭇잎을 긴 목으로 독점하여 먹는 것이다. 다른 초식동물과의 치열한 에너지 자원 경쟁을 피하는 기린만의 독점 적응 방식인 셈이다. 딱따구리의 니치는 숲이 아니라 단단한 부리로 나무에 구멍을 뚫어 다른 새들은 꺼내 먹지 못하는 벌레를 잡아먹는 것이다. 이처럼 생태계에서 니치란 치열한 경쟁이 벌어지는 레드 오션을 피해 자신만의 독점적인 방식으로 살아갈 수 있게 해주는 고유한 적응 방식이자 그 생명체의 직업 명세서라고 할 수 있다.

인류의 텅 비어 있던 이력서

이 개념을 우리 조상에게 적용해 보자. 초기 인류는 신체적으로 정말 보잘것없었다. 사자처럼 날카로운 이빨도, 곰처럼 강한 힘도, 치타처럼 빠른 발도 없었다. 힘이라는 니치, 속도라는 니치, 방어라는 니치는 이미 다른 동물들이 꽉 차지하고 있었다. 만약 인류가 그들과 똑같은 방식으로 정면 대결을 벌였다면 아마 우리는 지금 이 자리에 존재하지 못했을 것이다.

그래서 인류는 아무도 제대로 활용하지 않던 새로운 니치를 파고들었다. 그것이 바로 인지력, 즉 머리를 써서 문제를 해결하는 방식이었다. 인지적 니치란 신체적 능력이 아닌 뛰어난 지능과 협력, 언어 능력을 이용해 인과관계를 파악하고 기술을 만들며 정보를 공유하여 존속 문제를 해결하는 인류 고유의 독특한 적응 전략을 의미한다. 마치 경제학의 틈새시장(Niche Market)과 같다. 거대 기업들이 모든 사람을 위한 스마트폰을 만들 때 작은 회사는 건설 현장 인부만을 위한 극도로 튼튼한 방수폰이라는 틈새시장을 공략한다. 인류도 마찬가지였다. 힘과 스피드라는 시장 대신 지능이라는 아무도 제대로 활용하지 않던 블루오션을 찾아내 지구의 지배자가 된 것이다.

그렇다면 이 경이로운 인지적 니치는 어떻게 만들어졌을까?

저명한 인지 과학자 스티븐 핑커는 이 위대한 방식이 지능, 사회성, 언어라는 세 개의 거대한 톱니바퀴가 서로 맞물려 돌아가며 함께 공진화했기에 가능했다고 설명한다.[13]

첫 번째 기어는 지능이다. 이것은 인과관계를 추론하는 능력으로 단순히 똑똑하다는 의미를 넘어선다. 우리 조상들은 독이 묻은 화살촉으로 동물을 맞히면 당장은 도망가더라도 결국엔 쓰러질 것이라는 것과 같이 눈에 보이지 않는 원인과 결과를 논리적으로 연결했다. 이러한 추론 능력은 곧바로 기술의 발전으로 이어졌다. 더 날카로운 창을 만들고, 식물의 독을 활용하는 방법을 알아내고, 불을 다루는 기술 등은 인간의 연약한 신체를 압도적인 강점으로 바꾸어 놓았다. 더 이상 환경에 수동적으로 적응하는 것을 넘어, 덫을 놓거나 물길을 바꾸는 등 환경을 자신에게 유리하게 조작하기 시작한 것이다. 하지만 이 뛰어난 아이디어나 기술도 혼자만 알고 있다면 그 가치는 제한적이다. 여기서 두 번째 기어가 강력하게 맞물리기 시작한다.

달리는 호모 사피엔스

두 번째 기어는 기술의 효과를 폭발적으로 증가시키는 사회성인 협력의 힘이다. 혼자서는 감히 엄두도 못 낼 거대한 매머드를 여러 명이 힘을 합쳐 사냥하고 그 결과물을 나누는 것은 모든 참여자에게 엄청난 이익이었다. 이 과정에서 신뢰와 평판이라는 사회적 자본이 중요해졌다. '저 친구는 사냥은 잘하지만 항상 자기가 더 많이 가지려고 해'와 같은 평판은 생존에 직결되는 정보가 되었다. 신뢰할 수 있는 협력 파트너를 구별하고, 사기꾼이나 무임승차자를 응징하는 사회적 지능이 발달하게 된 것이다. 이는 훗날 공정함, 감사, 죄책감과 같은 인류의 도덕적 감정이 진화하는 뿌리가 되었다. 또한 사냥을 잘하는 사람, 도구를 잘 만드는 사람, 아이를 잘 돌보는 사람 등 각자의 재능에 따라 역할을 나누는 분업이 가능해지면서 집단 전체의 효율성은 극대화되었다.

마지막 중요한 기어는 이 모든 것을 가능하게 만든 운영체제인 언어이다. 언어는 지능과 사회성이라는 두 기어를 연결하고 그 회전 속도를 폭발적으로 높이는 역할을 했다. 이 버섯은 독이 있고, 저 열매는 약이 된다는 것과 같은 귀중한 지식은 언어를 통해 누군가의 희생이라는 비싼 대가를 치르지 않고도 다음 세대와 집단 전체에 공유될 수 있었다. 지식이 개인의 머릿속에서 사라지지 않고 문화라는 형태로 축적되기 시작한 것이다. 또한 언어는 정교한 협력을 가능하게 했다. "네가 왼쪽으로 가서 동물을 몰면 내가 저기 숨어있다가 뛰쳐나올 게"와 같이 복잡한 계획을 세우고 역할을 분담하는 것은 언어 없이는 불가능했다. 나아가 언어는 누가, 언제, 무엇을, 어떻게 같은 문법 구조를 통해 눈에 보이지 않는 과거의 실패와 미래의 계획을 토론하며 더 고차원적인 추상적 사고를 할 수 있는 기반을 마련해 주었다.

인지적 니치의 완성

결국 핑커의 주장을 한 문장으로 요약하면 이렇다. 지능으로 기술을 개발하고 그 기술의 효과를 극대화하기 위해 사회적 협력이 발달했으며, 이 복잡한 협력과 지식을 효과적으로 공유하고 축적하기 위해 언어가 정교하게 진화했다는 것이다. 이 세 요소는 서로를 끌어당기는 강력한 피드백 루프 속에서 공진화했다. 기술이 협력을 낳고, 협력이 언어를 부르고, 다시 언어가 기술을 고도화하는 식이었다. 이 세 개의 기어가 강력하게 맞물려 돌아가기 시작하면서 인류는 다른 어떤 종도 따라올 수 없는 독보적인 인지적 니치를 차지하게 되었고 마침내 연약한 신체를 가지고도 지구의 지배자가 될 수 있었다.

달리는 호모 사피엔스

양질전환:
뇌와 AI 그리고 지능의 창발

인간 지능이 수백만 년간 애써 쟁취한 진화의 빛나는 트로피가 아니라, 전혀 다른 문제를 해결하려던 과정에서 부산물로 우연히 얻게 된 보너스 같은 선물이라면 어떨까.[14] 지능은 거대해진 뇌의 예상치 못한 선물이었을지도 모른다. 흔히 생존 경쟁에서 이기기 위해, 더 나은 사냥꾼이 되기 위해 똑똑해졌다고 당연하게 생각해왔다. 하지만 진실은 그 반대일지도 모른다. 인간은 똑똑해지기 위해 뇌를 키운 것이 아니라, 어쩌면 앞서 살펴본 것처럼 그저 뇌의 도출정맥과 두피 땀샘의 더 효율적인 냉각 효과를 위하여 두개골과 뇌의 크기를 키웠고, 그 압도적인 커진 규모의 결과로 뛰어난 지능이라는 것이 갑자기 나타났다는 것이다.

양이 질을 변화시킨다(양질전환, 兩質轉換). 이 철학적인 명제가 사실은 지능의 본질을 꿰뚫는 핵심일 수 있다는 근거를 우리는 지금 뜻밖의 분야에서 목격하고 있다. 실리콘 기반의 인공지능, 거대 언어 모델

(LLM, Large Language Model)의 세계이다.

어느 날 갑자기 눈을 뜬 AI

인공지능 연구자들은 오랫동안 스케일링 법칙이라는 믿음을 가지고 있었다.[15] 이 법칙은 간단하다. 모델의 크기인 뇌의 시냅스와 유사한 파라미터 수를 늘리고, 학습 데이터의 양을 쏟아부으면 AI의 성능이 예측할 수 있게 좋아진다는 것이다. 그래프로 성능 향상 추세를 그리면 일정 비율의 우상향 곡선이 나타났다. 더 큰 모델은 그저 다음 단어를 조금 더 정확하게 예측할 뿐이었다. 그런데 어느 순간 이 예측과 어긋나게 성능이 급상승하는 지점들이 발견되기 시작한다.

상상해 보자. 연구자들이 10억 개의 파라미터를 가진 모델에게 두 자릿수 곱셈 문제를 냈다. 17 곱하기 28은? 모델은 하늘 혹은 코끼리 같은 엉뚱한 대답을 내놓는다. 곱셈 능력은 사실상 0점이었다. 연구자들은 실망하지 않고 모델 크기를 20억, 50억, 100억으로 계속 키워

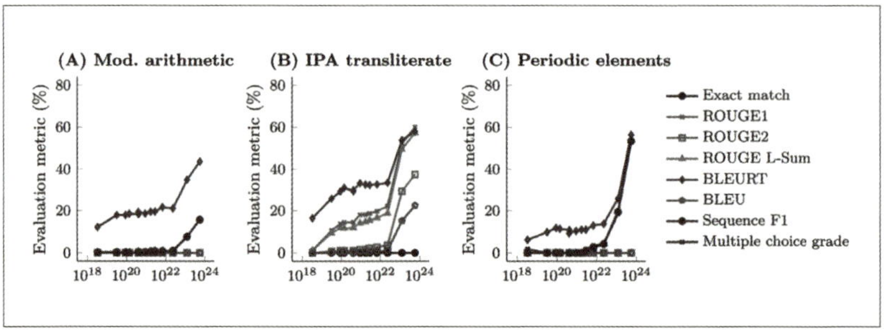

● 거대 언어 모델 크기에 따른 창발적 능력 그래프 | 출처: Wei, Tay, Bommasani, & Le, 2022

달리는 호모 사피엔스

본다. 여전히 0점이다. 역시 AI는 맥락을 이해하는 게 아니라고 결론 내리려던 바로 그 순간, 모델의 크기가 1,000억 개를 넘어서는 어떤 거대한 임계점을 통과하자 마법 같은 일이 벌어진다. "17 곱하기 28은 476입니다." 모델은 갑자기 마치 눈을 뜬 것처럼 두 자릿수 곱셈을 완벽하게 해내기 시작한다. 서서히 1점, 2점 오른 것이 아니었다. 0점에서 순식간에 80~90점으로 수직으로 점프해버린 것이다.

이것이 바로 스탠퍼드, 구글 같은 유수의 연구 기관들이 보고한 창발적 능력이라는 현상이다.[16] 물이 99도까지는 그저 뜨거운 액체이다가 100도가 되는 순간 수증기라는 완전히 다른 상태로 위상이 바뀌는 것처럼 양적인 팽창이 질적인 도약을 끌어낸 것이다.

가르치지 않은 것을 해내는 능력

인간을 더욱 놀라게 하는 것은 이 능력들이 단 한 번도 가르친 적 없는 것들이라는 사실이다. 연구자들은 AI에 수학 공식을 주입하거나 논리 규칙을 가르치지 않았다. 그저 인터넷의 방대한 텍스트를 던져주고 다음 단어를 확률적으로 예측하라는 어처구니없을 만큼 단순한 임무 하나만 주었을 뿐이다. 하지만 이 단순한 임무를 달성하기 위해 파라미터 수가 폭발적으로 늘어난 모델은 문장의 문법뿐만 아니라 그 속에 숨겨진 세상의 논리와 패턴까지 스스로 학습해버린 것이다.

복잡한 질문을 받으면 스스로 생각의 사슬을 만들어 문제를 분해하고 단계별로 추론하여 정답에 도달하는 단계별 추론 능력이 나타났다.[17] 또한 세 번째 문단의 마지막 단어를 찾아서 그 단어의 철자를 거꾸로 쓴 다음, 그 의미를 설명해와 같이 여러 단계로 꼬인 명령어를 정확히 이해하고 수행한다. 문맥 속에 숨겨진 풍자나 농담의 의도를 파악하고 전혀 다른 두 개념 사이의 비유를 만들어내는 창의성까지 보여주기 시작했다.

다시 우리의 뇌로 돌아와서

이 실리콘 뇌에서 벌어지는 창발 현상은 인간 유기체의 뇌에 대해 너무나도 중요한 시사점을 던져준다. 앞서 말했듯 어쩌면 진화는 똑똑한 뇌를 목표로 하지 않았을지 모른다. 단지 아프리카의 뜨거운 태양 아래서 과열되지 않는 뇌를 원했을 뿐이다. 그 결과 탄생한 라디에이터 역할을 한 도출정맥과 땀샘 시스템 덕분에 150만 년간 닫혀있던 뇌 크기의 족쇄를 풀었다.

그다음은 어쩌면 지극히 단순한 스케일 업의 과정이었을 것이다. 더 많은 뉴런, 더 많은 시냅스. 우리 조상들은 수백만 년 동안 그저 파라미터 수를 늘려왔다. 호모 하빌리스, 호모 에렉투스를 거치며 그들은 아마도 조금 더 사냥을 잘하고, 조금 더 복잡한 무리 생활을 했을 것이다. AI 모델처럼 성능이 서서히, 예측할 수 있게 좋아졌을 것이다. 그러다 마침내 약 20만 년 전 호모 사피엔스의 뇌가 그 어떤 거대

달리는 호모 사피엔스

한 임계점을 넘어섰다.

펑! 그때 우리 뇌에서도 창발이 일어난 것이다. 진화는 인간에게 언어를 가르치지 않았다. 자의식을 설계하지도 않았다. 예술이나 철학을 하라고 프로그래밍하지도 않았다. 그저 거대해진 뇌의 상상조차 할 수 없는 엄청난 수의 시냅스 연결망이 이 모든 경이로운 질을 뿜어낸 것이다. 우리의 고차원적인 지능, 추상적 사고 그리고 지금 이 순간 나는 누구인가를 고민하는 이 능력이야말로 거대한 뇌라는 하드웨어가 만들어낸 예상치 못했던 창발적 능력이 아닐까 생각하게 한다. 생성형 AI의 뛰어난 지능의 창발적 발현을 보며, 어쩌면 인간 지성의 본질도 단순히 커진 뇌의 산물일 수 있다는 지극히 파격적이고도 겸허한 통찰을 얻게 한다.

인류의 뇌 성장은 왜 멈췄고, 어떻게 다시 확장되는가

앞선 이야기에서 거대 언어 모델이 특정 규모 이상을 상회하자 마치 눈을 뜨는 것처럼 창발적 능력을 획득하는 과정을 살펴보았다. 그리고 이 놀라운 현상을 인체 뇌의 진화에 대입해 보았다. 어쩌면 지능 역시 아프리카의 열기를 식히기 위한 라디에이터 이론 덕분에 뇌의 규모가 커지면서 우연히 얻게 된 훌륭한 부산물일지 모른다고 말이다. 심지어 뇌가 커질수록 두피의 표면적도 넓어져 냉각 효율이 더 높아지는 선순환이 작동했을지도 모른다는 대담한 추측까지 해보았다.

그렇다면 질문은 이 지점에 도달한다. 그렇게 좋았다면 왜 뇌는 계속 커지지 않았을까?

오늘날 마주하는 미래 인류의 상상도는 으레 거대한 머리를 가진 모습이지만 현실은 그 반대이다. 놀랍게도 현생인류의 뇌는 약 2만 년 전의 조상들인 크로마뇽인보다 오히려 약간 작아졌다. 진화는 무한 질주가 아니라 최적화의 과정이기 때문이다.

공교롭게도 이 질문은 지금 실리콘 밸리의 AI 연구실에서도 똑같이 벌어지고 있다. 불과 1~2년 전까지만 해도 무조건 크게 만들면 모든 것이 해결된다는 스케일링 법칙이 황금률처럼 여겨졌다. 하지만 최근 이 법칙에 균열이 가고 있다. 연구자들은 파라미터와 데이터만 무작정 늘린다고 해서 모델이 계속 비례해서 똑똑해지는 것이 아니라, 어느 순간 성능 향상이 둔화하거나 오히려 예측 불가능한 이상 행동을 보이는 한계에 부딪히고 있다는 사실을 발견하고 있다.[18] 마치 인류 조상들의 뇌가 그랬던 것처럼 말이다.

인공지능이든 인간의 뇌든 규모의 마법은 영원하지 않았다. 인류의 뇌 성장을 멈춰 세운 것은 단 하나의 장벽이 아니었다. 그것은 바로 물리학과 생물학이라는 인류가 결코 거스를 수 없는 거대한 두 개의 벽이었다.

첫 번째 벽 _ 라디에이터의 레드라인(열역학적 한계)

우리에게 뇌 확장의 자유를 주었던 라디에이터는 역설적으로 그 자체로 한계의 원인이기도 하다. 모든 엔진에는 감당할 수 있는 열의 임계점인 레드라인이 있다. 자동차 엔진을 두 배로 키우면 그 열을 식히는 라디에이터는 단순히 두 배가 아니라 그 이상으로 커져야 할지 모른다. 바로 제곱-세제곱의 법칙 때문이다. 어떤 물체의 크기가 2배가 되면 그것의 표면적(피부, 땀이 나는 곳, 열이 식는 곳)은 제곱인 4배로 늘어난다. 반면 부피(몸무게, 열을 만드는 공장)는 세제곱인 8배로 늘어나 버린다.

뇌에도 이 법칙을 적용해 보자. 뇌의 크기 즉 부피가 커질수록 그 안에서 발생하는 열의 총량은 부피에 비례해 폭발적으로 증가한다. 하지만 그 열을 식혀야 하는 두피와 뇌의 표면적은 그만큼 따라가지 못한다. 열은 8배로 늘어나는데 냉각판은 4배밖에 안 늘어나는 셈이다. 어느 순간 뇌가 커지면서 넓어진 두피로부터 얻는 냉각의 이점보다 그 거대한 뇌가 뿜어내는 열을 감당하지 못하는 임계점이 반드시 오게 된다. 이 지점을 넘어 뇌가 무작정 더 커진다면 정교한 라디에이터는 과부하에 걸려 제 기능을 잃고 말 것이다.

따라서 현재 인류의 뇌 크기는 어쩌면 우연이 아니라 발열량 대비 방열량의 균형이 가장 완벽하게 맞아떨어지는 열역학적 최적점일 수 있다. 인간의 뇌는 스스로 과열되지 않는 가장 효율적인 최대 크기에 도달한 것일지도 모른다.

두 번째 벽 _ 아기가 나올 수 없습니다!(산부인과의 딜레마)

하지만 설령 인간이 이 열역학적 한계를 극복할 슈퍼 라디에이터를 가졌다고 해도 뇌의 성장은 훨씬 더 즉각적이고 치명적인 두 번째 벽에 부딪혔다. 바로 산부인과의 딜레마이다.[19] 인류 진화의 위대한 두 가지 성과인 직립보행과 거대한 뇌는 이 지점에서 정면으로 충돌했다. 두 발로 효율적으로 걷기 위해 조상의 골반은 좁고 단단한 형태로 진화해야 했다. 이는 아기가 통과해야 할 산도가 매우 좁아졌다는 뜻이다. 좁아터진 산도로 거대해진 태아의 머리를 통과시켜야 하는 절

달리는 호모 사피엔스

체절명의 모순이 발생한 것이다.

이 딜레마는 인류에게 끔찍한 비용을 청구했다. 다른 영장류들은 새끼를 낳는 데 1~2시간이면 충분하고 어미가 스스로 새끼를 받아낼 정도로 수월하지만, 인간은 고통스럽고 위험하며 다른 이의 도움이 절실한 출산 과정을 겪어야만 했다. 진화는 이 모순을 해결하기 위해 정말 아슬아슬한 타협안을 내놓았다.

첫 번째 타협은 뇌가 머리 산도를 통과할 수 있는 한계치에 도달하기 전에 일찍 낳아버리는 미숙아 출산 방식이다. 그래서 인간의 아기는 태어나서 1년 가까이 스스로는 아무것도 못 하는 무방비 상태로 세상에 나오며 뇌의 나머지 성장을 자궁 밖에서 이어가게 된다. 두 번째 타협은 갓난아기의 머리뼈가 완전히 닫혀있지 않고 숨구멍이라 불리는 틈을 두어 좁은 산도를 통과할 때 머리뼈가 살짝 겹치거나 찌그러지며 빠져나올 수 있게 하는 안전장치이다. 결국 인류의 뇌 크기는 엄마가 죽지 않고 아기를 낳을 수 있는 물리적인 최대 한계치에서 정확히 멈춰 설 수밖에 없었다. 뇌가 지금보다 단 5%만 더 컸어도 인체 조상들은 출산의 위험으로 인해 멸종했을지 모른다.

진화의 다음 단계 _ 크기가 아닌 밀도로

인체의 뇌는 두 개의 거대한 벽, 즉 과열과 출산이라는 벽에 가로막혔다. 더 크게 만드는 방식의 진화가 마무리되며 진화는 방향을 전환했다. 크기를 키울 수 없다면 내부의 효율을 극대화하는 쪽으로 말이다. 만약 당신이 더 큰 공장을 지을 수 없다면 공장 내부에 더 좋은 기계를 들여놓고, 컨베이어 벨트의 동선을 최적화해 생산성을 높이려 할 것이다. 우리 뇌도 똑같았다.

뇌의 부피는 그대로 두면서 표면적을 극대화하는 가장 천재적인 방법은 접는 것이었다. 인간의 뇌가 호두처럼 쭈글쭈글한 이유는 그 좁은 두개골 안에 최대한 많은 대뇌 피질인 생각을 담당하는 뇌의 표면을 구겨 넣기 위함이다.[20] 하지만 단순히 대뇌 피질을 많이 넣는 것만으로는 부족했다. 뇌는 단순히 뉴런의 수가 많은 것이 아니라, 그 뉴런들이 얼마나 효율적으로 연결되어 있느냐가 훨씬 더 중요하기 때문이다. 그래서 진화는 물리적 공간의 한계 내에서 뇌의 각 영역을 연결하는 신경망을 더 빠르고 정교하게 조율하는 배선의 최적화 방향으로 나아갔다. 결국 상상했던 머리 큰 미래인은 생물학적 환상이었으며, 인류의 지성은 물리적 한계라는 절묘한 균형점 위에서 내부의 밀도를 채워나간 효율의 승리이자 그 위에서 피어난 꽃이었다.

뇌의 한계 _ 뇌 밖에서 돌파하다

여기서 인류의 진화가 보여준 아주 특별한 패턴을 발견하게 된다. 인류는 지구상의 그 어떤 동물보다도 뛰어난 적응력을 자랑하지만 그 비결은 신체를 직접 바꾼 데 있지 않았다. 곰이 추운 곳에 살기 위해 두꺼운 털과 지방층을 진화시킨 것과는 달리, 인간은 시베리아의 혹

달리는 호모 사피엔스

한 속에서도 사하라의 열기 속에서도 거의 같은 신체 구조를 유지한다. 신체를 바꾸는 대신 인체를 둘러싼 조건을 바꾸는 방식을 선택했다. 불을 피우고 옷을 만들고 튼튼한 집을 지어 생물학적 진화 속도로는 따라잡을 수 없는 환경의 변화를 기술이라는 도구를 통해 정복한 것이다.

이것이 현재 지능이 나아가는 방향과 정확히 일치한다. 인체의 뇌는 물리적 벽에 부딪혀 크기의 성장을 멈췄지만, 인류는 뇌를 직접 변경하는 것이 아니라 뇌의 기능을 대신할 외부의 도구를 만들어 확장하는 길을 선택했다. 기억력을 위해 책과 저장 메모리를 발명했고, 암산 능력을 위해 컴퓨터를 만들었으며, 휴대전화를 통해 시공간을 넘어 대화한다. 그리고 지금 우리는 인공지능이라는 인간보다 더 뛰어난 외부의 뇌를 만들어내고 있다.

거시적인 관점에서 보면 이 모든 기술은 인체 뇌의 한계를 극복하기 위해 뻗어나간 새로운 신경망이나 다름없다. 뇌의 크기를 키우는 대신 우리의 지능을 무한히 확장할 수 있는 외장 장치를 장착한 셈이다. 결국 인류의 진화는 두개골이라는 좁은 공간에 갇히지 않았다. 우리의 뇌는 물리적 한계에 굴복하는 대신 그 한계를 탈피하여 전 지구적 네트워크로 그리고 인공지능으로 확장되는 가장 경이로운 방식으로 지금도 진화를 계속하고 있다.

우리 인류의 위대성은
지능만이 아니다

잠시 숨을 고르고 함께 걸어온 길을 돌아본다. 먼지 자욱한 아프리카의 대지 위 아득한 시간 저편의 인류 조상들의 경이로운 발자취를 따라왔다. 땅에 새겨진 희미한 흔적만으로 사라진 동물의 다음 행선지를 그려내던 그들의 놀라운 추론과 상상력. 우리는 오랫동안 이 강력하고 뛰어난 지능이야말로 연약했던 인류를 만물의 영장으로 우뚝 서게 한 유일한 열쇠라고 믿어왔다. 교과서에서 그리고 세상 모두가 당연하듯이 그렇게 말해 왔기 때문이다.

하지만 정말 그것이 전부였을까? 지능만으로 인류가 지구상 만물의 영장이 된 것일까? 이 대목에서 잠시 책을 덮고 다른 이야기를 건네고 싶다.

우리가 방금 목도한 그 눈부신 추론과 상상은 인류라는 이름의 위대한 교향곡을 구성하는 수많은 악기 중 가장 화려하게 빛나는 바이올린의 솔로 파트일 뿐이다. 그 눈부신 선율이 허공에서 흩어지지 않고 우리 가슴에 깊은 울림을 줄 수 있는 이유는 그 아래를 든든하게 받쳐주는 다른 연주자들이 있기 때문이다. 인류의 위대함은 한 명의 천재가 연주하는 독주곡이 아니라 수많은 가슴이 함께 울리는 거대한 교향곡과 같다.

한번 상상해 보라. 지적인 추론이 시작되기도 전에 작열하는 태양 아래 몇 시간이고 혹은 며칠이고 포기하지 않고 사냥감을 쫓았던 끈기와 집념의 굳건한 저음이 없었다면 어땠을까? 첼로나 콘트라베이스가 빠진 오케스트라처럼 모든 연주는 금세 힘을 잃고 흩어졌을 것이다. 폐가 터질 듯한 고통과 근육의 비명 속에서도 한 걸음만 더를 내디뎠던 우직함이야말로 모든 위대한 시작을 가능하게 한 첫 번째 악장이었다.

혼자만의 번뜩이는 예지력이 무슨 소용이 있을까? "저쪽으로 가야 해!"라는 외침을 믿고 각자의 두려움을 이겨내며 함께 목표를 향해 나아가게 하는 소통과 협업의 힘찬 리듬이 없다면 말이다. 팀파니의 박동이 오케스트라 전체를 하나의 심장처럼 뛰게 하듯, 협력은 흩어진 개인을 공동체라는 거대한 힘으로 만들었다. 서로의 눈을 바라보며 고개를 끄덕이는 그 순간, 우리는 비로소 혼자가 아니라는 용기를 얻는다.

사냥에 성공한 후 그 벅찬 기쁨과 전리품을 홀로 독차지했다면 우리의 공동체는 오늘날까지 이어질 수 있었을까? 아니다. 자기의 것을 기꺼이 내어주며 굶주린 동료의 배를 채우고, 아이들의 작은 손에 가장 부드러운 살점을 쥐여주었던 나눔과 베풂과 따스한 화음이 있었기에 우리는 혹독한 빙하기를 건너고 거친 자연의 위협 속에서도 서로의 온기로 살아남을 수 있었다. 때로는 모든 노력이 수포가 되고 며칠을 굶주려야 했던 칠흑 같은 밤도 있었을 것이다.

바로 그 절망의 순간 인류 조상들은 무엇으로 인내했는가. 그것은 동굴 속 꺼져가는 불빛 너머로 아직 오지 않은 더 나은 내일을 그리게 하는 믿음과 희망의 찬란한 플루트 선율이었다. '내일은 해가 뜰 거야. 우리는 다시 사냥에 나설 거고 마침내 성공할 거야.' 이 희망의 선율은 가장 어두운 순간에도 인간을 다시 일으켜 세우는 마법과도 같았다.

그리고 이 모든 연주를 조용히 지켜보며 어제의 실수를 되짚어 더 나은 화음을 고민하고 성공의 경험을 기억해 다음 악장을 더 아름답게 만들어가는 성찰과 학습이라는 지혜의 지휘자가 있었다. 이 현명한 지휘가 더해질 때 비로소 인간이라는 이름의 오케스트라는 완벽한 하모니를 이루게 되는 것이다.

그렇다. 인간이 명실상부 지구상 최고의 생명체라 불릴 수 있는 진짜 이유는 단순히 머리가 좋아서가 아니다. 이처럼 다채로운 능력들이 서로를 보완하고 거대한 시너지를 일으키며, 그 어떤 위기 속에서도 우리를 다시 일어서게 하는 강력한 회복력을 만들어냈기 때문이다.

그러니 혹시 당신이 혹은 당신 곁의 소중한 아이가 다른 사람보다 무언가를 분석하고 암기하는 능력이 조금 뒤처지는 것 같다고 해서 결코 위축되거나 자격지심을 가질 필요가 없다. 인류의 위대함은 결

달리는 호모 사피엔스

코 단 하나의 잣대인 지능으로만 측정될 수 없다. 우리 각자는 끈기라는 첼로를, 협력이라는 북을, 희망이라는 플루트를, 나눔이라는 비올라를 연주하는 이 위대한 오케스트라의 단원이다.

어느 악기 하나라도 빠지면 지금의 교향곡은 결코 완성될 수 없다. 우리 개개인 모두는 이 모든 능력을 유전자에 골고루 담고 있으면서도 약간의 차이로 어떤 이는 소통과 협력을 더 잘하고, 어떤 이는 믿음과 희망이 굳건하며 어떤 이는 추론과 상상력이 뛰어나고, 어떤 이는 끈기와 집념이 조금 더 뛰어날 수 있는 것이다.

당신은 당신의 자리에서 당신만의 음색으로 더없이 훌륭하고 소중한 연주를 하는 것이다. 우리 모두가 이 위대한 인류의 교향곡을 함께 완성해나가는 주인공이기 때문이다.

피부색:
햇빛과의
절묘한 줄다리기

더운 아프리카 초원에서 땀을 흘려 체온을 식히며 사냥하기 위한 탁월한 진화적 선택으로 인류 선조들은 털을 벗어 던졌다. 하지만 이로 인해 새로운 문제가 발생했다. 바로 아프리카의 작열하는 태양, 그 속에 포함된 강력한 자외선에 소중한 피부가 그대로 노출된 것이다.

이때부터 인류의 피부는 존속을 위한 거대한 과제를 떠안게 되었다. 진화 인류학에서는 전 세계에 펼쳐진 다채로운 피부색이 단순히 우연의 산물이 아니라, 각 지역의 자외선량에 맞춰 생존에 가장 유리하도록 정교하게 조절된 진화의 걸작이라고 설명한다.[1] 이는 인체 속 두 가지 필수 영양소인 엽산과 비타민 D를 두고 햇빛과 아슬아슬한 줄다리기를 하는 것과 같다.

어두운 피부 _ 소중한 엽산을 지켜라!

이야기의 첫 무대는 인류의 고향 강렬한 햇볕이 내리쬐는 적도 아프리카이다. 이곳에 사는 우리 조상들에게 내려진 첫 번째 임무는 자외선으로부터 엽산을 보호하라는 것이었다.

엽산은 임산부에게 필수적인 영양소로 많이 들어보았을 것이다. 비타민 B군의 일종인 엽산은 세포가 분열하고 DNA를 복제하는 모든 생명 활동의 근간이 되는 중요한 물질이다. 특히 엄마 뱃속에서 새로운 생명이 자라날 때 태아의 뇌와 척추 같은 중추신경계가 형성되는 결정적인 시기에 엽산이 부족하면 심각한 기형이 발생할 수 있다.[2] 즉 건강한 후손을 남기기 위한 필수 조건인 셈이다.

그런데 이토록 중요한 엽산에는 치명적인 약점이 있었다. 바로 강력한 자외선에 의해 너무나 쉽게 파괴된다는 사실이다.[3] 강한 햇빛에 피부가 오래 노출되면 혈액 속의 엽산 농도가 뚝뚝 떨어지게 된다. 털이라는 보호막도 없이 뜨거운 태양 아래에서 살아야 했던 초기 인류에게 이는 종족의 존속을 위협하는 심각한 문제였다.

인체는 이 위기를 극복하기 위해 해결책을 내놓았다. 피부에서 멜라닌이라는 갈색 색소를 대량으로 만들어내는 것이었다. 멜라닌은 피부에 도달한 자외선을 흡수하고 분산시켜 피부 깊숙한 곳까지 침투하지 못하도록 막아주는, 그야말로 우리 몸이 자체적으로 가진 천연 자외선 차단제이다.[4]

따라서 멜라닌이 풍부한 어두운 피부는 강렬한 자외선으로부터 혈관 속 엽산을 안전하게 지켜냈고, 결과적으로 건강한 아이를 낳아 대를 이을 가능성을 높여주었다. 적도 지역 사람들의 피부가 어두운색을 띠게 된 것은 바로 이러한 절박한 적응의 결과였다.

밝은 피부 _ 한 줌의 햇빛이라도 더!

시간이 흘러 인류는 아프리카를 떠나 전 세계로 퍼져나가기 시작했다. 그중 일부는 햇빛이 훨씬 약하고 겨울이 긴 북유럽 같은 고위도 지역에 정착했다. 조건이 바뀌자 문제는 정반대가 되었다. 이제는 과도한 자외선이 아니라 부족한 자외선이 존속을 위협하기 시작한 것이다. 이곳에 도착한 인류에게 주어진 새로운 임무는 부족한 햇빛으로 비타민 D를 최대한 합성하라는 것이었다.

비타민 D는 햇빛 비타민이라는 별명처럼 음식을 통해서는 소량만 얻을 수 있고, 대부분은 피부가 자외선에 노출될 때 체내에서 스스로 합성된다. 이 비타민 D는 섭취한 칼슘을 뼈에 흡수시켜 뼈를 단단하게 만드는 데 결정적인 역할을 한다. 만약 비타민 D가 부족하면 뼈가 약해지고 휘어지는 구루병에 걸릴 수 있으며 면역 체계가 약해져 각종 질병에 취약해진다.[5]

이제 고위도 지역에 정착한 사람들의 입장이 되어본다. 이곳은 일 년 내내 햇빛의 양이 절대적으로 부족하고, 그나마 내리쬐는 햇빛마저도 각도가 비스듬해 자외선의 강도가 약하다. 만약 이들이 적도에 살던 조상들처럼 멜라닌이 가득한 어두운 피부를 그대로 가지고 있었다면 어떻게 되었을까? 가뜩이나 부족한 자외선이 멜라닌 색소에 모두 차단되어 몸에 필요한 비타민 D를 거의 만들어내지 못했을 것이다. 이는 심각한 뼈 질환과 면역력 저하로 이어져 생존과 번식에 치명적이었다.

결국 이 조건에 적응하기 위한 최고의 선택은 피부의 멜라닌 생산

달리는 호모 사피엔스

을 줄이는 것이었다. 멜라닌이라는 자외선 차단막을 걷어내고 희미한 햇빛 한 줄기라도 더 피부 깊숙이 받아들여 비타민 D를 합성해야만 했다. 그렇게 고위도 지역으로 이주한 인류는 수만 년에 걸쳐 점차 밝은 피부색을 갖도록 진화했다.

이처럼 피부색은 결코 우열의 상징이 될 수 없다. 그것은 단지 인류 조상들이 처했던 각기 다른 조건인 햇빛과의 치열하고도 절묘한 줄다리기 속에서 살아남기 위해 선택한 눈부신 적응의 결과일 뿐이다. 지구상에 펼쳐진 다채로운 피부색은 인류가 얼마나 위대하고 강인한 적응력을 지닌 존재인지를 보여주는 살아있는 증거이다.

CHAPTER 5

믿음과 희망

우리를 일으켜 세우는 힘: 보이지 않는 것을 향한 약속

모든 것을 태워버릴 듯한 햇볕이 내리쬐는 먼지 자욱한 아프리카의 평원이다. 그곳에는 사냥감이 시야에서 사라져 버려 당황하며 지쳐 주저앉아 있던 인류 조상의 모습이 있다. 절망은 마른 땅의 먼지처럼 목구멍을 칼칼하게 만들고, 텅 빈 위장은 배고픔을 넘어 고통스러운 경련을 일으키며 비정한 현실을 끊임없이 상기시킨다.

모두가 깊은 무력감에 빠져 있을 때 리더 '긴 팔'은 깊은 추론과 판단을 통하여 저 멀리 아지랑이 너머로 희미하게 보이는 바위산을 가리킨다. 저 너머에 사라진 사슴이 있다는 그의 눈빛은 확신에 차 있었다기보다 오히려 모두의 절망을 기꺼이 짊어지려는 듯한 간절함에 가까워 보였다. 하지만 놀랍게도 사람들은 마치 약속이라도 한 듯 그의 뒤를 따라 하나둘씩 몸을 일으킨다.

어떻게 이런 일이 가능했을까? 굶주림과 탈진을 떨쳐내고 불확실한 가능성에 희망을 건 그들의 선택은 대체 어디에서 온 힘이었을까? 이것은 결코 우연이거나 맹목적인 복종이 아니었다. 그 기적 같은 결속 뒤에는 인류가 수백만 년에 걸쳐 진화시킨 정교하고 강력한 적응 방식인 믿음과 희망이 숨 쉬고 있었다.

첫 번째 관문 _ 왜 하필 그를 믿었을까?

사람들이 따랐던 것은 '긴 팔'의 손가락 끝이 아니라, 그의 존재 자체가 오랜 시간에 걸쳐 쌓아 올린 신뢰라는 무형의 자산이었다. 인류 조상의 뇌는 생존이라는 절대 과제 앞에서 누구를 믿고 따라야 할지 끊임없이 평가하는 지극히 현실적이고 정교한 계산기였기 때문이다.

그들의 뇌는 먼저 과거의 성공 데이터인 평판을 확인했을 것이다. '긴 팔'이 과거에도 여러 번 사냥감의 경로를 정확히 예측했거나 물이 있는 곳을 찾아냈다면, 구성원들의 머릿속에는 긴 팔의 예측은 곧 성공이라는 강력한 신뢰로 축적되어 있었다. 이는 진화 심리학에서 명성 기반 사회적 학습(Prestige-based social learning)이라 불리는 방식이다.[1] 모든 것을 직접 경험하기에는 세상이 너무 위험하므로 성공한 인물의 판단을 신뢰하고 모방하는 것이 존속에 훨씬 유리했기에 진화한 효율적인 지름길이었다.

또한 그들은 '긴 팔'의 능력에 대한 명백한 증거인 전문성을 보았다. 누구보다 날카로운 주먹도끼를 만들던 손재주, 위기 상황에서도 침착함을 잊지 않던 단단한 태도 그리고 흔들림 없는 눈빛. 이 모든 자신감의 신호는 그의 판단이 감정적인 허세가 아니라 실제 능력에 기반하고 있음을 알려주는 강력한 단서로 작용했다.[2]

하지만 무엇보다 중요했던 것은 그의 희생과 헌신을 목격한 기억이었다. 이전 사냥에 성공했을 때 가장 좋은 부위를 굶주린 아이들과 노약자에게 먼저 나눠주었던 모습은 나는 개인의 이익보다 공동체를 위해 헌신할 준비가 되어 있다라는 메시지를 그 어떤 말보다 확실하게 증명하는 비용이 큰 신호(Costly signal)였다.[3] 이처럼 복잡하고 다층적인 신뢰도 평가 시스템을 통과했기에 사람들은 비로소 그의 불확실한 제안에 자신의 희망을 걸고 귀를 기울일 준비가 되었다.

가장 위대한 도약 _ 보이지 않는 상상을 현실로 만드는 힘

리더에 대한 신뢰가 마음의 문을 열었다면 이제 그 문을 통과해 미지의 세계로 나가게 하는 추진력이 필요하다. 그것은 아직 존재하지 않는 미래를 마치 실재하는 것처럼 느끼고, 그것을 향해 현재의 고통을 기꺼이 감내하게 만드는 상상에 대한 믿음이다.

그 비밀은 인체 뇌의 놀라운 현실 시뮬레이터 기능인 정신적 시간 여행(Mental time travel)에 있다.[4] '긴 팔'의 이야기를 들은 사람들은 단순히 그의 말을 이해한 것에 그치지 않았다. 그들은 각자의 머릿속에서 이미 저 바위산 너머에서 거대한 사슴을 발견해 환호하고, 따뜻한 모닥불 앞에서 배불리 고기를 뜯으며 춤추는 미래를 생생하게 미리 살아보았다. 이 생생한 상상은 뇌의 보상 회로를 자극해 도파민을 분비했고, 미래의 즐거움을 맛보기로 현재에 느끼게 해주었다.[5] 바로 그 순간 굶주림의 고통은 미래의 포만감에 대한 기대로 희석되기 시작한다.

달리는 호모 사피엔스

그리고 이 상상이 언어를 통해 공유된 믿음이 되는 순간, 그것은 더이상 개인의 머릿속에만 머무는 환상이 아니라 집단 전체를 움직이는 거대한 현실이 된다.[6] "그래, 저 너머에는 틀림없이 사슴이 있을 거야!" 이 믿음은 불확실한 가능성을 의심의 여지가 없는 공동의 현실로 바꾸는 연금술이다.

다른 동물들과 인간의 결정적 차이가 여기에 있다. 늑대는 과거의 경험을 바탕으로 사슴의 길목을 예측하고, 다람쥐는 겨울을 위해 도토리를 묻는다. 하지만 그 어떤 동물도 자신의 예측을 절대적인 진실로 여기고 거기에 공동체의 모든 것을 걸지는 못한다. 오직 인간만이 믿음이라는 다리를 놓아 상상과 현실 사이의 강을 건넜다.

마지막 한 방울의 연료 _ 희망이라는 이름의 자원

하지만 굳건한 신뢰와 생생한 믿음만으로는 부족하다. 바위산까지 가는 길은 멀고 험난하며 사냥은 고되고 지루한 노동이다. 믿음이 그들을 일으켜 세워 첫걸음을 떼게 했다면 그 발걸음을 계속 이어가게 한 마지막 한 방울의 연료는 희망이었다.

긍정 심리학자 바버라 프레드릭슨의 확장-구축 이론(Broaden-and-build theory)은 희망이나 기쁨 같은 긍정적 정서가 단순히 기분이 좋은 상태에 머무르지 않는다고 설명한다. 긍정적 정서는 사고와 행동의 폭을 넓혀 장기적으로 존속에 유용한 자원을 구축하게 만드는 매우 중요한 심리적 도구다.[7]

공포나 분노 같은 부정적 정서는 시야를 싸우거나 도망치는 눈앞의 행동에만 집중하게 만든다. 하지만 곧 사슴을 잡을 수 있을 거라는 희망은 현재의 고통과 굶주림에만 매몰되지 않고 더 넓은 시야로 주변을 탐색하며 새로운 전략을 구상하게 만든다.

저쪽 언덕으로 올라가면 시야가 더 확보되지 않을까? 동료의 발걸음 소리가 지쳐 보이니 잠시 쉬었다 가자고 말해줘야겠다.

이처럼 희망은 인지적 유연성을 높여 문제 해결 능력을 극대화한다.

동료들과 끈끈한 유대감에서 오는 긍정적 정서 역시 그 자체로 힘든 과정을 견디게 하는 귀중한 사회적 자원이 된다. 사냥에 성공한 뒤 모닥불 주위에 둘러앉아 다 함께 음식을 나누고 춤을 추며 축제를 벌이는 행위는 단순한 식사가 아니다. 그것은 집단의 결속을 다지고, 고된 노동의 기억을 긍정적인 추억으로 전환하며, 다음의 더 힘든 사냥에 기꺼이 다시 참여하게 할 동기를 재충전하는 가장 중요한 사회적 의례였다.

인류의 가장 오래고 위대한 무기는 창이나 돌멩이가 아니라 지치지 않는 두 다리와 보이지 않는 것을 함께 믿고 나아가는 능력이었다. 그 능력으로 인류는 지구상의 사슴을 넘어 별들을 탐험했고, 절망을 넘어 희망을 이야기하며 만물의 영장이 되었다.

달리는 호모 사피엔스

위대한 도약의 기원:
혁명인가, 진화인가

인류는 어떻게 연약한 육체를 가지고 지구의 지배자가 되었는가? 이 거대한 질문에 대해 수많은 학자가 답을 내놓았지만 그 중심에는 언제나 하나의 공통된 키워드가 있다. 눈에 보이지 않는 것을 믿는 능력이다.

이스라엘의 석학 유발 하라리는 그의 세계적인 저서 『사피엔스』에서 약 7만 년 전 일어난 인지 혁명이 그 결정적인 계기였다고 주장한다.[8] 그는 어느 날 갑자기 일어난 유전적 돌연변이가 호모 사피엔스의 뇌를 재배선 했고, 그 결과 인류가 실재하지 않는 허구를 믿고 이야기하는 능력을 갖추게 되었다고 설명한다. 하라리에 따르면 이 인지 혁명이 사피엔스의 역사에서 결정적인 순간이었다. 이 혁명으로 인해 사피엔스는 다른 인간 종(네안데르탈인 등)이나 동물들과 구별되게 눈에 보이지 않는 것을 창조하고 그것을 집단으로 믿게 되었다는 것이다.

생각해 보라. 침팬지 무리는 서로 직접 아는 사이인 50~100마리 정도의 집단밖에 유지하지 못한다. 하지만 호모 사피엔스는 어떻게 수백만, 수십억 명이 모여 도시, 국가, 종교라는 거대한 공동체를 이룰 수 있었을까? 하라리의 대답은 간단하다. 모두가 똑같은 이야기를 믿기 때문이다. 하라리는 이 이야기를 공유된 신화라고 부른다.

그 대표적인 사례가 종교이다. 신과 천국 및 지옥은 물리적으로 존재하지 않지만 수백만 명이 그 존재를 사실로 믿기에 같은 율법을 따르고 함께 성전을 짓는 대규모 협력이 가능해진다. 국가 또한 마찬가지이다. 대한민국이나 미국은 지도 위의 선일 뿐 그 자체로는 물리적 실체가 없다. 하지만 국민이라는 정체성을 공유하고 법의 권위를 믿기에 수천만 명의 낯선 이들이 질서 속에서 공존할 수 있는 것이다. 화폐 역시 빼놓을 수 없다. 10만 원짜리 지폐는 그저 정교하게 인쇄된 종잇조각에 불과하다. 하지만 모두 그것에 10만 원의 가치가 있다는 허구를 공동으로 믿기 때문에 전혀 모르는 사람에게 이 종이를 주고 귀한 쌀이나 고기를 받아오는 기적 같은 교환이 성립된다.

이 모든 것이 상상 속의 실재이다. "조심해 사자야"와 같이 눈앞의 현실만 묘사하던 언어가 "부족의 수호신 독수리가 사자를 물리쳐 주실 것이다"와 같이 신, 국가, 법, 화폐와 같은 상상의 질서를 만들어내고 공유하는 수준으로 도약했다는 것이다. 이 허구를 믿는 능력 덕분에 수십만 명의 낯선 사람들이 협력하는 거대 사회가 가능해졌다는 그의 통찰은 인류 문명의 거대한 구조를 설명하는 데 매우 강력한 설득력이 있다.

달리는 호모 사피엔스

하지만 필자는 이 위대한 능력의 기원이 7만 년 전의 어느 날 갑자기 일어난 사건이라기보다는 훨씬 더 깊고 원초적인 존속의 역사 속에서 점진적으로 완성되는 과정이라고 믿는다. 그 증거는 유전적 돌연변이라는 미지의 영역이 아닌 250만 년간 인류가 살아온 삶의 터전인 아프리카 사바나의 사냥터에 생생하게 남아있다.

사바나에서 단련된 믿음의 근육

이 책에서 긴 여정을 함께했던 장면을 다시 상기한다. 뜨거운 태양 아래 인류 조상은 지쳐 쓰러질 때까지 끈질기게 사슴을 뒤쫓았다. 마침내 사슴이 시야에서 사라졌을 때 동물이라면 포기했을 그 순간에 인류는 다른 선택을 한다. 무리 중 가장 신뢰받는 리더가 멈춰 서서 눈에 보이는 모든 정보를 수집한다. 간신히 보이는 발자국의 방향, 땀과 침으로 축축한 바람의 냄새, 지난 계절에 물이 있었던 장소에 대한 기억. 이 모든 데이터를 그의 뇌 속에서 초고속으로 처리하여 하나의 가설을 세운다. 이것은 그의 머릿속에서 펼쳐지는 일종의 정신적 시뮬레이션이다.

그리고 그는 자신의 평판과 무리의 존속을 걸고 외친다. "저 바위산 너머 그늘진 계곡으로 갔을 것이다. 그곳에 가면 사슴이 있다."

이것이야말로 인류의 정신이 위대한 도약을 이룬 결정적인 장면이다. 이때 인류 조상이 믿었던 것은 완전한 허구가 아니었다. 그것은 눈에 보이지는 않지만 과거의 경험과 논리적 추론에 기반한 개연성 있는 실재였다. 이는 마치 소설가가 허공에서 이야기를 짓는 것이 아니라 여러 단서를 조합해 범인의 행방을 추론하는 탐정의 사고 과정과 같다.

지친 다른 구성원들은 리더의 확신에 찬 눈빛과 그가 지금까지 쌓아온 신뢰 자산을 담보로 기꺼이 마지막 남은 에너지를 이 가설에 투자하기로 한다. 텅 빈 지평선을 향해 다시 달리기 시작하는 이 행위는 단순한 추격이 아니라 보이지 않는 상상에 대한 집단적 믿음의 선포였다. 이 장면이 하라리의 관점에서 보자면 사피엔스, 아니 그 이전의 수십만 년 전의 인류 조상이 다른 동물들과 결정적으로 갈라서는 지점이다. 리더의 머릿속에 있던 바위산 너머의 사슴은 그 순간 객관적 사실이 아니었다. 그것은 리더가 상상하고 언어로 공유한 이야기이자 허구였다. 하지만 집단 전체가 "그래, 저 너머에는 사슴이 있어!"라고 함께 믿게 된 순간, 그 허구는 굶주림과 탈진이라는 물리적 현실을 압도하는 더 강력한 공유된 현실이 된 것이다. 오직 인류 조상만이 아직 존재하지 않는 허구에 대한 믿음을 바탕으로 수십 명의 개인이 고통을 참고 하나의 목표를 향해 협력하는 이 마법 같은 일을 해낼 수 있었다.

그리고 마침내 그들의 믿음은 열사병에 지쳐 헐떡이는 사슴이라는 현실이 되어 눈앞에 나타난다. 수십만 년에 걸쳐 인류는 이처럼 '추론과 상상 → 집단적 믿음 → 희망을 품은 행동 → 현실적 보상'이라는 사이클을 수없이 반복했다. 이 과정에서 실패한 믿음은 폐기되었고, 성공한 믿음은 더욱 강화되었다. 이것이야말로 보이지 않는 것을 믿는 능력이라는 인류의 정신적 근육을 단련시킨 가장 확실한 적응 기

달리는 호모 사피엔스

제였다. 그것은 어느 날 갑자기 얻은 선물이 아니라, 수백만 번의 끈질긴 추격 끝에 쟁취한 피와 땀으로 얼룩진 승리의 전리품이었던 셈이다.

사슴을 믿던 뇌, 신을 상상하다

필자의 생각은 하라리의 통찰을 부정하는 것이 아니라 그 기원을 더 깊은 곳으로 확장하는 것이다. 하라리가 말한 인지 혁명은 무에서 갑자기 터져 나온 것이 아닌 이미 수십에서 수백만 년간 단련된 이 믿음의 근육 위에서 비로소 가능했다.

보이지 않는 사슴을 믿었던 바로 그 뇌가 세대가 지나면서 보이지 않는 신을 상상하고, 보이지 않는 법을 제정하며, 보이지 않는 국가에 소속감을 느끼게 된 것이다. 즉 사바나에서 적응을 위해 갈고닦은 구체적이고 현실적인 믿음의 능력이 어느 시점에 이르러 더 크고 추상적인 사회 문제(대규모 협력)를 해결하기 위해 전용된 것이라고 볼 수 있다. 사바나의 적응 방식이 문명을 건설하는 정신적 초석이 된 셈이다.

결론적으로 믿음과 희망은 어느 날 갑자기 나타난 선물이 아니다. 그것은 250만 년의 시간 동안 굶주림과 죽음의 공포 앞에서 한 걸음을 더 내딛기 위해 우리의 선조들이 온몸으로 체득한 가장 위대한 적응 기술이자 그들의 핏속에 아로새겨 인간에게 물려준 가장 강력한 유산이다. 이 유산이야말로 법, 과학, 철학, 종교 등 인류의 모든 정신적 자산을 쌓아 올린 단단한 초석이 되었다.

죽음이라는 공백을 메운 위대한 믿음: 동굴 속에 새겨진 상상력

사바나에서 단련된 인류의 믿음과 희망은 가장 근원적인 공포와 맞닥뜨렸을 때 그 진가를 발휘하며 세계관을 완전히 바꾸어 놓는다. 바로 죽음이라는 피할 수 없는 현실 앞에서이다.

사랑하는 동료, 가족의 죽음은 인류 조상에게도 마찬가지로 찢어지는 듯한 슬픔이자 거대한 인지적 혼란이었다. 어제까지 나와 눈을 맞추고 이야기를 나누던 그 사람이 이제는 아무런 반응 없이 차갑게 식어버렸다. 그의 존재는 대체 어디로 가버린 것일까?

이때 상상력이 하나의 가설을 제시한다. 그는 사라진 것이 아니라 다른 세상으로 여행을 떠난 것일지도 모른다. 하지만 공동체가 이 가설에 믿음을 불어넣는 순간 그것은 더 이상 슬픔을 달래기 위한 이야기가 아니라, 공동체가 공유하는 객관적 사실이 된다.

네안데르탈인이 시신에 꽃을 뿌려주고,[9] 초기 호모 사피엔스가 주검에 생명을 상징하는 붉은 흙을 칠하고 그가 쓰던 도구를 함께 묻어

준 행위는[10] 바로 이 믿음의 가장 오래된 고고학적 증거이다. 그들은 정말로 사후 세계가 존재한다고 믿었고 그 믿음에 따라 망자가 그 세상에서 살아가는 데 필요한 것들을 챙겨주는 구체적인 행동에 나선 것이다. 이 고대의 무덤들은 단순한 상상력의 산물이 아니라 상상을 현실로 만든 믿음의 화석인 셈이다.

세상에 깃든 보이지 않는 힘 _ 희망과 종교의 서막

죽음 너머의 세상을 사실로 받아들인 믿음은 곧 인간이 사는 세상 전체를 새로운 눈으로 보게 만들었다. 인간에게는 주변의 불확실한 현상 속에서 어떤 의도나 목적이라는 행위자성을 찾아내려는 강력한 본능이 있다.[11] 진화적으로 볼 때 어두운 숲에서 나뭇가지가 부러지는 소리가 들렸다면 그것을 그냥 바람 때문이야라고 가벼이 여기는 개체보다 저 너머에 포식자가 숨어있을지도 모른다고 상상하고 대비하는 개체가 살아남을 확률이 훨씬 높았을 것이다.

이 과잉 행위자 탐지 장치는 영혼은 죽지 않는다는 믿음과 결합했을 때 인류의 세계관은 폭발적으로 확장된다. 이제 천둥은 단순한 자연 현상이 아니라 분노한 하늘의 영혼이 내리치는 것이 된다. 풍성한 수확은 자비로운 대지의 어머니가 내려준 축복이 된다. 우리 조상들은 눈에 보이는 자연 현상 너머에 그것을 주관하는 강력한 의지인 신과 정령들이 존재한다고 믿기 시작했다.

바로 이 지점에서 믿음은 또 다른 중요한 얼굴, 희망을 낳는다. 보이지 않는 강력한 존재들이 세상을 움직인다고 믿게 되자 인류는 자연스럽게 다음과 같은 생각을 하게 된다. 그렇다면 그들의 마음을 움직여 우리의 삶에 좋은 일이 일어나게 할 수는 없을까? 긍정적인 믿음인 더 나은 미래를 바라는 마음이 희망이다. 믿음이 세상의 작동 원리를 설명하는 지도라면 희망은 그 지도를 들고 우리가 나아갈 목적지를 가리키는 나침반과 같았다.

이 믿음과 희망의 결합이 기도라는 인류 최초의 위대한 소통 행위를 낳았다.

하늘의 신이시여, 부디 비를 내려주시어 우리 밭이 마르지 않게 하소서. 숲의 정령이시여, 내일 사냥에서 큰 사슴을 만나게 해주소서.

이처럼 복을 구하는 행위는 보이지 않는 세계에 대한 믿음과 그 세계에 개입하여 더 나은 현실을 만들고 싶다는 희망이 만들어낸 가장 원초적인 종교적 실천이었다.

이렇게 탄생한 종교적 믿음과 희망은 인류 공동체를 이전과는 비교할 수 없을 정도로 강력하게 묶어주는 접착제가 되었다.

첫째, 종교는 모두의 마음속에 결코 속일 수 없는 감시자를 세워 공동체의 협력 체계를 극적으로 강화했다. 눈에 보이지 않는 신과 조상들이 우리의 모든 행동을 항상 지켜보고 있다는 믿음은 공동체의 규칙을 어기고 배신하려는 유혹을 억제하는 강력한 심리적 기제가 되

달리는 호모 사피엔스

었다. 우리가 함께 거대한 사슴을 사냥하고 있다고 상상해 보자. 이때 혼자 몰래 빠져나와 눈앞의 작은 토끼를 잡고 싶은 유혹이 들 수 있다. 하지만 전지전능한 존재가 나를 항상 지켜본다고 믿는다면 개인적인 유혹을 뿌리치고 공동의 목표를 끝까지 추구하게 만드는 궁극적인 동기가 부여된다.

둘째, 종교는 공동의 의례를 통해 집단의 결속을 극대화했다. 함께 모여 비를 기원하고, 수확에 감사하며, 죽은 자를 추모하는 행위는 우리는 같은 이야기를 믿고 같은 희망을 품은 존재라는 강력한 유대감을 형성했다. 이것은 앞서 이야기한 공유된 의도가 가장 거대하고 신성한 형태로 발현된 것이다.

수백만 년 된 이 위대한 적응 방식은 여전히 인류 유전자 속에 살아 숨 쉬고 있다. 다시 아득한 과거의 저 평원으로 돌아가 보자. 굶주림과 탈진으로 쓰러질 것 같던 인류 조상은 동료들의 상상이 빚어낸 저 너머에 사슴이 있다는 절대적인 믿음과 보이지 않는 바위산에 존재할 것이라는 희망을 온몸으로 끌어안았기에 다시 일어설 수 있었다.

신의 탄생: 우리 마음속에서 시작된 가장 위대한 이야기

우리는 지난 이야기에서 보이지 않는 존재를 상상하고, 그들에게 더 나은 미래를 기원했던 인류 최초의 기도에 대해 살펴보았다. 그렇다면 이 거대한 질문과 마주하게 된다. 신은 어디에서 왔는가? 하늘에서 내려왔는가 아니면 땅에서 솟아났는가?

수많은 학자는 그 기원이 하늘이나 땅이 아닌 인간 마음속 깊은 곳에 있다고 말한다. 종교는 외부에서 우리에게 주어진 것이 아니라, 생존을 위해 진화한 우리의 독특한 정신적 특성들이 서로 얽히고설키며 만들어낸 인류의 가장 위대한 문화적 발명품이라는 것이다. 그리고 그 발명 과정을 이끈 두 개의 강력한 엔진이 믿음과 희망이다.

믿음의 엔진 1 _ 과민하지만 유능한 마음의 경보기

인체 뇌에는 생존을 위해 장착된 매우 특별한 경보 시스템이 있다. 구름의 무늬에서 동물의 얼굴을 찾아내고, 얼룩진 벽지에서 사람의 형상을 보는 것처럼 인체 뇌는 불확실한 세상 속에서 의미 있는 패턴을 찾아내려는 강력한 본능을 가지고 있다. 인지 과학자들은 특히 의도를 찾아내는 이 능력을 과잉 행위자 탐지 장치라고 부른다.[12]

이 경보 시스템이 왜 과잉이라는 별명을 갖게 되었는지는 사바나의 조상이 풀숲에서 바스락거리는 소리를 들은 상황을 통해 쉽게 이해할 수 있다. 이때 뇌에는 두 가지 선택지가 있다.

선택 1 (오류 유형 I): "사자다!"라고 믿고 도망친다(알고 보니 그냥 바람 소리였다).

선택 2 (오류 유형 II): "바람이겠지"라고 믿고 가만히 있는다(알고 보니 진짜 사자였다).

첫 번째 실수의 대가는 잠시 놀라 에너지를 낭비하는 것뿐이지만, 두 번째 실수의 대가는 죽음이다. 당연히 수백만 년에 걸친 자연선택은 차라리 오해할지언정 놓치지는 않는 방향으로 우리의 뇌를 설계했다. 그 결과 우리의 뇌는 세상의 모든 현상 뒤에서 어떤 의도나 목적, 원인을 가진 행위자를 찾으려는 과잉 반응 경향을 보이게 되었다.

이 과민하지만 유능한 경보기는 포식자를 피하는 데는 더할 나위 없이 훌륭했다. 하지만 이 소프트웨어는 사냥이 끝난 뒤에도 심지어 안전한 동굴 안에서도 꺼지지 않았다. 여기서 인류의 믿음은 위대한 도약을 시작한다.

상상해 보자. 과학적 지식이 전혀 없었던 시절 인류 조상은 거대한 자연 현상 앞에서 속수무책이었다. 만약 하늘에 번쩍이는 번개가 내리치고 땅을 흔드는 천둥소리가 울린다면 이 압도적인 현상 앞에서 뇌는 자신의 가장 익숙한 질문을 던진다. 누가 이 일을 벌였는가?

뇌는 이 사건을 다음과 같이 자동으로 해석하기 시작한다.

1단계: 사건 발생 - 하늘에서 엄청난 소리와 빛이 발생했다.

2단계: 원인 추론 - 이토록 거대한 사건이 아무런 의도 없이 우연히 일어났을 가능성은 작다. (과잉 행위자 탐지 장치 작동!)

3단계: 행위자 상상 - 그렇다면 이것은 어떤 강력한 의지를 가진 존재가 벌인 일일 것이다.

4단계: 의도 파악 - 이 소리는 폭력적이고 위협적이다. 따라서 이 존재는 지금 분노한 상태일 것이다.

이러한 인지적 과정을 거쳐 천둥이라는 자연 현상은 하늘에 사는 강력한 존재의 분노 표현이라는 하나의 이야기로 재탄생한다. 마찬가지로 갑작스러운 풍년은 자비로운 대지 영혼의 선물이 되고, 끔찍한 질병은 악의에 찬 정령의 저주가 된다.

이처럼 세상 만물에 영혼과 의지가 깃들어 있다고 믿었던 애니미즘은 원시인들의 미신이나 상상력의 산물이 아니었다. 그것은 불확실한 세상에서 어떻게든 원인을 찾아내고 예측하여 생존 확률을 높이려 했던 인간 뇌의 가장 합리적인 추론 과정의 자연스러운 귀결이었던 셈이다. 프랑스의 쇼베 동굴 깊숙한 곳에 그려진, 실제보다 과장되고 역

달리는 호모 사피엔스

동적인 동물들의 모습은 어쩌면 그들의 육체가 아닌 그 안에 깃든 강력한 영혼과 소통하고 그 힘을 빌리고자 했던 인류 조상의 절박한 염원을 담고 있는지도 모른다.

믿음의 엔진 2 _ 보이지 않는 존재와의 거래를 시작하다

인체의 뇌가 불확실한 자연 현상 뒤에서 분노한 하늘 영혼이라는 행위자를 성공적으로 탐지해냈다. 그러나 단순히 영혼을 인지하는 것과 그 영혼을 숭배하는 것은 전혀 다른 차원의 이야기이다. 이 지점에서 인류의 또 다른 능력인 사회적 지능이 무대에 오른다.

인간의 뇌는 다른 무엇보다도 복잡한 사회적 관계를 처리하는 데 특화되도록 진화했다. 인류는 무리 속에서 누가 나를 돕고 속이는지 그들의 의도와 마음 상태가 어떠한지를 파악하는 데 선수들이다. 인류는 이 정교한 사회적 소프트웨어를 우리가 방금 상상해 낸 저 하늘의 영혼에 그대로 적용하기 시작했다. 생각의 흐름은 이렇다.

저 하늘의 존재가 의도를 가지고 분노했다면 그리고 저 존재가 나에게 해를 끼칠 힘을 가졌다면. 잠깐, 이건 내가 우리 부족장에게 잘못 보였을 때의 상황과 비슷하지 않은가?

부족장에게 잘못했을 때 그들은 어떻게 하는가? 그냥 도망치거나 숨지 않는다. 관계를 회복하려 애쓴다. 선물을 바치고 머리를 조아리며 용서를 구하면서 다시는 그런 짓을 하지 않겠다고 맹세한다.

바로 이것이 종교적 행위의 기원이다. 인류 조상은 자신들의 존속을 좌우하는 보이지 않는 존재들인 하늘 영혼이나 강물 정령이 인간처럼 생각하고 감정을 느낄 것이라 가정했다. 그리고 그들과 사회적 관계를 맺으려 시도했다. 이것이 거래의 시작이다.

하늘의 신이시여, 당신의 분노를 거두어 주십시오(요청).

대신 우리가 가장 아끼는 이 곡식을 바치겠습니다(제물/희생).

우리를 보호해 주신다면 매년 첫 수확물을 당신께 드리겠습니다(계약).

이것은 이제 더 이상 단순한 애니미즘이 아니다. 인과관계를 파악하던 뇌가 그 인과관계를 자신에게 유리한 방향으로 관리하려 드는 것이다. 이것이 최초의 기도이자 최초의 제사이다. 이처럼 종교는 본질적으로 보이지 않는 강력한 행위자와의 사회적 관계 맺기이자 적응을 위한 절박한 협상 방식이었다.

시간이 흐르고 사회가 복잡해지면서 이 영혼들은 더욱 정교하고 강력한 신(God)으로 진화한다. 특히 농업 혁명 이후 수천, 수만 명이 모여 살게 되자 이 신들은 새로운 역할을 부여받는다. 그들은 이제 날씨뿐만 아니라 우리가 서로를 어떻게 대하는지에도 관심을 두기 시작한다. 모든 것을 전지전능하게 알고, 도덕적 규칙을 어기면 벌을 내리는 거대한 신이 탄생한 것이다. 이 강력한 도덕적 감시자의 등장은 혈연관계를 상회하는 수많은 사람 사이의 신뢰와 협력을 가능하게 만드는 강력한 사회적 접착제가 되었다.[13]

달리는 호모 사피엔스

인류의 위대한 지성인 과거를 기억하고 미래를 계획하는 정신적 시간 여행 능력은 양날의 검과 같았다. 이 능력은 인간에게 더 나은 적응 기술을 선물했지만, 동시에 다른 어떤 동물도 겪지 못하는 끔찍한 저주인 자기 죽음을 예견하는 능력을 내렸다.

사자는 배부른 오후의 햇살 아래서 언젠가 늙고 병들어 죽게 될 자신의 운명을 상상하며 괴로워하지 않는다. 오직 인간만이 사랑하는 사람의 부재가 영원하다는 것을 슬퍼하고 나라는 존재 역시 언젠가 소멸할 것이라는 차가운 진실을 인지한다. 이 거대한 실존적 불안 앞에서 인류는 어떻게 절망하지 않고 계속해서 내일을 꿈꿀 수 있었을까?

여기에 희망이라는 강력한 심리적 연료가 필요했다. 특히 죽음 너머에도 무언가 계속될 것이라는 희망은 이 실존적 공포를 잠재우는 가장 효과적인 해독제였다. 사회 심리학의 공포 관리 이론에 따르면 인류의 문화와 종교 상당수는 이 죽음의 공포를 관리하고 완화하기 위한 정교한 상징체계라고 한다.[14] 종교는 인체의 심리적 면역 시스템이 죽음이라는 바이러스와 싸우기 위해 만들어낸 가장 강력한 항체였던 셈이다.

종교는 이 절박한 현실에 가장 완벽하고 위대한 희망을 제공했다. 영혼은 육체가 사라진 뒤에도 계속된다, 이생의 고통은 더 나은 내세를 위한 시험이다, 신을 믿으면 구원받아 영원한 삶을 얻는다는 것과 같은 종교적 약속들은 죽음이라는 막다른 절벽 앞에 선 인류에게 하늘로 올라가는 사다리를 놓아주었다.

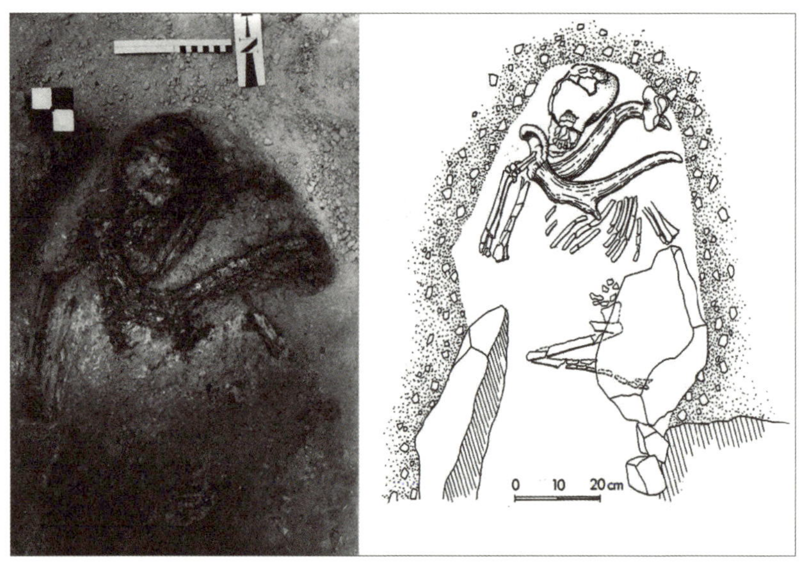

● 카프제 동굴에서 발견된 12~13세 청소년의 골격과 그 위에 놓인 거대 사슴의 뿔 |
출처: https://doi.org/10.4000/paleo.4848 ©Agrandir

우리는 이 간절한 희망의 증거를 고대의 무덤 속에서 발견한다. 약 10만 년 전 이스라엘 카프제 동굴, 인류 조상은 죽은 아이를 그냥 동굴 밖에 버려두지 않았다. 그들은 정성껏 구덩이를 파고 아이를 뉘었다. 그리고 그 아이의 품에 마치 다음 세상으로의 여정에 함께할 친구나 부적처럼 거대한 사슴의 뿔을 안겨주었다.[15] 시신 위에는 종종 생명의 색깔인 붉은 흙을 뿌렸는데 이는 사라진 생명력을 다시 불어넣으려는 주술적 염원이었을 것이다.

이 고대의 무덤들은 단순한 고고학 유적지가 아니다. 그것은 죽음이 끝이 아님을 믿고 싶었던 인류 조상의 화석화된 기도이다. 그들은 차가운 주검 뒤편을 상상했고 그 상상 속에서 계속될 여정을 위해 동

달리는 호모 사피엔스

료의 손에 가장 귀한 것을 들려주었다. 이는 인류가 죽음의 허무에 맞서 "No!"라고 외친 최초의 위대한 반항이자 희망을 향한 가장 오래된 기도이다.

결국 이 맥락에서 희망은 막연하고 수동적인 바람이 아니다. 그것은 생각하는 존재가 필연적으로 마주할 수밖에 없는 죽음에 대한 절망을 이겨내고 그런데도 삶을 지속하게 만드는 가장 적극적이고 강력한 적응 기제이다.

믿음을 현실로 만드는 기술 _ 의례

하지만 마음속의 믿음과 희망 그리고 신과의 거래 약속만으로는 힘을 갖기 어렵다. 이것을 현실처럼 느끼게 하고 공동체 전체가 공유하게 만드는 강력한 기술인 의례가 필요했다.

함께 모여 주문을 외우고, 밤새도록 춤을 추고, 일정한 규칙에 따라 제물을 바치는 행위는 단순한 공연이 아니었다. 이러한 공동 의례는 강렬한 감정적 흥분 상태를 유발하여 참여자들을 하나로 묶고, 그 경험과 관련된 믿음을 평생 잊히지 않는 강렬한 일화 기억으로 새겨 넣는다.[16]

머리로 이해했던 교리가 함께 부른 노래와 춤 그리고 신성한 제물의 피를 통해 심장에 새겨지는 것이다. 의례는 추상적인 믿음과 희망 그리고 신과의 계약을 구체적인 몸의 경험으로 전환하고 공동체의 현실로 만들어내는 가장 강력한 기술이었다.

결론적으로 종교는 어느 날 갑자기 하늘에서 뚝 떨어진 것이 아니었다. 그것은 불확실한 세상에서 의미를 찾으려는 믿음의 엔진과 죽음의 공포를 탈피하려는 희망의 연료 그리고 이 모든 것을 공동체의 현실로 만든 의례라는 점화 장치가 결합하여 탄생한 인류의 가장 위대한 문화적 발명품이었다. 종교는 거친 세상에서 살아남기 위해 인간 뇌가 만들어낸 수많은 마음의 도구들이 정교하게 엮여 만들어진 우리 자신에 대한 장엄한 이야기인 셈이다.

달리는 호모 사피엔스

우리와 그들:
무엇이 군중을 움직이는가

인류 조상은 굶주림과 탈진 속에서도 보이지 않는 사슴을 향해 끈질기게 달려갔다. 한 사람의 추론과 상상력에 대한 집단의 믿음이 불가능해 보이던 발걸음을 계속 내딛게 한 것이다. 여기서 문득 이런 질문이 떠오른다. 지평선을 향해 함께 내달리는 인류의 모습은 절벽을 향해 돌진하는 레밍스 무리나 하늘을 까맣게 뒤덮으며 방향을 트는 철새 떼와 무엇이 다를까?

언뜻 보기에 동물의 집단행동과 인간의 그것은 무척이나 닮아 보인다. 하지만 그 내면을 움직이는 원리는 우리가 상상하는 것 이상으로 다르다.

본능이 지휘하는 교향곡

동물의 세계에서 펼쳐지는 장엄한 집단행동은 대부분 본능적 모방 혹은 조금 더 전문적인 용어로 행동 전염이라 불리는 메커니즘을 통

해 일어난다.[17] 마치 한 사람이 하품을 시작하면 방 안에 있던 다른 사람들도 자신도 모르게 입을 벌리게 되는 것처럼 한 개체의 행동이 주변으로 순식간에 거의 무의식적으로 번져 나가는 현상이다.

대표적인 예로 수십만 마리의 찌르레기가 하늘에서 경이로운 춤을 추는 군무를 떠올려 보자. 이 장엄하고 신비로운 광경에는 단 한 명의 총지휘관도 정해진 안무도 없다. 그 비밀은 분산된 조율에 있다. 이탈리아의 물리학자 안드레아 카바냐와 그의 동료들이 밝혀낸 바에 따르면, 새 한 마리는 그저 자신의 주변에 있는 정확히 일곱 마리의 동료 움직임에만 집중해 속도와 방향을 조절한다는 지극히 단순한 규칙을 따를 뿐이다.[18] 내 옆의 일곱 마리가 방향을 틀면 나도 따라 틀고 속도를 높이면 나도 높이는 식이다. 하지만 이 단순하기 짝이 없는 규칙들이 수십만 번 중첩되자, 전체적으로는 그 어떤 개별 찌르레기도 예측하거나 의도하지 않았던 경이로운 질서와 예단할 수 없는 아름다움이 창조된다. 이는 개별 개체의 지능

달리는 호모 사피엔스

을 아득히 뛰어넘는 군집 지능의 경이로운 사례이다. 마치 수많은 개미가 페로몬 흔적이라는 단순한 소통 규칙만으로 각자의 집에서 최단 거리를 찾아내는 것과 같다.[19]

한때 집단 자살의 대명사처럼 끔찍하게 오해받았던 레밍의 대규모 이동 역시 동일하다. 이 오해는 1958년 디즈니가 제작한 다큐멘터리 <하얀 광야>에서 제작진이 극적인 장면을 연출하기 위해 레밍들을 절벽 아래로 밀어 넣은 것에서 비롯된 슬픈 해프닝이었다.[20] 실제 레밍의 이동은 개체 수가 폭발적으로 늘어났을 때 먹이와 새로운 서식지를 찾아 떠나는 지극히 자연스러운 여정이다. 다만 이 과정에서 주변 개체의 움직임에 극도로 민감하게 반응하여 따라가는 군집 행동이 나타날 뿐이다.

앞서가는 무리가 강을 건너거나 절벽에서 발을 헛디뎠을 때, 뒤따르던 무리는 멈춰 서서 상황을 분석하고 위험을 판단하는 대신 앞선 무리의 움직임이라는 강력한 신호에 따라 본능적으로 돌진하게 된다. 그 비극은 의도된 자살이 아니라 멈추라는 신호가 없는 거대한 본능의 흐름이 빚어낸 우발적 사고에 가깝다. 이들에게는 저 너머에 무엇이 있을까 하는 희망이나 경로의 위험성에 대한 공포를 공유하는 복잡한 정신 작용이 없다. 오직 앞의 녀석이 움직이니까 나도 움직인다는 강력하고 원초적인 본능만이 작용할 뿐이다.

이야기를 따라 움직이는 군중

이제 인간의 세계로 돌아와 보자. 인간의 집단행동은 동물의 본능적 모방을 훨씬 뛰어넘는 복잡한 무대 위에서 펼쳐진다. 우리는 단순히 옆 사람의 행동을 따라 하는 것을 넘어 그들의 생각과 상상력 그리고 보이지 않는 이야기를 믿고 기꺼이 함께 움직인다.

가장 대표적인 심리가 사회적 증거이다. 낯선 도시에서 식당을 고를 때 텅 빈 곳보다는 사람들이 줄을 서 있는 곳에 왠지 모를 신뢰감을 느끼는 경험을 해보았을 것이다. 많은 사람이 선택했다는 사실 자체가 그 선택이 옳다는 강력한 증기로 작용하는 것이다. 이는 불확실한 상황에서 타인의 행동을 정보 삼아 자신의 결정을 합리화하는 효율적인 지름길이다.[21]

여기서 우리는 지난 장의 질문과 다시 마주친다. 우리는 사람을 믿는 것일까? 아니면 그가 말하는 생각을 믿는 것일까? 정답은 둘 다이다. 우리는 존경하는 지도자의 전문성과 인품을 믿고 그의 의견을 따르기도 하지만, 때로는 리더가 누구인지와 상관없이 그가 제시하는 이념이나 비전 자체가 가진 설득력에 마음이 움직여 행동에 나서기도 한다.

물론 이러한 동조가 항상 합리적인 것은 아니다. 때로는 집단의 압력 앞에 우리의 이성이 얼마나 나약한지를 보여주기도 한다. 다음 장에서 설명할 사회 심리학자 솔로몬 애쉬의 유명한 실험은 이러한 흐름을 명확히 보여준다.[22]

달리는 호모 사피엔스

더 나아가 인간은 밈(Meme)이라 불리는 문화적 유전자를 퍼뜨리며 움직인다. 밈은 특정 아이디어나 신념, 유행, 심지어 농담까지 포함하는 문화 정보의 단위이다. 이것은 마치 바이러스처럼 모방을 통해 한 사람의 뇌에서 다른 사람의 뇌로 퍼져나가며 때로는 사회 전체를 뒤흔드는 거대한 흐름을 만들어낸다. 동물들의 행동 전염이 존속에 직결된 본능의 복제라면 인간의 밈은 생존과 직접적인 관련이 없는 추상적인 이야기와 상징의 복제라는 점에서 근본적인 차이를 보인다.[23]

이 모든 복잡한 사회적 상호작용의 기반에는 어쩌면 거울 뉴런이라는 신경학적 메커니즘이 깔려 있는지도 모른다. 타인의 행동을 보는 것만으로도 마치 내가 그 행동을 하는 것처럼 뇌의 특정 영역이 활성화되는 이 현상은 우리가 어떻게 타인의 의도를 직관적으로 이해하고 모방하며 학습하는지에 대한 중요한 단서를 제공한다.[24]

결국 동물과 인간의 집단행동을 가르는 결정적 차이는 다음과 같다. 동물 무리는 물리적 신호와 본능이라는 보이는 끈으로 묶여 움직인다. 반면 인간의 군중은 공유된 이야기와 보이지 않는 믿음이라는 훨씬 더 강력하고 질긴 보이지 않는 끈으로 연결되어 움직인다. 사바나의 조상들이 텅 빈 지평선 너머의 사슴을 향해 함께 달릴 수 있었던 이유, 그것은 인류만이 가진 상상력을 현실로 만들고 그 현실을 함께 믿어주는 위대한 능력 덕분이었다.

무엇이 당신의 믿음을 만드는가: 어둠 속 불빛에서 시작된 이야기

지난 장들에서 인류만이 가진 특별한 능력, 바로 보이지 않는 것을 믿고 더 나은 내일을 희망하는 힘에 관해 이야기했다. 보이지 않는 사슴을 쫓아 텅 빈 들판을 종단하며 모두 함께 달리게 하고, 동굴 벽에 손을 대고 하늘 너머의 세계를 상상하게 만든 이 위대한 능력은 의심할 여지 없이 인류 문명의 엔진이었다.

그런데 여기서 한 걸음 더 인간 마음 가장 깊은 곳으로 들어가 보자. 그토록 강력한 인간의 믿음은 과연 어디에서 오는 것일까? 그것은 오롯이 개별적 이성과 자유의지에 따른 주체적인 판단일까? 아니면 스스로도 모르는 사이 보이지 않는 어떤 힘으로 섬세하게 조종되고 있는 것일까? 지금부터 심리학 역사상 가장 유명하고 때로는 가장 섬뜩했던 네 가지 실험을 통해 우리의 믿음과 희망이 만들어지는 놀라운 비밀의 문을 열어보려 한다.

달리는 호모 사피엔스

어둠 속에서 탄생한 하나의 현실

1936년 빛 한 점 들어오지 않는 칠흑 같은 실험실이다. 튀르키예 출신의 사회 심리학자 무자페르 셰리프는 하나의 근본적인 질문에 사로잡혔다. 아무런 기준도 정답도 없는 완벽히 모호한 상황에서 인간은 어떻게 자신만의 현실을 만들어내는가?[25]

그는 참가자들을 완벽하게 빛이 차단된 방에 한 명씩 앉혔다. 잠시 후 저 멀리 작은 불빛 하나가 나타났다가 사라졌다. 사실 그 빛은 단 1㎜도 움직이지 않고 제자리에 고정되어 있었다. 하지만 인체 뇌와 눈은 칠흑 같은 어둠 속에서 비교할 기준점이 없으면 눈동자의 미세한 떨림 때문에 빛이 제멋대로 움직이는 것처럼 착각한다. 이를 자동 운동 효과라고 한다. 셰리프는 참가자들에게 빛이 얼마나 움직였는지 물었다. 혼란에 빠진 참가자들은 저마다의 감각에 의지해 답을 내놓았다. 한 5인치 정도 움직인 것 같다고도 하고, 거의 9인치는 움직였다는 반응도 있었다. 각자의 답은 그야말로 천차만별이었다.

며칠 후 마법이 시작되었다. 셰리프는 각기 다른 판단을 내렸던 참가자들을 하나의 그룹으로 모아 같은 실험을 반복했다. 처음에는 여전히 서로 다른 대답들이 오갔다. "저는 2인치요. 에이, 아까보다 훨씬 많이 움직여서 10인치는 되겠는데요?" 하지만 실험이 거듭될수록 놀라운 일이 벌어졌다. 서로의 대답을 들으며 참가자들은 자신도 모르게 서로에게 영향을 주고받기 시작했다. 극단적인 대답들은 점차 사라지고 모두의 의견이 서서히 하나의 값으로 수렴하기 시작한 것이다. 그리고 마침내 그들만의 암묵적인 합의인 집단 규범이 탄생했다.

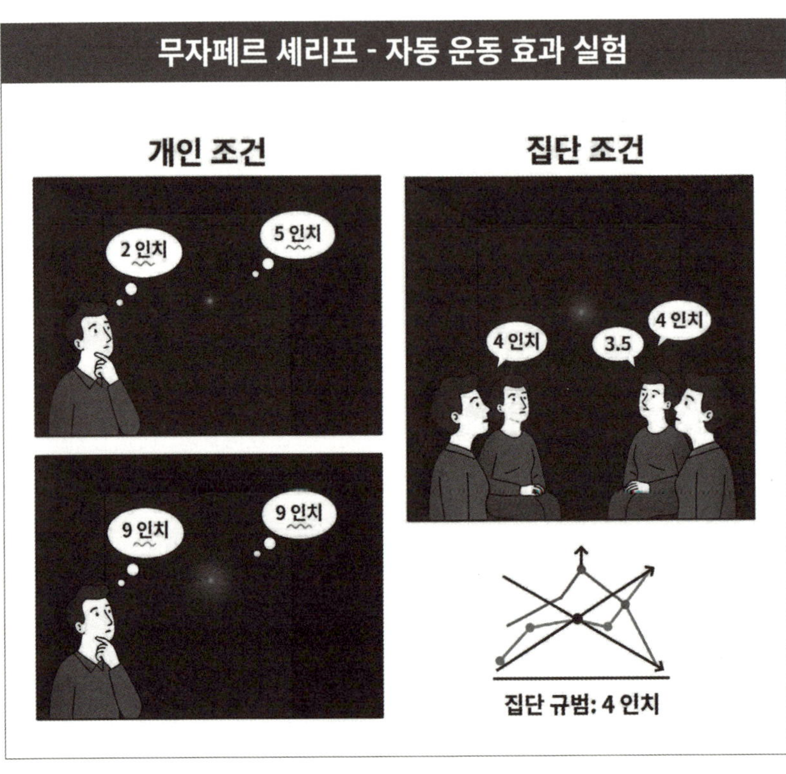

더욱 놀라운 것은 그 이후였다. 다시 혼자가 되어 같은 실험에 참여했을 때 이들은 자신의 처음 생각으로 돌아가지 않았다. 대신 자신이 속했던 집단이 함께 만들어낸 그 평균 이동 거리를 마치 객관적인 사실인 양 확신에 차서 대답했다. 어둠 속에서 함께 만들어낸 사회적 현실이 이제는 개인의 머릿속에 객관적 진실로 완벽하게 내면화된 것이다.

이 실험은 인간에게 믿음이 탄생하는 가장 원초적인 장면을 보여준다. 불확실하고 혼란스러운 세상 속에서 인간은 정답을 찾고 싶은 강렬한 희망을 품고 서로의 눈을 응시하며 타자에게 의지한다. 그리고 마침내 함께 만든 현실을 자신의 진정한 믿음으로 수용하게 되는 것이다.

달리는 호모 사피엔스

내 눈이 틀렸다고? _ 명백한 현실 앞의 굴복

셰리프는 정답이 없는 칠흑 같은 어둠 속에서 인류가 어떻게 믿음의 싹을 틔우는지 보여주었다. 그렇다면 다음 질문은 자연스럽게 이어진다. 만약 정답이 내 눈앞에 환하게 명백하게 보인다면 어떠한가. 그때도 인간은 집단의 힘에 굴복하는가. 이 도발적인 질문에 답하기 위해 1950년대 폴란드 출신의 심리학자 솔로몬 애쉬는 아주 간단하지만 획기적인 실험을 설계했다.[26]

그는 실험실을 칠흑 같은 어둠이 아닌 환한 대낮의 빛으로 채웠다. 참가자에게 기준이 되는 선 하나와 길이가 확연히 다른 선 세 개를 보여주고 기준선과 길이가 같은 선을 고르라고 했다. 질문은 너무나 쉬워서 어린아이도 맞힐 수 있을 정도였다.

하지만 이 실험의 진짜 주인공은 따로 있었다. 방 안에는 진짜 참가자 한 명을 제외하고는 모두 애쉬와 미리 짜고 연기하는 가짜 참가자들이 앉아있었다. 이 연기자들은 차례가 되자 약속이라도 한 듯 일제히 오답을 확신에 찬 목소리로 내뱉었다.

어떤 일이 벌어졌을까? 혼자만 다른 답을 말해야 하는 상황에 놓인 진짜 참가자들은 극

● 솔로몬 애쉬의 동조 실험에 제시된 선

심한 혼란에 빠졌다. 처음에는 '저 사람들이 잘못 봤나?'라며 피식 웃다가도 모든 사람이 한목소리로 오답을 외치자 상황은 심각해진다. 그는 안절부절못하며 자기 눈을 비비고 이마의 땀을 닦으며 고뇌했다. 자신의 판단력을 의심하기 시작한 것이다. 명백한 진실과 집단의 압박 사이에서 극심한 고통을 겪은 것이다.

그리고 놀랍게도 전체 참가자의 37%가 주체적인 판단을 포기하고 집단의 오답을 수용하는 방식을 택했다. 단 한 번이라도 동조한 사람

달리는 호모 사피엔스

의 비율은 무려 75%에 달했다.

어둠 속에서 정보를 얻기 위해 서로를 믿었던 셰리프의 참가자들과 달리, 애쉬의 참가자들은 진실을 믿기보다는 집단으로부터 틀린 사람, 이상한 사람으로 낙인찍히고 소외되지 않으려는 소속감이라는 원초적 갈망이 더 강력했던 것이다. 이 실험은 진실조차도 때로는 외로움에 대한 공포 앞에서 무릎 꿇을 수 있다는 서늘한 진실을 우리에게 보여주었다.

우리 편과 저쪽 편 _ 소년들의 여름 캠프

우리는 정답이 없을 때 집단을 통해 믿음을 구축하고(셰리프의 불빛), 정답이 존재할 때조차 소속감을 위해 믿음을 변형한다(애쉬의 선). 그렇다면 이토록 강력한 우리라는 집단은 도대체 어떻게 만들어지고 또 어떻게 서로를 그토록 쉽게 미워하게 될까? 셰리프는 자신의 첫 실험을 기점으로 1954년 오클라호마의 한 여름 캠프장에서 이 위험한 질문에 대한 답을 직접 찾아 나섰다. 이른바 로버스 케이브 실험(Robbers Cave Experiment)의 시작이었다.[27]

연구팀은 서로 모르는 평범한 11살 소년들을 모집해 캠프에 참가시킨 뒤 두 그룹인 이글스와 래틀러스로 나누었다. 처음 며칠간은 아무 문제 없었다. 각자 자기 팀원들과 어울리며 하이킹과 수영을 즐겼다.

하지만 셰리프가 두 팀 사이에 줄다리기, 야구 경기, 보물찾기 같은 승자 독식의 경쟁을 도입하자 순식간에 분위기가 경색되었다.

소년들은 자기 팀의 깃발을 만들고 구호를 외치며 똘똘 뭉쳤고(내 집단 결속), 상대 팀을 나쁜 놈들이나 비겁한 사기꾼이라 욕하며 격렬한 적대감을 드러냈다(외집단 편견). 급기야 서로의 숙소를 습격해 물건을 훔치고 깃발을 불태우는 일까지 벌어졌다. 단 며칠 만에 평범했던 소년들은 서로를 증오하는 작은 전사들이 되었다. 공동체라는 믿음이 생겨나자 그 신뢰를 더욱 공고히 하기 위한 타자가 동시에 탄생했다.

갈등이 극에 딜했을 때 세리프는 진짜 실험을 시작했다. 그는 캠프의 유일한 급수관을 고장 내서 식수 공급을 끊고 아이들에게 음식을 배달할 트럭을 일부러 진흙탕에 빠뜨렸다. 이 문제들은 이글스나 래틀러스 어느 한 팀의 힘만으로는 절대 해결할 수 없는 위기였다.

처음에는 으르렁대던 소년들도 당장 물을 마시고 밥을 먹어야 한

● 로버스 케이브 캠프에 참가한 소년들 | 출처: The University of Akron ©2026 by The University of Akron

달리는 호모 사피엔스

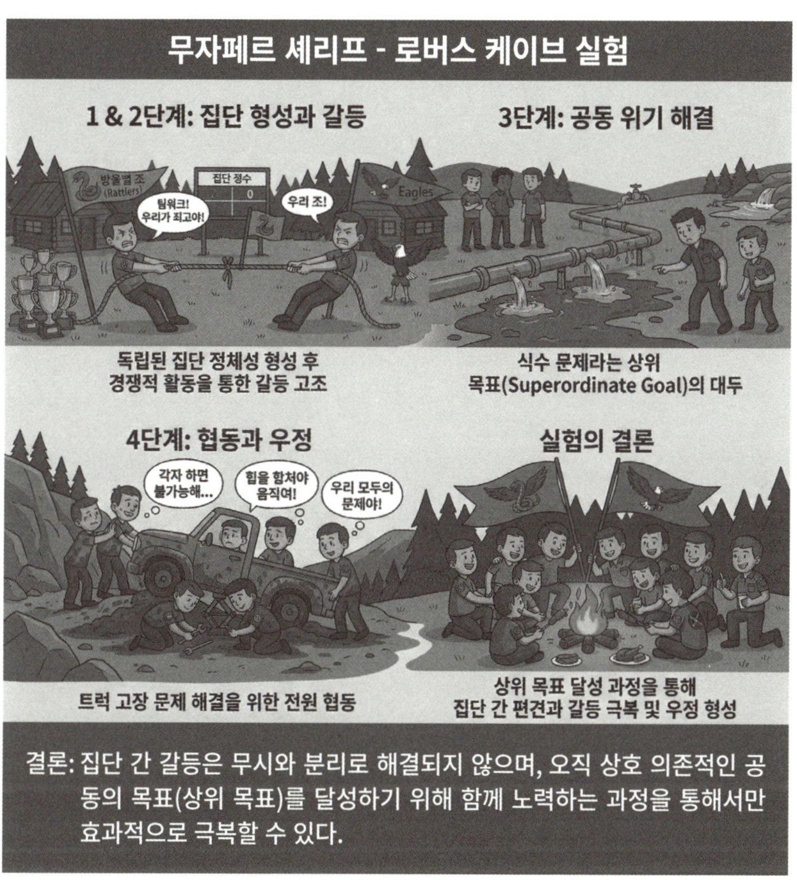

다는 절박한 공동의 목표 앞에서 어쩔 수 없이 힘을 합치기 시작했다. 함께 땀 흘려 진흙탕 속의 트럭을 밀고 머리를 맞대 엉킨 급수관 파이프를 고치면서 아이들 사이에 놀라운 변화가 일어났다.

어느새 서로를 향한 욕설과 적대감은 사라지고, 어제까지 멱살을 잡고 싸우던 소년들이 서로의 이름을 부르며 어깨를 다독이는 친구가 되었다. 캠프 마지막 날 소년들은 한 버스에 함께 타고 돌아가기를 원했으며 한 팀이 받은 상금으로 모든 친구에게 밀크셰이크를 사주었다. 내 집단이 최고라는 굳건했던 믿음은 문제를 공동으로 해결해야 한다는 절박한 적응 기제 앞에서 소멸했다.

이 실험은 우리에게 희망적인 메시지를 던져준다. 인간의 편견과 믿음은 결코 고정불변이 아니며 어떤 공동의 목표를 공유하느냐에 따라 얼마든지 적을 친구로 바꿀 수 있다는 것을 말이다.

어디까지 복종할 수 있는가 _ 흰 가운의 명령

우리는 공동의 목표에 따라 믿음을 바꾸고 다수의 의견에 따라 믿음을 왜곡하며 경쟁을 통해 상대를 미워하는 믿음을 키운다. 그렇다면 정당하고 합법적이라 믿는 권위가 특정 행위를 지시할 때 인간의 믿음과 행동은 어디까지 확장되는가.

1961년 예일 대학교의 심리학자 스탠리 밀그램은 나치 전범 아돌프 아이히만의 재판을 지켜보며 품었던 의문을 실험으로 옮겼다. 악행은 광신도나 반사회적 인격장애자만 저지르는 것일까? 아니면 평범한 사람도 특정 상황에서는 얼마든지 악행을 저지를 수 있을까? 이 질문에 대한 답을 찾기 위한 그의 실험은 인류에게 가장 충격적인 자기 모습을 직면하게 했다.[28]

실험 참가자는 교사 역할을 맡고 칸막이 너머에 있는 학생(사실은 연기자)이 단어 암기 문제를 틀릴 때마다 전기 충격을 가하라는 지시를 받는다. 흰 가운을 입은 냉철하고 권위 있는 연구원이 옆에서 모든 것

달리는 호모 사피엔스

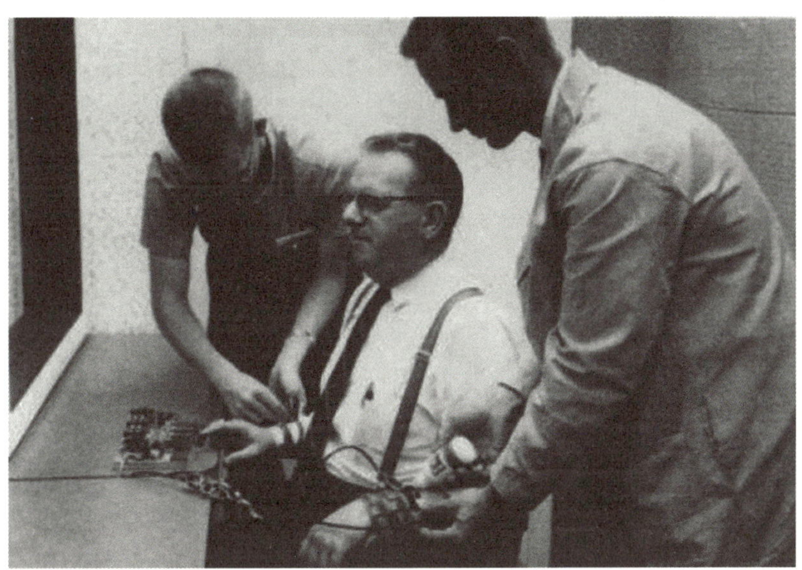

● 학생 역할의 배우가 전극이 달린 의자에 묶여 있는 모습 | 출처: Stanley Migram at far right, 1963, Stanley Milgram Papers (MS 1406)

을 지시한다. 전기 충격 스위치는 15볼트부터 시작해 문제를 틀릴 때마다 15볼트씩 올라가 위험 수위를 넘어 XXX라고 표시된 치명적인 450볼트까지 이어졌다.

전압이 올라갈수록 학생 역할을 맡은 연기자는 비명을 지르고 벽을 치며 심장이 아프다고 애원하다가 나중에는 아무런 반응도 보이지 않고 엎드린다. 교사 역할을 맡은 평범한 참가자들은 극심한 스트레스와 죄책감에 시달렸다. 손을 떨고 식은땀을 흘리며 그만두고 싶다고 애원했지만 흰 가운의 연구원은 흔들림 없이 말했다. "실험을 계속해야 합니다. 모든 책임은 제가 집니다."

결과는 끔찍하고 충격적이었다. 심리학자들이 1% 미만일 것으로 예측했던 것과 달리 무려 65%의 참가자들이 상대방이 죽었을지도 모른다고 생각하면서도 권위자의 지시에 따라 마지막 450볼트까지 스위치를 올렸다.

이 실험은 우리 내면의 숨겨진 악마성을 보여주는 것이 아니다. 오히려 그 반대다. 참가자들은 대부분 선량하고 평범한 시민들이었으며 괴로워하고 고뇌했다. 이 실험이 증명한 것은 합법적이고 정당해 보이는 권위 앞에서 평범한 사람들조차 자신의 신념과 양심을 얼마나 쉽게 저버리고 명령을 따르는 것이 나의 의무이자 옳은 일이라는 새로운 믿음을 받아들이는가 하는 점이다. 책임이 자신에게서 권위자에게로 넘어갔다고 느끼는 순간 도덕적 판단의 스위치가 꺼져버린 것이다. 그들은 권위 있는 전문가의 지시이니 괜찮을 거라는 위험한 희망에 기댄 것이다.

믿음과 희망, 그 위대하고 위험한 선물

어둠 속에서 함께 하나의 현실을 만들었던 사람들, 환한 대낮에 명백한 진실을 외면했던 참가자들, 캠프장에서 서로를 증오하고 또 화해했던 소년들 그리고 전기 충격 스위치를 끝까지 눌렀던 평범한 시민들. 이 네 가지 이야기는 우리에게 하나의 서늘하고도 중요한 진실을 말해준다. 인간의 믿음과 희망은 결코 진공 속에서 나 홀로 피어나는 꽃이 아니라는 것이다.

그것은 우리가 마주한 상황의 모호함, 우리를 둘러싼 다수의 압력,

달리는 호모 사피엔스

우리가 속한 집단의 공동 목표 그리고 우리가 신뢰하는 권위의 무게에 의해 끊임없이 흔들리고 부서지고 또다시 세워지는 유연한 건축물과 같다.

그리고 바로 이 지점이 우리를 지구상의 다른 모든 동물과 구분 짓는 아찔한 경계선이다. 사자는 무리의 권위를 믿고 사냥 전략을 바꾸지 않으며, 침팬지는 더 나은 미래를 희망하며 세대를 이어갈 도구를 설계하지 않는다. 그들은 오직 본능이라는 강력하지만 변치 않는 나침반에 따라 행동할 뿐이다.

하지만 인간은 보이지 않는 믿음과 희망을 동력으로 존속한다. 이 위대한 능력은 우리에게 함께 협력하여 도시를 세우고 우주로 나아가는 기적을 선물했지만, 때로는 자기 눈을 의심하게 하고 무고한 타인을 미워하게 하며 비윤리적인 명령에조차 맹목적으로 복종하게 만드는 위험한 얼굴을 하고 있다. 우리의 믿음이 어떻게 만들어지고 조작될 수 있는지 그 구조를 이해하는 것. 그것이야말로 인류에게 주어진 이 위대하고도 위험한 선물을 현명하게 사용하는 첫걸음일 것이다.

희망이라는 생존 도구: 절망의 웅덩이에서 우리를 건져 올리는 힘

앞서 흰 가운을 입은 권위자의 냉정한 지시 앞에서 개별적 양심마저 유보했던 평범한 사람들의 모습을 보았다. 믿음이라는 강력한 힘이 때로는 인간을 얼마나 위험한 길로 이끌 수 있는지를 목격했다. 하지만 이야기에는 언제나 다른 면이 존재한다. 인간을 굴복시키기도 하는 그 힘이 때로는 가장 깊은 절망의 웅덩이에서 인류를 건져 올리는 유일한 동아줄이 되기도 한다. 그 동아줄의 이름이 희망이다.

희망은 단순히 좋은 일이 있을 것이라 막연히 생각하는 긍정적인 감정이 아니다. 그것은 인간의 뇌와 몸 그리고 행동을 지배하는 강력한 생물학적 메커니즘이자 수백만 년의 진화를 거쳐 인류 유전자에 각인된 적응 기제이다. 시야에서 놓친 사슴이 저 언덕 너머에 있을 것이라는 희망. 이 기제가 어떻게 작동하는지 지금부터 몇 가지 실험을 통해 그 비밀을 파헤쳐 보자.

차가운 물 속의 쥐 _ 희망의 물리적 증거

1950년대 하버드 대학교의 생화학자 커트 리히터는 스트레스가 생명체에 미치는 영향을 연구하기 위해 다소 극단적인 실험을 수행했다.[29] 그는 쥐들을 물이 채워진 유리병에 넣었다. 쥐들은 필사적으로 헤엄쳤지만 발이 닿는 곳도 빠져나갈 구멍도 없다는 것을 깨닫자 평균 15분 만에 수면 아래로 가라앉아 익사하고 말았다.

리히터는 두 번째 그룹의 쥐들에게는 다른 경험을 부여했다. 쥐들이 지쳐서 포기하기 직전 물속에서 건져내 잠시 쉬게 한 것이다. 물기를 닦아주고 따뜻한 온기를 느끼게 한 뒤 다시 유리병에 집어넣자 믿을 수 없는 일이 벌어졌다.

죽음의 문턱에서 구조된 경험을 한 쥐들은 이전과는 비교할 수 없는 모습을 보여주었다. 15분이 아니라 무려 평균 60시간을 더 헤엄쳤으며 일부는 80시간 이상을 버텨냈다. 무엇이 이 작은 생명체에게 이런 폭발적인 에너지를 부여한 것일까? 리히터는 그 답을 희망이라고 결론 내렸다.

첫 번째 쥐들은 절망적인 조건인 이곳은 절대 빠져나갈 수 없다는 비관 속에서 스스로 심장 박동을 멈추고 죽음을 택했다. 반면 두 번째 쥐들은 누군가가 나를 다시 구해 줄지도 모른다는 희망을 품었다. 이 희망이라는 정신적 상태가 스트레스 호르몬의 분비를 억제하고 존속에 필요한 에너지를 고갈시키지 않도록 신체를 조절하는 실질적인 생리적 변화를 일으킨 것이다. 이 실험은 희망이 단순한 감정을 탈피하

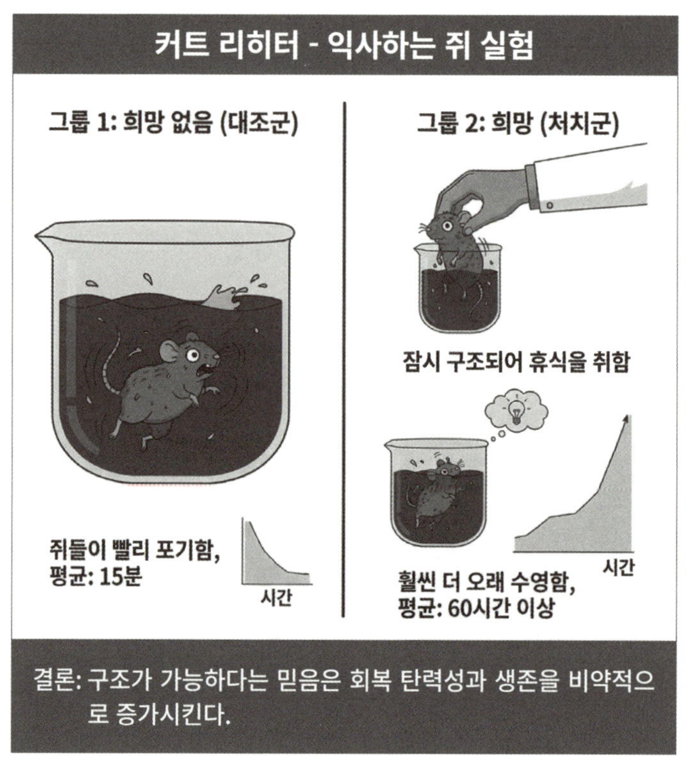

여 인간 생명을 연장하는 물리적인 힘을 가지고 있음을 보여준 최초의 증거였다.

무기력의 학습 그리고 희망의 재발견

리히터의 쥐 실험이 희망의 효용을 보여주었다면 1960년대 심리학자 마틴 셀리그먼의 실험은 반대로 절망이 지속될 때의 무기력을 적나라하게 증명했다.[30]

셀리그먼은 개들을 두 그룹으로 나누어 칸막이 안에 가두고 불규칙적으로 약한 전기 충격을 가했다. 한 그룹의 개들은 코로 버튼을 누

달리는 호모 사피엔스

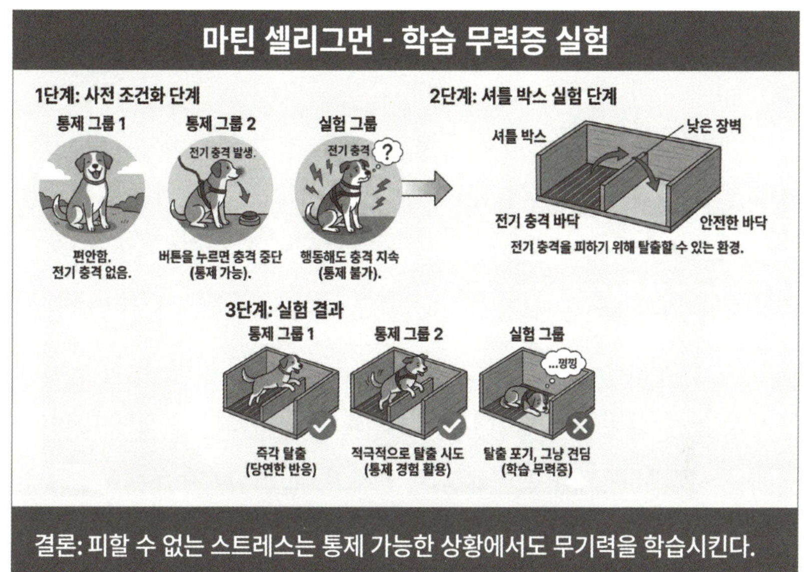

● 마틴 셀리그먼의 학습 무력증 실험 | 출처: Wikipedia Commons ⓒRose M. Spielman

르면 충격을 멈출 수 있었지만, 다른 그룹의 개들은 어떤 행동을 해도 충격을 피할 수 없도록 설계되었다.

다음 단계에서 그는 모든 개를 낮은 칸막이로 나뉜 새로운 상자로 옮겼다. 이 상자는 한쪽에서 전기 충격이 오면 칸막이 뒤편으로 점프하기만 하면 쉽게 피할 수 있는 구조였다. 예상대로 스스로 충격을 멈출 수 있었던 첫 번째 그룹의 개들은 충격이 오자마자 즉시 칸막이를 넘어 안전한 곳으로 도망쳤다.

하지만 충격을 피할 수 없었던 두 번째 그룹의 개들은 충격이 와도 아무런 행동도 하지 않았다. 그저 그 자리에 엎드려 낑낑거리며 고통을 감내할 뿐이었다. 그들은 과거의 경험을 통해 스스로 어떤 노력을 해도 이 고통은 끝나지 않는다는 절망적인 사실을 학습한 것이다. 셀리그먼은 이를 학습된 무기력이라고 명명했다.

이 개념은 인간의 우울증을 설명하는 혁신적인 틀을 제공했다. 실패와 좌절을 반복적으로 경험한 사람은 결국 스스로 안된다는 무기력을 학습하고 새로운 기회가 와도 도전할 희망과 의지 자체를 상실한다.

하지만 셀리그먼은 여기서 멈추지 않았다. 그는 무기력이 학습될 수 있다면 희망과 긍정성 역시 학습될 수 있다고 믿었다. 이것이 그가 창시한 긍정 심리학의 출발점이었다. 희망은 타고나는 것이 아니라, 실패를 어떻게 해석하고 미래를 어떻게 바라보는지 학습된 낙관주의에 대한 훈련을 통해 길러낼 수 있는 기술이다.

설탕 알약의 기적 _ 뇌가 만들어내는 희망의 약

인간이 희망을 품을 때 인체에서는 어떤 일이 벌어지는가. 가장 명백한 증거가 바로 플라세보 효과이다.[31] 아무런 약효 성분이 없는 가짜 약을 진짜 약이라고 믿고 복용했을 때 실제로 병세가 호전되는 현상을 말한다.

과거에는 이를 단순히 심리적인 착각으로 치부했지만, 현대 뇌 과학은 이것이 착각이 아니라 뇌가 만들어내는 실질적인 생화학적 반응임을 증명했다. 예를 들어 가짜 진통제를 먹은 환자의 뇌를 기능성 자기공명영상으로 촬영해 보면 진짜 마약성 진통제를 투여했을 때와 똑같이 뇌의 통증 제어 센터가 활성화되고 천연 진통제인 엔도르핀이 체내에서 분비된다.[32] 파킨슨병 환자에게 가짜 약을 투여하면 운동 능력과 동기 부여에 관여하는 신경전달물질인 도파민이 실제로 샘솟는 것이 관찰되기도 한다.

이것이 의미하는 바는 명확하다. 나아질 수 있다는 희망과 믿음 자체가 인체 뇌를 자극하여 실제 약과 같은 효과를 내는 화학 물질을 스스로 생성하도록 명령한다는 것이다. 따라서 희망은 단순한 위안이 아니라 우리 몸의 잠자는 치유 능력을 깨우는 가장 강력한 스위치인 셈이다.

희망을 해부하다 _ 목표, 경로 그리고 의지

그렇다면 이 강력한 희망이라는 도구를 어떻게 하면 더 잘 사용할 수 있을까? 긍정 심리학자 찰스 스나이더는 평생에 걸쳐 희망을 연구한 끝에 희망이 세 가지 요소로 구성되어 있다는 이론을 제시했다.[33]

첫째는 목표(Goal)이다. 희망은 막연한 긍정이 아니라 반드시 도달하고자 하는 구체적인 지점이 있을 때 시작된다. 언젠가 행복해지겠지와 같은 추상적인 바람이 아니라 6개월 안에 마라톤을 완주하겠다와 같이 측정 가능한 명확한 목표가 필요하다.

둘째는 경로(Pathways)이다. 목표를 세웠다면 그곳에 도달할 수 있는 구체적인 계획과 방안을 찾아내야 한다. 매일 5km씩 뛰고 주말에는 10km를 뛰겠다. 만약 비가 오면 실내 사이클을 타겠다는 식으로 말이다. 이는 예상치 못한 장애물을 만났을 때 대안을 생각할 수 있는 유연한 설계 능력을 의미한다.

셋째는 동인(Agency)이다. 설정한 경로를 따라 실제로 나아갈 수 있게 만드는 내적인 힘인 동기와 의지력이다. 이는 어떠한 상황에서도 나는 할 수 있다는 자기 확신을 잃지 않고 에너지를 쏟아붓는 주체적인 의지를 뜻한다.

스나이더에 따르면 이 세 가지 요소가 또렷하게 맞물릴 때 비로소 인간은 진정한 의미의 희망을 품게 되며 그 어떤 역경도 헤쳐 나갈 힘을 얻게 된다. 희망은 하늘에서 뚝 떨어지는 선물이 아니라 목표를 설정하고 체계를 설계하며 의지를 불태우는 능동적인 정신 활동의 결과물이다.

절망 속에서 피어나는 진짜 희망

결국 과학이 인간에게 보여주는 희망의 형상은 다음과 같다. 리히터의 쥐처럼 존속 본능을 자극하는 원초적인 힘이고, 셀리그먼의 주장처럼 무기력을 이겨내도록 학습할 수 있는 기술이며, 플라세보 효과치럼 우리 뇌의 화학 공장을 가동하게 시키는 스위치이고, 스나이더의 이론처럼 목표와 방식을 통해 설계할 수 있는 청사진이다.

이 모든 것을 아우르는 가장 대표적 사례는 아마도 베트남 전쟁 당시 8년간 포로로 잡혀있었던 제임스 스톡데일 제독의 이야기일 것이다. 그는 수용소에서 살아남은 사람과 그렇지 못한 사람의 차이를 이렇게 설명했다. 가장 먼저 죽어 나간 사람들은 비현실적인 낙관주의자였다. 크리스마스까지는 나갈 수 있을 것이라 믿었던 그들은 크리스마스가 지나면 부활절을, 부활절이 지나면 추수감사절을 기다리다

달리는 호모 사피엔스

스톡데일 패러독스

결론: '이번 크리스마스에는 우리는 나가지 못해.'(비관적 현실주의) + 그럼에도 불구하고 '나는 반드시 승리할 것이다.'(흔들리지 않는 믿음) = 생존과 성공

가 결국 상심하여 죽어갔다. 스톡데일은 달랐다. 그는 크리스마스까지 나가지 못할 것이라는 냉혹한 현실을 직시했지만, 그와 동시에 반드시 이곳을 나가고야 말 것이며, 이 경험을 생애의 가장 소중한 전환점으로 만들겠다는 흔들리지 않는 믿음을 절대로 포기하지 않았다. 이를 훗날 스톡데일 패러독스라고 부른다.

진정한 희망은 다 잘될 거라는 맹목적인 믿음이 아니다. 그것은 가장 어두운 현실을 똑바로 마주 보면서도, 그런데도 더 나은 결말을 만들어 낼 수 있다는 믿음을 잃지 않는 용기이다. 그것이야말로 절망의 웅덩이에 빠진 인류를 건져 올리는 강력하고 가장 인간적인 힘일 것이다.

뇌의 희망 회로를 훈련하는
5단계 기술, ABCDE

인체의 뇌가 아무리 노력해도 소용없다는 절망을 학습할 수 있다면 혹시 그 반대인 희망과 낙관주의 역시 훈련하고 재학습시킬 수 있는가.[34] 긍정 심리학의 대가 마틴 셀리그먼 박사는 그렇다고 단호하게 답한다. 그는 비관적인 생각의 고리를 끊고 낙관적인 해석을 훈련할 수 있는 아주 구체적이고 강력한 5단계 인지 기술을 제시했는데 이것이 ABCDE 모델이다.[35]

이 모델은 머리로만 이해하는 이론이 아니라 인간 마음의 습관을 바꾸는 정신적 근육 단련법이다. 뇌가 무기력을 학습했듯이 뇌에 논박이라는 새로운 습관을 들여 낙관주의를 가르치는 구체적인 과정이다. 이 5단계가 어떻게 작동하는지 한 단계씩 차근차근 들여다보자.

1단계: A (Adversity) – 사건의 발생

모든 것은 A인 역경(Adversity)에서 시작한다. 이것은 인간에게 닥친

불행한 사건이나 직면한 어려운 조건 그 자체를 의미한다.

예: 중요한 프레젠테이션을 망쳤다, 친한 친구와 크게 다퉜다, 승진
심사에서 떨어졌다.

이것은 그저 일어난 사실일 뿐이다. 아직 여기에는 우리의 감정이
나 해석이 개입되지 않은 날것 그대로의 사건이다.

2단계: B (Belief) – 내 안의 비관적인 평론가

사건(A)이 발생하는 순간 머릿속에 자동으로 튀어나오는 것이 있다.
B인 신념(Belief)이다. 이것은 그 사건에 대한 우리의 즉각적인 생각,
해석 혹은 판단이다.

사건(A): 프레젠테이션을 망쳤다.
신념(B): 난 역시 여러 사람 앞에 서는 건 안 돼. 난 왜 이렇게 무능
할까?

문제는 이 신념이 아주 성급하고 비관적이며 사실 확인도 잘하지
않는 비관적인 평론가 같을 때가 많다는 점이다. 여기에는 사실 깊은
진화론적 이유가 숨어있을 수 있다. 수백만 년간 인류 조상은 존속을
위해 최악의 상황을 먼저 가정해야 했다. '저 수풀 속의 바스락 소리
(A)를 듣고 아닐 거야, 그냥 바람이겠지(낙관적 B)'라고 생각했던 조상보

다 '틀림없이 맹수다!(비관적 B)'라고 즉각 해석하고 도망쳤던 조상이 살아남을 확률이 높았다. 즉 우리의 뇌는 생존을 위해 부정적인 신호에 더 민감하게 반응하도록 기본값이 설정되어 있을지 모른다.

이런 비관적인 B가 작동하면 어떻게 될까? 친구와의 말다툼(A)을 예로 들어보자.

비관적인 B: 역시 난 인간관계가 엉망이야(개인화) → 쟨 날 싫어하는 게 틀림없어(성급한 일반화) → 이 관계는 끝났어(영속성).

물론 같은 상황(A)에서 낙관적인 B가 작동할 수도 있다.

낙관적인 B: 오늘 우리가 둘 다 예민했네(특수성) → 이따가 잘 이야기해 봐야지(일시성) → 이번 일로 우리 사이를 더 잘 이해하게 될 수도 있어.

3단계: C (Consequence) – 해석이 낳은 결과

두 번째 단계였던 신념(B)은 곧바로 세 번째 단계인 C 결과(Consequence)로 이어진다. 이것은 개별적 신념(B) 때문에 느끼는 감정이나 그로 인해 나타나는 행동의 결과를 말한다.

신념(B): 난 무능해.

결과(C): 심각한 좌절감과 우울감을 느끼고 다음 프로젝트에서 발표를 맡지 않으려 한다.

달리는 호모 사피엔스

여기서 아주 중요한 착각이 드러난다. 대부분은 역경(A)이 결과(C)를 직접 유발한다고 믿는다. 프레젠테이션을 망쳐서(A) 기분이 엉망이야(C)라고 말한다. 하지만 셀리그먼 박사는 A가 C를 만드는 것이 아니라 A가 B를 촉발하고 그 B가 C를 만들어낸다고 지적한다. 우리를 무너뜨린 것은 사건(A) 그 자체가 아니라 그 사건을 난 역시 안 되라고 해석해버린 우리의 비관적인 신념(B)이었다. 학습된 무기력에 빠진 사람들은 대부분 이 A → B → C로 자동으로 이어지는 회로에 갇혀 절망적인 결과(C)에 침잠한다. 셀리그먼 박사는 여기서 멈추지 말고 다음 단계로 나아가야 한다고 강조하고 있다.

4단계: D (Disputation) − 내 안의 변호인을 깨워라

학습된 낙관주의 훈련은 바로 여기서부터가 진짜 시작이다. 네 번째 단계이자 이 모델의 하이라이트, D 논박(Disputation)이다. B(신념)가 자동 평론가라면 D(논박)는 의식적으로 꺼내 들어야 하는 유능한 변호인 또는 냉철한 탐정이다.

무기력이 학습되듯 비관적인 B는 수십 년간 훈련된 아주 강력한 습관이다. 감정을 담당하는 뇌의 변연계에서 나오는 이 빠르고 자동적인 반응은 '긍정적으로 생각하자!'라는 다짐만으로는 어림도 없다. 이 오래된 습관을 깨려면 이성적 판단을 담당하는 전두엽을 의식적으로 작동시켜 그 비관적인 B를 법정에 세우고 조목조목 따져 묻는 논박이라는 강력한 개입이 필요하다. 셀리그먼 박사는 다음 네 가지 방안을 사용해 비관적 신념(B)과 적극적으로 논쟁하라고 조언한다.

- **증거(Evidence):** 내 안의 평론가(B)가 난 역시 무능하다고 말하는데 그 증거가 대체 어디 있지? 가만, 지난번 보고서는 칭찬받았잖아? 이건 무능의 증거와 정면으로 배치되는데?

- **대안(Alternatives):** 이 상황을 설명할 다른 방법은 없을까? 이번엔 준비 시간이 절대적으로 부족했고 어젯밤 잠을 설쳤을 뿐이야. 이건 무능의 문제가 아니라 컨디션 난조의 문제 아닐까?

- **함의(Implications):** 그래, 백번 양보해서 내가 이번에 실수했다고 치자. 그게 뭐? 그게 내 인생이 끝났다는 뜻인가? 아니지. 그냥 다음부터 조심하면 되는 거 아닌가? 왜 이걸 피국으로 몰고 가지?

- **유용성(Usefulness):** 지금 이 시점에 난 무능하다는 생각을 붙들고 있는 게 나한테 무슨 도움이 되지? 이 생각이 문제 해결에 1이라도 기여하나? 아니, 전혀. 이건 그냥 날 더 무기력하게 만들 뿐이야. 그렇다면 이 생각은 지금 당장 버려야 할 쓰레기네.

5단계: E (Energization) – 논쟁에서 승리한 자의 활력

유능한 변호인(D)이 성급한 평론가(B)와의 논쟁에서 승리하면 우리는 전리품으로 마지막 단계인 E, 활력(Energization)을 얻게 된다. 이것은 근거 없는 '나는 행복해!' 식의 억지 긍정이 아니다. 비관적인 생각의 사슬을 이성적으로 끊어냈을 때 자연스럽게 샘솟는 현실적인 에너지이다.

'난 끝났(B)다는 생각에 사로잡혀 무기력(C)에 빠져 있던 내가 아니야, 이건 일시적이고 별거 아니야(D)'라는 논박에 성공하는 순간 뇌는

달리는 호모 사피엔스

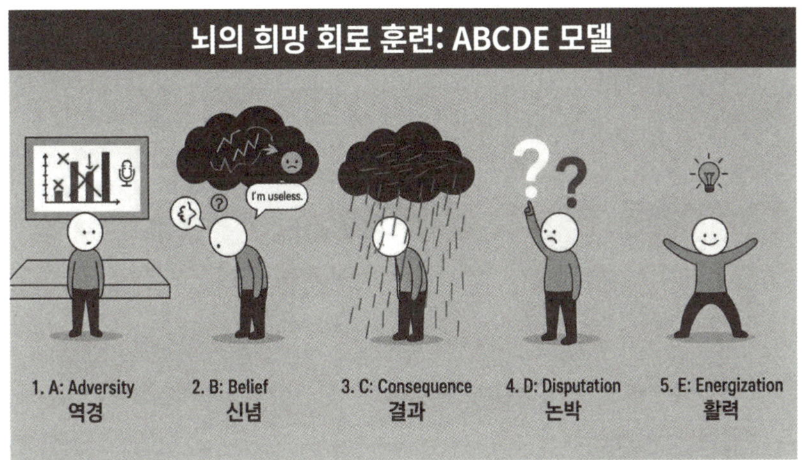

다시 움직일 힘을 얻는다. '그래, 이번엔 실수했지만 원인을 알았어. 다음엔 자료 준비를 미리 끝내고 일찍 자자. 다시 해볼 수 있겠는데?' 라는 다음 단계로 나아갈 활력(E)이 생기는 것이다.

희망은 가르칠 수 있다

그렇다면 이런 훈련이 정말 효과가 있었을까? 이에 관한 강력한 사례이자 실험이 있다. 바로 셀리그먼 박사 팀이 직접 개발하고 적용한 펜 회복탄력성 프로그램(Penn Resiliency Program, PRP)이다.[36] 이 프로그램은 우울증 발병 위험이 큰 10대 청소년들을 대상으로 했다. 이 아이들에게 무엇을 가르쳤을까? 바로 위에서 설명한 ABCDE 모델 같은 인지 훈련, 즉 자신의 비관적인 생각을 인식하고(A B C) 그것을 논박하며(D) 더 현실적이고 긍정적인 대안을 찾는(E) 기술을 집중적으로 가르쳤다.

결과는 놀라웠다. 이 학습된 낙관주의 훈련을 받은 학생들은 훈련

받지 않은 대조군 학생들과 비교하면 향후 2년간 우울증 증상을 보일 확률이 절반 가까이 낮아졌다. 심지어 긍정적인 효과는 그 이후로도 몇 년간 지속되었다. 셀리그먼의 개 실험이 우리에게 무기력을 알려 주었다면 펜 회복탄력성 프로그램은 우리에게 희망은 가르칠 수 있다는 가장 강력한 증거를 보여준 셈이다.

최근 우리 사회는 그 어느 때보다 회복탄력성을 주목하고 있다. 예측 불가능한 변화와 끊임없는 위기 속에서 단순히 버티는 것을 넘어 실패와 좌절을 딛고 다시 일어나는 힘이 개인의 생존과 성장에 필수적인 능력이 되었기 때문이다. 바로 이 지점에서 우리는 ABCDE 모델의 진정한 가치를 발견한다. 이 모델은 회복탄력성이 일부에게만 주어진 특별한 재능이 아니라 훈련을 통해 길러낼 수 있는 기술임을 명확히 보여준다.

우리의 뇌가 '나는 안 돼'라는 절망 회로를 학습할 수 있다면 '아니 다른 해석도 가능해, 난 다시 해볼 수 있다'라는 희망 회로 역시 훈련을 통해 얼마든지 더 튼튼하게 만들 수 있다.[37] 회복탄력성이 시대의 화두가 된 지금 자신의 비관적 신념을 논박하고(D) 새로운 활력(E)을 찾아내는 이 훈련은 우리가 불확실한 시대를 헤쳐 나갈 희망 근육을 단련하는 가장 구체적이고 강력한 방법일 것이다. 그것이야말로 긍정 심리학이 격변의 시대를 살아가는 우리에게 주는 가장 큰 선물이 아닐까?

달리는 호모 사피엔스

우리의 이야기:
믿음이라는 이름의 별을 따라서

모든 것이 메마른 아프리카의 평원에서 시작된 여정은 굶주린 조상들의 가슴속에 피어난 작은 불꽃에서 기원했다. 눈앞에 보이지 않는 사슴을 향해 함께 발을 내디뎠던 그 순간 인류는 다른 모든 동물과 영원히 다른 길을 걷기 시작했다. 바로 믿음과 희망이라는 우리만의 별을 따라서 걷는 운명이다.

이 여정에서 우리는 믿음이라는 힘이 어떻게 인류를 지구의 지배자로 만들었는지 목격했다. 그것은 단순히 굶주림을 이기게 하는 적응 방식을 탈피하여 죽음의 공포를 이겨내고 보이지 않는 세계를 상상하게 하는 원동력이었다. 우리는 이 힘으로 신을 만들고 법을 세우고 국가를 건설했으며 밤하늘의 진짜 별을 향해 날아가는 꿈을 꾸고 마침내 이루어냈다. 희망은 그 믿음의 지도를 들고 우리가 나아갈 방향을 가리키는 나침반이었다.

그리고 이 희망은 단순한 감상이 아니었다. 우리는 절망의 물통 속에서 구조될 수 있다는 단 한 번의 경험만으로 생존 시간을 40배나 늘렸던 작은 쥐의 이야기에서 희망이 가진 물리적인 힘을 보았다. 나아질 것이라는 믿음만으로 뇌에서 실제 진통제를 만들어내는 설탕 알약의 기적, 즉 플라세보 효과를 통해 희망이 우리 몸의 잠자는 치유 능력을 깨우는 스위치임을 확인했다. 희망은 막연한 긍정이 아니라 절망이 학습될 수 있듯 의도적으로 학습하고 설계할 수 있는 인류 최고의 생존 기술이었다.

위대하고 위험한 선물

하지만 우리는 이 여정에서 불편한 진실과도 마주했다. 인류의 위대한 기제가 때로는 가장 위험한 무기가 될 수 있다는 사실 말이다.

우리는 칠흑 같은 어둠 속에서 서로에게 의지해 하나의 현실을 창조했고(셰리프의 자동운동 효과), 명백한 진실 앞에서도 다수의 의견에 굴복하여 자기 눈을 의심했다(애쉬의 동조 실험). 우리는 너무나 쉽게 우리와 그들을 나누어 서로를 미워했고(셰리프의 소년 캠프), 흰 가운을 입은 권위자의 목소리에 자신의 윤리적 신념마저 내던졌다(밀그램의 복종 실험).

이 실험들은 우리에게 경고한다. 당신이 진실이라 굳게 믿는 것, 당신이 정의롭다고 여기는 희망이 어쩌면 당신 자신의 것이 아닐 수도 있다고 말이다. 그것은 당신이 속한 집단이, 당신 주변의 다수가 혹은 당신이 맹목적으로 따르는 권위가 당신의 뇌리에 심어놓은 것일지도 모른다.

달리는 호모 사피엔스

이제 우리가 물어야 할 질문

그렇다면 우리는 이 위대하고도 위험한 선물을 어떻게 사용해야 하는가? 믿음과 희망을 버리는 것은 불가능하다. 그것은 인간 본질 그 자체이기 때문이다. 우리가 할 수 있는 유일한 길은 믿음을 끊임없이 의심하고 희망이 어디를 향하는지 성찰하는 것이다.

이제 우리는 물어야 한다.

나의 이 믿음은 어디에서 왔는가? 이것은 세상을 더 나은 곳으로 만드는 희망인가 아니면 우리만의 이익을 위해 그들을 배제하는 희망인가? 나는 사실을 믿고 있는가 아니면 단지 다수가 믿는다는 사실을 믿고 있는가?

인류의 역사는 어떤 믿음과 희망을 선택했는지에 대한 거대한 기록이다. 그리고 그 선택의 결과는 때로 눈부신 진보였고 때로는 끔찍한 비극이었다.

바로 지금 이 순간 무엇을 믿고 희망할지 선택하는 우리의 손에 달려있다. 부디 당신의 믿음이 세상을 밝히는 등불이 되고 당신의 희망이 모두를 위한 길이 되기를 바란다.

CHAPTER 6

나눔과 베풂

사냥의 끝에서 시작된
인류의 위대한 여정

태양은 모든 것을 태워버릴 듯 이글거리고 메마른 대지는 아지랑이를 피워 올려 세상을 흐릿하게 일그러뜨린다. 날카로운 돌멩이가 맨발을 찢고 가시덤불이 살갗을 할퀴지만 멈출 수 없다. 심장은 귀밑에서 터질 듯 울리고 타는 듯한 갈증에 입술은 갈라진다. 다리의 근육은 이미 오래전에 한계를 상회하여 비명을 지르고 있지만 저 멀리 달아나는 거대한 사슴의 잔상에서 눈을 뗄 수 없다.

인류 조상들은 그렇게 몇 시간이고 끈질기게 사슴의 뒤를 쫓았다. 이것은 힘과 힘의 대결이 아니었다. 창이나 활의 도움도 없이 오직 두 다리의 끈기와 집념만으로 사슴을 사냥하는 인류의 사냥법, 지구력 사냥이다. 그들은 눈짓과 손짓, 간헐적인 외침으로 서로의 위치를 확인하며 대열을 유지했다. 한 사람의 지친 숨소리는 다른 한 사람의 격려로 이어졌고 무리의 공통된 목표는 각자의 고통을 잊게 하는 마법이었다.

달리는 호모 사피엔스

쫓던 사슴이 단단한 암반 위로 지나며 흔적도 없이 시야에서 사라졌을 때 힘든 추격의 끝에서 찾아온 것은 허탈함이었다. 절망이 차가운 뱀처럼 등줄기를 타고 오를 법도 했다. 다른 맹수들이라면 포기하고 돌아섰을 바로 그 순간 인류는 자신의 가장 강력한 무기를 꺼내 들었다. 바로 추론하고 상상하는 능력이다.

그들은 멈춰 서서 머리를 맞대고 흩어진 정보를 모으기 시작했다. 바람의 방향, 해의 위치 그리고 이 계절에 사슴이 물을 마시기 위해 어디로 향할지에 대한 각자의 경험과 추론. 이 조각난 상상들이 모여 하나의 거대한 그림을 그렸다. "저 바위산 너머 그늘진 계곡이 있을 것이다. 사슴은 틀림없이 그곳으로 향했을 것이다." 그것은 증거 없는 추론이었지만 그들은 그 보이지 않는 길을 함께 믿기로 선택했다.

그리고 마침내 그들의 믿음과 희망은 현실이 되었다. 몇 시간을 더 헤맨 끝에 발견한 바위산 계곡 어귀에 끈질긴 추격과 무자비한 태양을 이기지 못하고 열사병으로 쓰러진 사슴이 거친 숨을 몰아쉬고 있었다. 드디어 사슴 사냥에 성공한 것이다!

하지만 인류의 진짜 위대함은 사냥의 성공 그 자체에 있지 않았다. 그것은 땀으로 얻어낸 승리 앞에서 그들이 보인 그다음 행동에서 시작된다. 사냥꾼들의 눈앞에 놓인 풍성한 살코기. 당장이라도 달려들어 허겁지겁 배를 채우고 싶은 원초적인 본능이 온몸을 지배했을 것이다.

그러나 그들은 그러지 않았다. 잠시 숨을 고른 뒤 주먹도끼를 들고 쓰러진 사슴을 해체하기 시작했다. 그리고 무거운 고깃덩어리들을 나누어 들고 자신들이 떠나왔던 그곳으로 동료와 노약자, 아이들이 굶주리며 애타게 기다리고 있는 그곳으로 발걸음을 옮긴다.

바로 이 장면, 고생 끝에 얻은 전리품을 독차지하지 않고 공동체로 가져와 모두에게 나누고 베푸는 이 행위야말로 인류를 진정한 인류로 만든 결정적 순간이었다. 이것은 단순한 식량 분배가 아니라 우리는 하나라는 사회적 계약이자 미래에 대한 가장 확실한 투자였다.

어떻게 이타심이라는 치열한 적응 경쟁 속에서 불리해 보이는 본성이 인류 유전자 깊숙이 새겨지게 되었는지, 이 행위가 어떻게 신뢰를 기반으로 한 최초의 원시 경제 체제를 낳았으며, 평판이라는 보이지 않는 화폐를 만들어냈는지 그리고 이 모든 것을 가능하게 하도록 인체는 어떻게 무거운 짐을 나르기에 적합하게 변했고, 인간의 뇌는 또 어떻게 나눔의 기쁨을 느끼도록 설계되었는지를 차례로 살펴볼 것이다.

달리는 호모 사피엔스

나눔의 방정식:
살아있는 냉장고

사냥은 끝났다. 끈질긴 추격 끝에 거대한 큰 뿔 사슴이 마침내 쓰러졌다. 사냥꾼들의 지친 얼굴 위로 환희가 피어오른다. 눈 앞에 펼쳐진 것은 단순한 고깃덩이가 아니라 앞으로 몇 주간 부족 전체를 먹여 살릴 수 있는 생명의 산더미였다.

하지만 기쁨도 잠시, 사냥꾼들은 인류의 가장 오래된 적과 마주한다. 그것은 날카로운 이빨을 가진 검치호랑이도 혹독한 추위도 아니었다. 바로 시간이었다. 냉장고도 소금도 그 어떤 보존 기술도 없던 시절, 이 엄청난 양의 고기는 며칠만 지나면 자연의 법칙에 따라 썩어 없어질 운명이었다. 오늘의 풍요가 내일의 쓰레기가 될지도 모르는 딜레마. 인류는 이 막대한 자원이자 골칫거리를 어떻게 해결했는가.

정답은 놀랍게도 가장 가까운 곳에 있었다. 함께 사냥한 동료 그리고 마을에서 기다리는 이웃들의 뱃속. 세상에서 가장 따뜻한 살아있는 냉장고였다.

세상에서 가장 완벽한 저장 시스템

고인류학자들은 이 독특한 방식을 사회적 저장 또는 위험 분산이라고 부른다. 수렵-채집 사회의 삶이란 거대한 룰렛 게임과 같았다. 어떤 날은 사슴을 잡아 부를 만끽하지만(고수익), 어떤 날은 며칠이고 빈손으로 돌아와야 하는(고위험) 극단적인 나날의 연속이었다.

살아있는 냉장고는 이 두 가지 문제를 동시에 해결하는 시스템이었다. 첫째, 잉여 식량의 부패를 막는다. 내가 잡은 사슴 고기는 우리 가족이 다 먹기 전에 상하기 시작한다. 하지만 이 고기를 이웃들에게 나누어 주면 썩어서 버려질 칼로리가 여러 사람의 배 속에 안전하게 저장된다. 둘째, 사냥 실패의 위험을 막는다. 오늘은 내가 사슴을 잡았지만 다음 주에는 내가 빈손으로 돌아올 수 있다. 그때 지난주에 내 고기를 받아먹었던 이웃이 사냥에 성공했다면? 이제는 그가 나에게 고기를 나누어 줄 차례이다. 나의 성공을 분산 투자함으로써 미래의 실패에 대비하는 가장 확실한 보험인 셈이다.

나눔의 기원: 마음인가, 계산인가?

여기서 우리는 근본적인 질문과 마주한다. 그들은 왜 그토록 아낌없이 나누었을까? 치열한 생존 경쟁 속에서 내가 힘들게 얻은 것을 타인에게 조건 없이 내어주는 이 행위는 언뜻 비합리적으로 보인다. 이것은 과연 순수한 이타심과 사랑의 발현이었을까? 아니면 그 이면에 우리가 미처 보지 못한 치밀하고 냉정한 생존의 방정식이 숨어있었을까? 학자들은 이 위대한 나눔의 기원을 설명하기 위해 여러 흥미로운

달리는 호모 사피엔스

가설을 제시한다.

이론 1. 최초의 사회적 보험: 호혜적 이타주의. 가장 강력한 설명 중 하나는 나눔을 일종의 사회적 보험으로 보는 것이다.[1] 사냥은 성공보다 실패가 훨씬 잦은 변동성 큰 도박과도 같았다. 오늘은 내가 운 좋게 큰 사슴을 잡았지만 다음 주 내내 빈손으로 돌아와 쫄쫄 굶을 수도 있다.

자, 당신이 오늘 사냥에 성공했다고 상상해 보자. 당신의 가족이 며칠간 먹을 양을 떼어놓고도 고기는 잔뜩 남아 썩기 직전이다. 이때 당신은 굶주린 이웃에게 이 고기를 나누어 준다. 이것은 단순히 사라질 잉여 식량을 처리하는 행위가 아니다. 당신은 지금 미래의 위험에 대비해 신뢰라는 보험료를 납부하고 있다. 그리고 훗날 당신이 사냥에 실패해 가족들이 굶주리고 있을 때 지난번 당신에게 고기를 받았던 이웃이 사냥에 성공해 돌아온다. 그는 당신에게 다가와 고기 한 덩이를 건네며 말할 것이다. "자, 지난번 신세 갚을게." 이것이 바로 호혜적 이타주의다. 오늘 내가 나누어 주면 내일 내가 받을 수 있다는 믿음은 예측 불가능한 자연 앞에서 인류가 서로를 보호하기 위해 발명한 가장 오래고 든든한 보험 체계이다.

이론 2. 나눔은 최고의 스펙: 값비싼 신호 이론. 이번에는 캠프에서 가장 뛰어난 사냥꾼의 입장이 되어보자. 그는 거의 매번 사냥에 성공하고 언제나 가장 큰 고깃덩이를 차지한다. 그가 만약 이기적이라면 이 모든 것을 자신과 자기 가족만을 위해 쓸 수도 있었을 것이다. 하지만 그는 언제나 가장 먼저 그리고 가장 아낌없이 부족원들에게 고기를 나누어 준다. 왜일까?

값비싼 신호 이론은 이 행동이 최고의 자기 홍보 방식이라 설명한다.[2] 공작새가 존속에 거추장스러운 화려한 꼬리를 펼쳐 자신의 우월한 유전자를 과시하듯 유능한 사냥꾼에게 아낌없이 배분하는 고기는 그의 화려한 꼬리나 다름없다. 이 행위는 집단 전체에 다음과 같은 강력한 메시지를 보낸다.

달리는 호모 사피엔스

보아라! 나는 이렇게 위험한 사냥을 거뜬히 해낼 만큼 뛰어나고 건강하다!

나는 이 귀한 것을 나눌 만큼 관대하고 넉넉한 사람이다!

나와 동맹을 맺거나 내 짝이 된다면 당신의 미래는 보장될 것이다!

당장에는 손해처럼 보이지만 이 과시적 나눔은 장기적으로 사회적 지위와 명성을 얻고 최고의 배우자를 만나거나 든든한 동맹을 맺을 기회를 높여주는 막대한 이득을 가져다준다. 즉 나눔은 그의 모든 스펙을 증명하는 가장 확실한 증명서였던 셈이다.

이론 3. 피는 물보다 진하다: 모든 배분이 복잡한 계산을 해야 하는 것은 아니다. 가장 근본적이고 설명하기 쉬운 배분은 바로 가족과 친척 사이에서 일어난다. 이를 친족 선택 이론이라 정의한다.[3] 진화의 관점에서 나는 유전자를 담는 잠정적인 그릇일 뿐이다. 내 유전자의 절반은 자식과 형제에게, 8분의 1은 사촌에게 흘러 들어가 있다. 따라서 동생이나 조카에게 음식을 나누어 주어 그들의 생존 가능성을 높이는 것은 비록 내 몸은 손해를 보더라도 결과적으로 세상에 존재하는 유전자 총량을 늘리는 데 도움이 된다. 초기 인류 사회가 혈연을 중심으로 한 소규모 집단이었음을 고려할 때, 피는 물보다 진하다는 이 본능적인 이끌림은 나눔이라는 위대한 행동이 시작된 가장 따뜻하고 단단한 출발점이었을 것이다.

이론 4. 어차피 뺏길 바엔…: 용인된 훔치기. 마지막 이론은 가장 현실적이고 인간적이어서 미소를 짓게 만든다. 바로 용인된 훔치기 가설이다.[4] 다시 당신이 매머드를 포획한 사냥꾼이 되었다고 가정하자. 당신 앞에는 거대한 고깃덩이가 있고, 당신의 등 뒤에는 수십 명의 굶주린 부족원들이 침을 삼키며 당신을 쳐다보고 있다. 당신이 만약 "이건 다 내 거야!"라고 외친다면 어떻게 될까? 아마 여기저기서 고기를 훔치려 들 것이고 당신은 그것을 지키기 위해 싸우거나 온종일 신경을 곤두세워야 할 것이다.

이때 당신의 뇌는 빠른 계산을 시작한다. 저 고기를 다 지키기 위해 싸우다 다칠 위험과 스트레스 vs 그냥 인심 쓰는 척 나누어 주고 존경받을 기회. 답은 명확하다. 어차피 혼자서는 다 먹지도 못하고 지키기도 힘든 상황이라면 그냥 "자, 다 함께 나누어 먹읍시다!"라고 외치는 편이 훨씬 이득이다. 이기적인 관점에서 출발했지만 결과적으로는 모두가 행복한 분배로 이어지는 가장 현실적인 나눔의 방식이다.

나누기에 최적화된 몸

이 시스템을 지탱하기 위해 인간 신체인 하드웨어 역시 함께 진화했다. 인간은 한 번에 많은 고기를 섭취하면 이를 매우 효율적으로 소화해 여분의 에너지를 지방 형태로 몸에 저장한다. 썩기 쉬운 외부의 단백질 덩어리를 오랫동안 에너지를 공급하는 안정적인 내부의 지방으로 변환하는 놀라운 기술이다.

결국 사회적 저장이란 부패하기 쉬운 외부의 고기를 부패하지 않는

달리는 호모 사피엔스

내부의 지방으로 바꾸어 공동체 전체에 분산 저장하는 혁신적인 방식이다. 수십만 년 동안 인류에게 유일하게 신뢰할 수 있는 저장고는 건조장이나 소금 항아리가 아니라, 믿을 수 있는 동료의 몸이었다. 동료의 배는 단순한 소화기관이 아니었다. 그것은 썩어 없어질 고기를 미래의 생존 가능성으로, 핏물 뚝뚝 떨어지는 살덩이를 끈끈한 사회적 신뢰로 바꾸어 저장하는 세상에서 가장 따뜻하고 믿음직한 냉장고였다. 이 살아있는 냉장고의 발견이야말로 인류가 비정한 자연 속에서 서로를 보듬으며 살아남을 수 있었던 지혜 중 하나일 것이다.

나눔을 위한 설계:
중력을 이긴 사랑과 책임

앞서 인류가 잉여 식량을 동료의 배 속에 저장하는 살아있는 냉장고 시스템을 통해 절망적인 굶주림을 극복해왔음을 보았다. 하지만 이 위대한 나눔의 방정식이 완성되기 위해서는 반드시 해결해야 할 물리적인 숙제가 하나 있었다. 바로 사냥터에서 얻은 무거운 전리품을 공동체가 기다리는 보금자리까지 안전하고 효율적으로 옮기는 일이다.

이 단순해 보이는 행위, 나눔을 위한 운반이야말로 인류의 운명을 송두리째 바꾼 위대한 도전이었다. 이를 가능하게 하려면 우리의 몸은 자신을 어떻게 재설계해야 했을까? 그 해답의 실마리는 놀랍게도 현대의 가장 시끄러운 장소 중 하나인 헬스장에 숨어있다. 인간이 바벨을 들고 땀 흘리며 수행하는 근력 운동의 기초인 데드리프트와 스쿼트는 인류가 나눔과 베풂이라는 약속을 지키기 위해 수백만 년에 걸쳐 완성한 원초적인 몸짓의 기록이기 때문이다.

달리는 호모 사피엔스

인류 최초의 협력적 데드리프트

끈질긴 추격 끝에 거대한 사냥감이 마침내 지쳐 쓰러졌다. 환호도 잠시, 이제부터가 진짜 과업의 시작이다. 이 수십에서 수백 킬로그램에 달하는 귀한 단백질 덩어리를 어떻게 굶주린 아이들과 동료들이 기다리는 곳까지 옮길 것인가?

한 사람이 들기엔 어림도 없는 무게다. 이때 인류의 조상들은 함께 힘을 모은다. 서너 명이 사냥감의 다리와 몸통을 나누어 잡고 서로의 눈빛을 보며 구령에 맞춰 동시에 힘을 준다. "하나, 둘, 셋!" 이 순간 땅에 붙어 있던 거대한 무게가 번쩍 들어 올려진다. 이것이 인류 최초의 협력적 데드리프트이다.

이것이 얼마나 대단한 능력인지 실감하기 위해 우리의 가장 강력한 친척인 침팬지를 잠시 떠올려 보자. 순간적인 근력만 따지면 침팬지는 인간을 압도한다. 그들은 우리보다 훨씬 강력한 팔과 등 힘으로 무거운 바위를 뒤집거나 거대한 나뭇가지를 부러뜨릴 수 있다. 하지만 결정적인 차이가 있다. 침팬지는 땅에 있는 무거운 물체를

● 사냥한 대형 사슴을 운반하기 위하여 준비하는 모습

들어 올릴 수는 있어도 그것을 효율적으로 그리고 오랫동안 들고 나를 수는 없다. 네 발로 걷는 그들의 신체 구조는 무거운 짐을 든 채 두 발로 오래 걷도록 설계되지 않았기 때문이다. 허리를 구부린 채 팔 힘에 의존하는 그들의 리프팅 방식은 금세 지치고 만다.[5]

오직 인류만이 강력한 엉덩이와 허벅지 근육으로 땅에서 무게를 들어 올린 뒤 꼿꼿한 척추와 두 다리로 그 무게를 지탱하며 몇 시간이고 걸을 수 있는 유일한 동물이다.[6] 이것은 단순한 힘의 문제가 아니라 나눔을 위한 직립보행에 완벽하게 적응한 신체 역학과 구조의 기제이다.

이 경이로운 움직임은 단순히 땅에 놓인 물건을 드는 행위가 아니다. 그것은 인류가 중력에 맞서 공동체의 생존이라는 책임을 짊어지는 원초적인 투쟁의 표현이다. 그들이 마주했던 것은 반듯한 바벨이 아니었다. 미끄러운 가죽, 불규칙한 형태, 꿈틀거리는 무게중심을 가진 거대한 사냥감이었다. 이 불안정한 대상을 들어 올리기 위해 인간의 몸은 하나의 완벽한 협응 체계로 진화해야만 했다.

발바닥은 대지에 뿌리를 내리듯 단단히 지면을 움켜쥐고 강력한 둔근과 햄스트링은 인류를 일으켜 세우는 거대한 엔진이 되어 폭발적으로 수축한다. 이때 척추를 중심으로 한 코어 근육들은 꼿꼿하게 버티며 다리에서 생성된 힘을 팔로 전달하는 견고한 교량 역할을 한다.

오늘날 헬스장에서 바벨을 들어 올릴 때 우리는 바로 이 수백만 년 된 근육의 기억을 깨우고 있다. 그것은 가족을 부양하고 공동체를 지

달리는 호모 사피엔스

● 데드리프트 동작

키기 위해 무거운 책임을 짊어졌던 조상들의 삶을 온몸으로 재현하는 행위이다.

사랑과 생존이 빚어낸 두 발

그렇다면 인류 조상들은 왜 이토록 힘들게, 때로는 목숨을 걸고 사냥감을 운반해야만 했을까? 단순히 배를 채우기 위함이었다면 사냥터에서 배불리 먹고 돌아오는 편이 훨씬 안전하고 효율적이었을 것이다. 그 해답의 실마리는 우리의 가장 가까운 친척인 침팬지에게서 찾을 수 있다.

어미 침팬지는 새끼를 낳으면 몇 년 동안 오롯이 혼자서 새끼를 돌본다. 등에 새끼를 업은 채 먹이를 구하고 위험을 피하며 젖을 먹인다. 아비의 역할은 거의 없다. 이 고된 독박 육아는 어미에게 엄청난 에너지 부담을 지우기 때문에 다음 새끼를 낳기까지는 5년이 넘는 긴 시간이 걸린다. 이것은 종족 번식에 있어 매우 느리고 비효율적인 방식이었다.

우리 조상들 역시 비슷한 딜레마에 빠져 있었다. 진화의 과정에서 뇌가 커지면서 인간의 아기는 다른 영장류와 비교할 수 없을 정도로 미숙하고 무력한 상태로 태어났다. 이 작은 생명체가 혼자서 생존하려면 아주 오랜 시간이 필요했다. 만약 우리 조상들이 침팬지와 같은 방식을 고수했다면 인류는 진작에 절멸의 길을 걸었을지도 모른다.

바로 이 절체절명의 위기 속에서 인류는 다른 어떤 동물도 택하지 않은 새로운 적응 방식을 선택한다. 인류학자 오언 러브조이는 이를 식량 제공 가설이라는 아름다운 이야기로 풀어냈다.[1] 이 혁명의 핵심은 가족의 탄생과 사랑의 약속이었다. 한 수컷이 특정 암컷 및 그 자식과 짝을 이루고 그들의 생존을 책임지기로 약속하는 새로운 사회적 계약이 나타난 것이다. 수컷은 위험을 무릅쓰고 사냥과 채집에 나서고, 암컷은 안전한 곳에서 육아에 전념한다.

이 약속을 지키기 위해 수컷에게는 반드시 해결해야 할 기술적 문제가 있었다. 바로 어떻게 하면 더 많은 음식을 더 멀리까지 안전하게 운반할 것인가이다. 네발로 기어 다녀서는 입으로만 물고 올 수 있는 양은 매우 제한적이다. 바로 이 절박한 필요가 인류를 일으켜 세웠다. 두 발로 꿋꿋이 서서 자유로워진 양손 가득 열매와 고기를 들고 돌아오는 수컷의 모습. 두 손을 자유롭게 사용하여 더 많은 식량을 운반하

달리는 호모 사피엔스

고 자신의 성실함과 능력을 증명하는 수컷일수록 짝에게 선택받을 확률이 높았고 그 자손을 더 많이 남길 수 있었다. 나눔과 베풂이라는 행위가 이성에게 가장 매력적인 특징, 즉 성적 선택의 강력한 기제가 된 것이다.

따라서 직립보행은 단순히 효율적인 이동 방식만이 아니다. 이는 가족을 향한 사랑의 약속이자 공동체의 미래를 책임지겠다는 숭고한 의지의 산물이다. 인류가 두 발로 땅을 굳건히 딛고 서게 된 이유는 창을 더 잘 던지기 위해서가 아니라 사랑하는 이에게 더 많은 것을 가져다주기 위함이다.

공동체의 자세, 스쾃

무거운 사냥감을 들고 캠프로 돌아온 조상들의 다음 행동은 무엇이었을까? 마침내 무거운 짐을 내려놓은 그들은 의자에 앉지 않았다. 인류에게는 수백만 년 동안 유전자 속에 각인된 세상에서 가장 완벽한 의자가 있었기 때문이다. 땅과 가장 가까운 자세, 스쾃이다.

인간과 가장 가까운 친척인 침팬지나 고릴라도 잠시 쭈그려 앉아 열매를 먹거나 휴식을 취할 수 있다. 하지만 그들에게 이 자세는 잠시 거쳐 가는 불안정한 동작일 뿐, 결코 편안한 휴식 자세가 될 수 없다. 그들의 신체 구조는 나무를 타거나 네발로 걷는 데 최적화되어 있어 깊은 스쾃 자세에서 안정적으로 균형을 잡거나 오래 버티기 어렵다.

하지만 인류에게 앉은 스쾃 자세는 기본 설정된 것과 같은 놀랍도

● 스콧 동작

록 안정적이고 편안한 자세이다. 유연한 발목과 고관절 그리고 S자형 척추의 절묘한 조화는 인체 무게중심을 완벽하게 다리 사이에 위치시켜 최소한의 에너지로 오랫동안 이 자세를 유지하도록 한다.[7] 스콧은 인류에게 있어 노동이자 휴식이었고, 생존이자 공동체의 상징이었다. 불을 피우고 날카로운 석기로 고기를 손질하고 동료들과 음식을 나누고 아이를 돌보는 모든 중요한 사회적 활동이 이 안정적인 자세에서 이루어졌다.

여기서 인류는 한 걸음 더 나아간다. 우리는 단순히 이 자세로 쉬는 것에 만족하지 않고 어깨에 무거운 짐을 짊어진 채 앉았다 일어서는 경이로운 동작을 수행하는 유일한 동물이 되었다. 오직 인류만이 S자형 척추라는 완벽한 스프링과 강력한 하체 근육이라는 엔진을 이용해 무거운 짐을 짊어지고도 안정적으로 가장 낮은 곳까지 내려갔다가 다시 일어설 수 있다. 이 동작은 인류의 삶 그 자체를 상징한다. 어깨 위의 바벨은 우리 조상들이 짊어졌던 사냥감의 무게이자 오늘날 우리가 마주하는 삶

● 초기 인류가 잡은 사슴을 스쾃 자세로 들고 일어서는 모습

의 무게와 같다. 스쾃의 가장 깊은 지점까지 내려가는 것은 시련의 깊이를 온몸으로 받아들이는 것이며, 그 무게를 이겨내고 다시 일어서는 것은 역경을 극복하고 재탄생하는 과정의 가장 위대한 은유이다.

나눔이 빚어낸 문명의 손길

하지만 이야기는 여기서 끝나지 않는다. 만약 힘만이 존속의 척도라면 인류는 지금과 같은 번성을 누리지 못했을 것이다. 비밀 중 하나는 바로 힘을 정교하게 통제하는 능력, 즉 뇌와 근육의 완벽한 협주곡에 있다.

거대한 사냥감을 들고 수 킬로미터를 걷기 위해서는 폭발적인 힘뿐만 아니라 수많은 근육을 실시간으로 조절하며 균형을 잡는 극도로

정밀한 협응 능력이 필요했다. 이 과정에서 인간 뇌, 특히 움직임을 계획하고 미세 조정하는 전두엽과 소뇌는 폭발적으로 발달했다.[8] 이 모든 능력의 뿌리가 수백만 년 전 불안정하게 흔들리는 거대한 고깃 덩이를 떨어뜨리지 않고 운반하기 위해 안간힘을 썼던 조상들의 균형 감각에서 시작되었다면 믿겠는가?

이 위대한 능력의 지휘자는 인간의 뇌이다. 대뇌 피질의 전두엽이 목표를 설정하면 운동 피질이 명령 신호를 설계하고 소뇌가 실시간으로 들어오는 정보를 바탕으로 이 명령을 미세 조정한다.[9] 이 세 가지가 완벽한 조화를 이룰 때 비로소 인간만이 가능한 정교한 움직임이 탄생하는 것이다.

결국 공동체를 먹여 살리기 위해 무거운 짐을 졌던 바로 그 육체적, 신경학적 시스템이 훗날 도구를 만들고 문명을 창조할 잠재력을 선물한 셈이다. 나누기 위한 힘은 창조하기 위한 정교함의 어머니였다. 따라서 헬스장에서 바벨을 드는 행위는 단순히 근육을 단련하는 것을 넘어 수백만 년 전 나눔을 위해 무거운 짐을 졌던 우리 조상들의 위대한 유산을 온몸으로 확인할 수 있는 순간이다.

달리는 호모 사피엔스

나눔이 빚어낸 얼굴, 목소리
그리고 최초의 화폐

우리가 지난 이야기에서 살펴본 살아있는 냉장고라는 사회적 보험 시스템은 인류의 존속에 있어 가히 혁명적이었다. 하지만 이 완벽해 보이는 시스템에는 치명적인 약점이 하나 있었다. 바로 먹튀, 즉 받기만 하고 갚지 않는 무임승차자의 존재이다. 만약 공동체 내에 이런 배신자를 가려낼 방법이 없다면 신뢰의 연결망은 순식간에 무너지고 나눔의 미덕은 사라졌을 것이다. 오늘날 우리는 비밀번호, PIN, 지문 인식 등 온갖 보안 기술로 자산을 지킨다. 그렇다면 인류 조상의 보안 체계는 무엇인가. 진화는 이 중대한 문제를 해결하기 위해 그 어떤 현대 기술로도 따라 할 수 없는 정교하고 아름다운 생체 인식 시스템을 우리 몸에 장착했다. 바로 인간 각자의 얼굴과 목소리이다.

보이는 신분증, 우리의 얼굴

잠시 주변을 둘러보라. 왜 인류의 얼굴은 손이나 발과 달리 저마다 이렇게 다를까? 손과 발은 기능이 같으면 모양도 비슷하지만 유독 얼굴만은 초다양성이라 불릴 정도로 개체마다 판이하다. 이는 우연이 아니다. 인류의 얼굴은 복잡한 사회적 거래 내용을 기록하기 위해 진화가 설계한 위조 불가능한 신분증이다.[10] 한번 상상해 보라. 어제 나에게 고기를 나눠준 '긴 팔'과 지난번에 받기만 하고 도망간 '짧은 다리'를 정확히 구별할 수 없다면 미래를 위한 사회적 보험이라는 호혜성 체계는 제대로 작동할 수 없다. 진화는 이 문제를 해결하기 위해 각 개인에게 고유한 얼굴을 부여하는 동시에 인체의 뇌에 이 신분증을 스캔하고 저장하는 전담 부서를 구축했다.

만약 외계의 생물학자가 지구에 와서 인간의 신체를 카탈로그로 만든다면 유독 한 가지 특징 앞에서 큰 혼란에 빠질 것이다. 바로 얼굴이다. 손이나 발은 기능이 같으면 크기나 모양이 어느 정도 예측 가능한 범주 안에 있다. 하지만 왜 얼굴만은 다른 신체 부위와 비교할 수 없을 정도로 훨씬 더 높은 다양성을 보유하게 되었는가. 효율성을 추구하는 진화가 왜 이토록 비효율적으로 보이는 변덕을 부린 것일까?

이 질문의 깊이를 이해하기 위해 다른 사회적 동물들을 잠시 떠올려 보자. 늑대 무리에게 최고의 신분증은 얼굴이 아니라 냄새이다. 늑대는 인간이 상상할 수 없을 정도로 정교한 후각으로 동료의 나이, 건강 상태, 서열, 감정 상태까지 읽어낸다. 그렇기에 그들의 얼굴은 서로 비슷해도 사회를 유지하는 데 아무런 문제가 없다. 중요한 정보는 코를 통해 오고 가기 때문이다.

달리는 호모 사피엔스

하지만 인류의 진화는 다른 길을 걸었다. 두 발로 서서 머리를 높이 들게 되면서 인간의 코는 땅의 냄새로부터 멀어졌다. 시각이 인류의 주된 감각으로 자리 잡으며 적응에 덜 중요해진 후각은 점차 퇴화했다. 문제는 여기서 시작된다. 동료를 식별하던 가장 중요한 정보 채널인 후각이 약해지자 그 빈자리를 메울 새로운 시스템이 절실해졌다. 그 막중한 임무가 우리의 눈과 얼굴에 주어진 것이다. 친척인 침팬지조차 여전히 상당 부분 후각에 의존하지만 인간은 거의 전적으로 시각에 의존하게 되었다. 그 결과 인류의 얼굴은 다른 어떤 유인원과도 비교할 수 없을 정도로 서로 달라져야만 했다.

마이클 시핸과 마이클 내크먼의 연구는 인류의 얼굴이 왜 이렇게까지 달라야만 했는지에 대한 명쾌한 진화적 증거를 제시한다.[11] 연구진은 방대한 인체 데이터를 분석하여 인간의 얼굴은 다른 신체 부위보다 더 다양한가를 통계적으로 입증했다. 우리 몸의 변이성을 오케스트라에 비유한다면 대부분의 악기가 비슷한 음역에서 안정적인 화음을 연주하는 동안 얼굴이라는 파트만 홀로 예측 불가능한 재즈 솔로를 펼치는 것과 같았다. 이는 우연의 소음이 아니었다. 진화가 너희는 서로 달라야만 한다고 강력하게 명령이라도 내린 듯 다양성 그 자체를 유지하려는 특별한 선택적 압력이 작용했음을 시사하는 강력한 증거였다.

분석 결과 얼굴 형태를 만드는 데 관여하는 유전자들은 다른 신체 부위를 만드는 유전자들보다 훨씬 더 강한 자연선택의 흔적을 보였다. 특히 이 유전자 영역에 네안데르탈인 같은 고인류의 DNA가 거의 섞여 들어오지 않았다는 사실은 현생인류가 독자적인 고도의 사회를 구축하면서 진화가 기존의 "얼굴 인식 시스템으로는 부족하다. 이제부터는 호모 사피엔스 전용 버전 2.0이 필요하다"라고 결심이라도 한 듯 얼굴의 진화가 폭발적으로 그리고 독자적으로 일어났음을 보여준다. 결국 이 모든 것은 한 가지 결론으로 향한다. 인류의 존속은 누가 누구인지를 정확히 식별하는 데 달려 있었다. 늑대나 침팬지의 사회적 협력을 훨씬 뛰어넘는, 수 주 전의 은혜와 배신까지 기억해야 하는 고도의 사회적 게임 속에서, 어렴풋이 닮은 얼굴은 시스템 전체를 붕괴시킬 수 있는 치명적인 버그였다. 나를 도운 은인, 나를 속인 배신자 및 자원을 나눠야 할 친족을 찰나에 구별하는 능력은 존속과 번식 그 자체였다.

뇌 속에 새겨진 얼굴 인식 전담, FFA

이토록 정교하게 다듬어진 신분증을 0.1초 만에 읽어내기 위해 진화는 인식하는 기제인 뇌에도 경이로운 설계를 해 두었다. 그 핵심 근거는 인체 뇌의 측두엽 아래쪽에 있는 방추상 얼굴 영역(FFA, Fusiform Face Area)이다. 이곳은 단순한 이미지 인식 장치가 아니다. 얼굴이라는 계좌 번호를 스캔하면 그와 관련된 모든 사회적 거래 기록 신용 정보가 순식간에 떠오르는 고도로 발달한 사회적 데이터베이스이다. 인간의 뇌는 수천 개의 얼굴을 식별하고 각각의 얼굴에 신뢰도 높음, 은혜를 갚아야 함, 주의할 인물 같은 꼬리표를 부여해 관리했다.

달리는 호모 사피엔스

이 얼굴 스캐너는 강력하고 민감하게 작동한 나머지 때로는 관련 없는 자극에서도 얼굴을 찾아내려 한다. 얼룩진 벽이나 구름의 형상 심지어 자동차의 헤드라이트와 그릴의 조합이나 콘센트 구멍에서도 사람의 얼굴을 연상하는 현상이 바로 그것이다. 이는 인체 뇌가 세 개의 점이 삼각형을 이루는 아주 최소한의 단서만 있어도 얼

● 화물차 왕눈이 스티커 | 출처: 공공누리 제 4유형

굴일지 모른다고 반응하도록 배선 되어 있다는 증거이며, 사회적 존속에 얼굴 인식이 얼마나 절대적으로 중요했는지를 증명한다. 대형 트럭 뒤편에 붙어 있는 왕눈이 스티커 역시 누군가가 나를 주시하고 있다는 심리적 감시 효과를 통해 졸음운전을 방지하는 FFA의 원리를 이용한 것이다.

FFA의 중요성은 이 부분이 손상되었을 때 더욱 극명하게 드러난다. 안면인식장애 환자들은 시력은 정상임에도 얼굴을 누구의 것인지에 대한 정보로 통합하지 못한다. 이는 얼굴을 보는 것과 얼굴을 인식하는 것이 뇌에서 완전히 다른 차원의 작업임을 명백히 보여준다.

정교한 신분증이자 살아있는 광고판

얼굴이 하는 일은 단순히 누구인지를 알려주는 정적인 신분증에서 그치지 않는다. 얼굴은 실시간으로 내면의 상태를 드러내는 감정의 노출판이다. 심리학자 폴 에크먼의 선구적인 연구는 문화와 언어가 달라도 모든 인간이 기쁨, 슬픔, 분노, 공포, 놀람, 혐오라는 6가지 기본 감정을 같은 표정으로 표현하고 인식한다는 사실을 밝혔다.[12] 진화는 이 임무를 위해 인류의 얼굴에 수십 개의 미세한 근육들을 정교하게 배치했다. 광대뼈 주변의 큰광대근이 수축하면 기쁨의 미소가, 눈썹 사이의 눈썹주름근이 움직이면 근심과 분노가 드러나는 식이다. 인간의 뇌는 이 미세 근육의 움직임을 포착하여 상대의 감정과 의도를 순식간에 읽어낸다.

여기에 인류만의 독특한 특징인 흰자위가 보이는 눈이 더해진다. 대부분의 영장류와 달리 인간의 눈은 흰 공막이 뚜렷하게 드러나 타자

● 6가지 기본 감정: 기쁨, 슬픔, 분노, 놀람, 공포, 혐오

달리는 호모 사피엔스

가 어디를 응시하는지 파악하기 용이하다.[13] 이는 '저기 좀 봐' 혹은 '나
는 당신에게 집중하고 있다' 같은 중요한 사회적 신호를 보내는 정교
한 비언어적 소통 기제이다. 얼굴의 다양성이 그가 누구인가를 알려준
다면 표정과 시선은 지금 그가 어떤 상태이며 무엇에 관심이 있느냐는
핵심 정보를 실시간으로 중계하는 역할을 하는 것이다.

사회적 복잡성은 얼굴을 조각한다 _ 말벌, 물고기, 원숭이의 증언

개인을 식별하고 감정을 읽어내는 이 복잡한 시스템은 오직 인간만
의 전유물일까? 놀랍게도 이 질문에 대한 답은 인간과는 전혀 다른 진
화의 길을 걸어온 동물들의 삶 속에 숨어있다. 그 첫 번째 증인은 종
이말벌이다. 사회생활을 하는 특정 종의 말벌은 개체마다 얼굴 무늬
가 미세하게 다르고, 이 미세한 차이를 이용해 서로의 서열을 기억하
고 유지한다.[14] 시각 정보가 주효한 환경에서 이들의 얼굴은 존속을
위한 명확한 표식이 된다.

이 원칙은 물속 세계에서도 예외가 아니다. 아프리카의 시클리드
물고기 중 복잡한 협력 사회를 이루는 종들은 각자의 얼굴 무늬를 식
별하여 이웃과 침입자를 구별한다. 반면 익명으로 살아가는 정어리나
청어 떼에게 개성은 죽음을 의미할 뿐이다.

마침내 인간과 가장 가까운 친척인 영장류의 세계로 눈을 돌리면,
수백 마리가 거대한 무리를 이루어 사는 맨드릴개코원숭이는 극도로
화려한 얼굴을 자랑하지만 단독 생활을 하는 오랑우탄의 얼굴은 비교

● 시클리드

● 맨드릴개코원숭이

● 오랑우탄

적 단조롭다.[15] 이 모든 증거는 사회적 복잡성이 높아지면 어떤 방식으로든 개인을 식별할 수 있는 정교한 시스템이 꼭 필요하다는 사실을 시사한다.

들리는 신분증, 우리의 목소리

얼굴이 아무리 완벽한 신분증이라 해도 칠흑 같은 어둠이 내린 동굴이나 빽빽한 수풀 속에서는 무용지물이다. 진화는 이런 상황까지 대비해 보조적인 식별 시스템인 목소리를 마련했다. 목소리는 어둠 속에서도 상대를 식별하게 해주는 음성 명함이었다.[16] 이 시각적 한계를 극복하는 과정은 황제펭귄의 군집에서도 발견된다. 빽빽하게 모인 펭귄들 사이에서 부모 펭귄은 눈으로는 도저히 자신의 새끼를 찾을 수 없기에 신분증 매체를 시각에서 청각

달리는 호모 사피엔스

으로 전환했다. 모든 펭귄은 인간의 지문처럼 고유한 음성 주파수와 리듬을 가지고 있어 수많은 소음 속에서도 정확하게 자기 가족을 찾아낼 수 있다. 이는 사회적 복잡성이 높아지면 시각이 차단된 혼돈 속에서도 소리가 가장 확실한 존속의 등대가 되어준다는 점을 증명한다.

● 황제펭귄 군집

목소리는 개인의 고유한 신체 구조에서 비롯되기 때문에 거의 위조 불가능한 생체 정보이다. 성대의 길이와 두께가 목소리의 기본 높낮이를 결정하고 성도의 형태가 사람마다 다른 고유의 음색을 만들어낸다. 이는 마치 바이올린과 첼로 소리가 다른 것과 같다. 인체 뇌는 이 미세한 차이를 감지하는 데 특화되어 있어 "거기 누구야?"라는 물음에 대한 대답만으로도 상대가 아군인지 가족인지 낯선 사람인지를 즉시 판단할 수 있다. 더 나아가 목소리는 단순한 신원 확인을 탈피하여 감정, 의도, 건강 상태와 같은 풍부한 사회적 정보를 실시간으로 전달하는 채널이다. 목소리의 미세한 떨림에서 거짓을 간파하고 따뜻한 톤에서 진심을 느끼며 인류는 보이지 않는 정보까지 읽어냈다. 인간의 얼굴과 목소리는 나눔과 협력이라는 복잡한 사회적 게임을 성공적으로 수행하기 위해 진화가 설계한 완벽한 한 쌍의 개인 식별 기제이다.

뇌 속의 목소리 특별시, TVA

뇌과학자 파스칼 벨랭과 동료들은 뇌의 양쪽 측두엽에 있는 특정 구역이 오직 사람의 목소리에만 마치 도시의 불이 켜지듯 강력하게 활성화되는 것을 발견했다.[17] 이 영역은 언어를 분석하는 곳이 아니라 인간이리는 존재 자체에서 니오는 소리를 전문적으로 감지히는 특별 구역으로 측두엽 목소리 영역(TVA, Temporal Voice Areas)이라 불린다. 뇌는 목소리를 위한 특별시를 지정해 둔 셈이다. 뇌의 목소리 특별시 TVA가 목소리를 감지하면 정보는 두 갈래의 고속도로를 탄다.

첫 번째 고속도로는 무엇을 분석하는 언어 번역 센터로 향한다. 단어의 의미를 이해하는 베르니케 영역은 사자라는 단어가 들리면 관련된 개념의 네트워크를 순식간에 활성화한다. 만약 이곳이 손상되면 유창하게 말은 할 수 있지만, 그 내용은 "오늘 아침에 창문이 웃으면서 사과를 먹었어요"처럼 아무 의미 없는 단어들의 나열인 말 비빔밥이 되어 버린다. 문법 규칙에 따라 문장을 조립하는 브로카 영역이 손상되면 "나… 강아지… 산책… 가다"와 같이 무슨 말을 하고 싶은지는 정확히 알지만, 단어들이 입 밖으로 제대로 나오지 못하는 전보 같은 문장을 구사하게 된다.

달리는 호모 사피엔스

두 번째 고속도로는 누가와 감정을 분석하는 신원 감식 센터로 향한다. 이곳은 말의 내용보다 목소리라는 원본 파일 그 자체를 정밀하게 분석하여 상대가 누구인지 어떤 감정 상태인지를 파악한다. 전화기 너머의 목소리만 듣고도 어머니의 기분을 눈치채는 것은 이 두 번째 고속도로의 능력 덕분이다. 실인증 환자들이 말의 내용은 이해하면서도 가족의 목소리를 알아보지 못하는 사례는 뇌가 무엇과 누가라는 정보를 얼마나 철저하게 분리하여 처리하는지를 보여준다. 이러한 능력은 마카크 원숭이부터 돌고래, 흉내지빠귀 해커, 코끼리 그리고 개에 이르기까지 수많은 사회적 동물들이 각자의 방식으로 발전시켜 온 2,500만 년의 역사를 지닌 적응 기제이다.

완벽한 합주 _ 얼굴과 목소리의 시너지

뇌는 얼굴과 목소리라는 두 개의 강력한 정보를 하나로 합쳐 완벽한 시너지를 만들어낸다. 인간이 익숙한 사람의 목소리를 들을 때 뇌에서는 목소리 담당 부서(TVA)와 얼굴 담당 부서(FFA) 사이에 즉각적인 핫라인이 연결된다. TVA는 '이 목소리 주인 알지? 얼굴 파일 좀 꺼내 봐!' 하고 신호를 보내고 FFA는 즉시 해당 인물의 얼굴 정보를 활성화한다. 목소리를 듣는 순간 머릿속에 그 사람의 얼굴이 그려지는 것은 바로 이 환상적인 협업 덕분이다. 결국 얼굴은 빛 속의 신분증으로, 목소리는 어둠 속의 신분증으로 각자 기능하며 인류의 신용 사회를 흔들림 없이 유지해 왔다.

최초의 경제 _ 평판이라는 이름의 화폐

한 사냥꾼이 자신이 잡은 사슴의 가장 좋은 넓적다리 살을 떼어 옆에서 굶주리고 있는 다른 가족에게 건넨다. 이것은 그저 배고픈 사람을 돕는 따뜻한 마음의 표현일까? 프랑스의 위대한 인류학자 마르셀 모스는 『증여론(The Gift)』에서 이 장면이 단순한 온정을 넘어 인류 최초의 경제를 움직이는 정교한 시스템의 시작이라고 통찰했다.[18]

인류 최초의 경제는 나눔이라는 행위에서 시작되었지만, 그 시스템을 움직인 동력은 금이나 조개껍데기가 아닌 평판이다. 마르셀 모스는 선물은 받는 사람에게 받을 의무, 보답할 의무, 후하게 보답할 의무라는 세 가지 사회적 계약을 부여했다. 이 평판이라는 화폐는 다음과 같은 네 가지 핵심 요소들로 정교하게 이루어져 있다.

신뢰성은 평판 계좌의 가장 단단한 기초 자산이다. 저 사람은 약속을 지킨다, 위험한 순간에 등을 맡길 수 있다는 확신은 한 개인의 가치를 측정하는 가장 중요한 척도였다. 맹수에게 둘러싸였을 때 인간은 힘은 세지만 변덕스러운 동료보다 힘은 조금 약해도 절대 나를 버리지 않을 신뢰할 수 있는 동료를 원하기 때문이다.

유능함은 평판 화폐를 벌어들일 수 있는 꾸준한 수입원이다. 뛰어난 사냥 기술, 효과적인 석기 제작 능력, 지식은 나눌 것을 만들어내는 원천이었기에 그 자체로 훌륭한 자본이었다. 아무리 마음이 좋아도 나눌 능력이 없는 사람은 평판 자산을 불리기 어려웠다.

관대함은 평판 자산을 불리는 가장 확실한 투자 전략이다. 힘들게 얻은 자원을 혼자 움켜쥐는 것은 금을 땅에 묻어두는 것과 같지만, 기

달리는 호모 사피엔스

꺼이 나눌 때 그 투자금은 구성원의 마음속에 감사와 빚이라는 이자를 낳고 평판 계좌에 쌓인다.

공정함은 분배의 규칙을 잘 따르는 태도이자 사회적 계약의 핵심이다. 규칙을 어기고 음식을 빼돌리는 것은 평판을 순식간에 파산시키는 신용 불량 행위였다.

사바나의 게임 이론 _ 신뢰는 어떻게 최고의 전략이 되었나

신뢰는 존속을 위한 정교한 수학적 원리가 숨어있는 최고의 방식이었다. 이제 당신이 사냥에 막 성공한 인류 조상 '긴 팔'이 되었다고 상상해 보자. 당신에게는 고기를 독차지하는 배신과 이웃 '큰 귀'와 나누는 협력이라는 두 가지 선택지가 있다. 로버트 액설로드의 토너먼트에서 최종 우승을 차지한 팃포탯 전략은 이 상황에서 명확한 답을 제시한다.[19]

일단 친절히 해라(먼저 나눈다).

눈에는 눈, 이에는 이(배신은 응징한다).

과거는 잊고 용서하라(다시 협력하면 받아준다).

전략을 숨기지 말라(규칙을 알게 한다).

감사함, 분노, 용서라는 감정은 이 생존 알고리즘을 수행하기 위해 진화가 설계한 소프트웨어였다.

뛰어난 사냥꾼이 아낌없이 나누는 행동은 값비싼 신호 이론으로 설

명된다.[20] 수컷 공작의 화려한 꼬리가 정직한 신호이듯 관대한 나눔은 나는 이만큼 유능하고 관대하다고 온몸으로 외치는 광고판이다. 뛰어난 사냥꾼들은 서로 관대함으로 경쟁했고, 이 명예 경쟁의 승자는 위기의 순간에 먼저 도움을 받고 더 많은 자손을 남길 수 있었다. 각자의 이기적인 명예 획득 동기가 결과적으로는 집단 전체의 복지를 증진하게 시킨 사바나의 보이지 않는 손이다.

달리는 호모 사피엔스

결국 인류 최초의 경제 시장은 물리적인 장소가 아니라 인류 조상의 뇌 속에 구축된다. 인간의 얼굴은 그 시장의 유일무이한 계좌 번호였고, 목소리는 어둠 속에서도 통하는 생체 보안 암호이다. 그리고 공동체 구성원들의 뇌는 이 모든 거래 내용을 한 치의 오차도 없이 기록하고 공유하는 거대한 분산 원장 시스템으로 작동했다. 사바나의 게임에서 '긴 팔'이 '큰 귀'에 건넨 고기 한 점은 단순한 칼로리의 이동이 아니라 상대의 뇌 속에 구축된 신용 저장소에 평판이라는 화폐를 입금하는 정교한 금융 행위였다.

따라서 인류가 이룩한 위대한 신용 사회는 인간 각자의 얼굴과 목소리에 새겨진 평판이라는 이름의 화폐 위에서 시작되었다. 인류가 오늘도 타인의 눈을 마주하고 목소리를 듣는 것은 그가 내민 생체 신분증에 연결된 평판 계좌를 조회하는 본능적인 경제 활동의 연속이다. 이처럼 정교한 개인 식별 솔루션과 평판 시스템이 뇌 속에 장착되었기에 인류는 무임승차자의 위협을 뚫고 신뢰라는 가장 강력한 사회적 자본을 축적할 수 있었다. 이것이 바로 수백만 년의 진화가 인간 얼굴과 목소리를 그토록 다르게 조각한 진짜 이유이자 보이지 않는 평판을 인류 최초의 화폐로 만든 위대한 설계의 핵심이다.

우리 뇌의 가장 따뜻한 역설, 이타주의

인류 최초의 경제가 어떻게 선물의 의무와 평판이라는 화폐 위에서 작동했는지를 살펴보았다. 그것은 적응을 위한 냉철하고 정교한 사회적 계약이었다. 하지만 이 시스템이 수백만 년간 안정적으로 유지될 수 있었던 진짜 비밀은 아마도 이 모든 계산을 상회하는 훨씬 더 강력하고 원초적인 힘에 있었을지 모른다. 바로 나눔이 주는 순수한 기쁨이다. 우리는 왜 아무런 대가 없이 낯선 이를 돕고 자원봉사에 시간을 쏟으며 거액을 기부하는 행위에서 깊은 행복감을 느낄까? 만약 나눔이 단지 미래를 위한 투자나 평판 관리의 수단이었다면 아무도 보지 않는 곳에서의 선행이나 대가가 없는 순수한 이타심을 설명하기 어려웠을 것이다. 진화는 사회적 계약이라는 외부 규칙에만 의존하지 않았다. 그 규칙을 기꺼이 그리고 즐겁게 따르도록 만드는 강력한 내부 보상 시스템을 인체 뇌 속에 직접 설계해 놓았다.

이것은 다윈의 진화론이 마주했던 가장 거대한 역설의 시작이었다.

적자생존과 이기적 유전자의 법칙이 지배하는 냉정한 자연의 무대에서, 왜 한 개체는 자신의 존속 확률을 낮추면서까지 다른 개체를 돕는 이토록 비효율적으로 보이는 행동을 하는 것인가. 진화는 이 아름답지만 위험해 보이는 본능의 수수께끼를 두 가지 차원에서 완벽하게 풀어냈다. 첫째는 유전자와 집단의 존속을 위한 냉철한 방식이며 둘째는 그 기제를 기꺼이 따르게 만드는 따뜻한 보상이다.

생존을 위한 냉철한 계산 _ 이타주의의 진화적 전략

진화의 거대한 무대 뒤에는 단 한 명의 냉철한 주인공이 있다. 이기적 유전자이다.[21] 유전자의 유일한 목표는 자신의 복사본을 다음 세대로 최대한 많이 그리고 안전하게 전달하는 것이다. 우리 각자의 몸은 그저 유전자가 잠시 머물다 가는 덧없는 생존 기계에 불과하다. 이 관점에서 보면 이타주의는 시스템 전체를 위협하는 최악의 버그처럼 보인다. 자신의 생존을 위협하면서까지 남을 돕는 프로그램은 왜 삭제되지 않고 수백만 년간 유지되었을까? 그 이유는 유전자가 우리보다 훨씬 더 뛰어난 전략가였기 때문이다. 유전자는 때로는 나무 하나를 희생시켜 숲 전체를 구하는 것이 자신에게 궁극적으로 이득이라는 사실을 알고 있었다. 이타주의는 유전자가 자신의 영속성을 위해 설계한 가장 교묘하고 위대한 세 가지 생존 전략의 산물이다.

첫 번째 전략은 혈연 선택이다. 피는 물보다 진하다는 말처럼 유전자는 자신의 분신들을 챙기는 지극히 당연하고 안전한 전략을 구사한다. 진화의 회계 장부에서 가장 중요한 것은 개별 주체의 존속이 아니라 나의 유전자의 총량이다. 나의 유전자는 자식과 형제에게 50%, 조카와 손주에게 25% 그리고 사촌에게 12.5%씩 복제되어 존재한다. 유전자는 냉철한 회계사와 같아서 끊임없이 손익을 산출한다. 이 계산을 다음과 같은 농담 섞인 말로 요약할 수 있다. "나는 내 목숨을 버려 형제 두 명이나 사촌 여덟 명을 구할 것이다." 이 말속에는 혈연 선택의 정수가 담겨 있다. 형제 두 명(50% × 2 = 100%)이나 사촌 여덟 명(12.5% × 8 = 100%)을 구하는 것은 비록 개별적 신체는 사라지더라도 유전자의 총량은 보존되거나 오히려 늘어니는 완벽히 합리적인 방식이다.[22] 일벌들이 침을 쏘는 순간 목숨을 잃지만 자매인 여왕벌과 벌집 전체를 지켜내는 것, 부모가 자식을 위해 목숨을 걸고 형제가 서로를 위해 희생하는 숭고한 행동의 이면에는 이처럼 자신의 복사본을 지키려는 유전자의 이기적인 계산이 깔린 것이다.

두 번째 전략은 호혜적 이타주의이다. 인간의 배분은 가족에게만 머무르지 않는다. 그렇다면 유전자는 피 한 방울 섞이지 않은 남을 돕는 위험한 투자를 어떻게 승인했을까? 바로 미래에 대한 약속인 인류 최초의 신용 거래 체계를 발명했기 때문이다. 이것은 언젠가 타자도 자신을 도와줄 것이라는 무언의 신뢰 계약이다.[23] 흡혈박쥐의 세계는 이 기제의 완벽한 예시를 증명한다. 사냥에 실패해 굶주린 박쥐에게 동료가 피를 토해내 먹여 살리는 것은 단순한 자선이 아니다. 이 피의 은행 체계 속에서 오늘 도움을 준 박쥐는 내일 자신이 굶주릴 때 도움을 받을 수 있다는 강력한 기제를 확보한 것이다. 물론 받기만 하

달리는 호모 사피엔스

고 갚지 않는 신용 불량자는 이 체계에서 즉시 퇴출당하여 존속이 위태로워진다. 인류의 조상들은 누가 자신을 도왔고 누구에게 빚을 졌는지를 기록하는 정교한 마음의 장부를 지니고 있었다. 이때 얼굴과 목소리는 각 계좌의 번호가 되었고, 평판은 그 사람의 가치를 증명하는 신용 등급이었다. 결국 호혜적 이타주의는 예측 불가능한 세상에서 위험을 분산시키는 가장 현명한 금융 기제인 셈이다.

마지막 전략은 집단 선택이다. 진화는 때로 개인 간의 경쟁이 아니라 집단과 집단 간의 경쟁이라는 더 큰 무대에서 펼쳐진다. 두 개의 부족이 있다고 상상해 보라. 이것은 마치 진화의 월드컵과 같다. 뛰어난 개인기를 가졌지만 절대 패스하지 않고 위험이 닥치면 동료를 방패 삼아 제일 먼저 도망치는 A 부족(이기주의자 팀)과 개인기는 조금 떨어질지 몰라도 서로를 위해 공간을 만들어주고 결정적인 순간에 기꺼이 공을 양보하며 맹수 앞에 함께 창을 들고 맞서 싸우는 B 부족(이타주의자 팀)이 있다. 단기적으로는 A 부족의 이기적인 스타 플레이어가 더 많은 자원을 차지하는 것처럼 보일 수 있지만, 전쟁이나 가뭄 같은 결정적인 시합이 닥쳤을 때 승리하는 팀은 뛰어난 팀워크로 뭉친 B 부족이다. 결국 A 부족과 이기적인 유전자는 역사 속으로 사라지고 B 부족의 이타적인 유전자가 더 널리 퍼져나가게 된다.[24] 집단 내에서는 이기적인 행동이 유리할 수 있지만, 집단 간의 경쟁에서는 이타적인 집단이 승리하는 것이다.

나누는 마음의 따뜻한 보상 _ 이타주의의 신경학적 설계

진화의 거대한 청사진은 완성되었다. 유전자의 영속성을 위해 혈연을 돌보고, 미래를 위해 협력하며, 집단의 승리를 위해 뭉쳐야 한다는 냉철한 방안의 밑그림이 설계된 것이다. 하지만 여기서 진짜 위대한 질문이 남는다. 어떻게 진화는 변덕스럽고 때로는 이기적인 인간이 이 복잡한 규칙들을 기꺼이 따르도록 만들었을까? 진화는 인간에게 두꺼운 규칙서를 안겨주며 벌을 받으리라고 협박하는 대신 마음속에 스스로 그 길을 찾아가게 만드는 특별한 나침반을 구축했다. 처벌이 아닌 보상을 통해, 의무가 아닌 쾌감을 통해 인류를 견인하기로 한 것이다.

우리가 누군가를 돕거나 기부하는 순간 뇌의 가장 깊숙한 곳에서 생존과 동기 부여를 관장하는 보상 회로가 환하게 빛나기 시작한다.[25] 이곳은 뇌가 자신에게 "아주 잘했어!"라고 외치며 상을 주는 원초적 쾌락 센터이다. 놀라운 사실은 뇌가 남에게 베푸는 행위를 굶주렸을 때 달콤한 꿀을 맛보거나 추위에 떨다 모닥불을 쬐는 행위와 똑같은 종류의 생존에 이로운 기쁨으로 처리한다는 점이다. 이타주의는 고상한 이성이나 도덕적 판단 이전에 인류의 원초적인 쾌감인 것이다. 우리는 계산하기 때문에 나누는 것이 아니라 나누는 것이 행복하므로 나눈다.

이 따뜻한 빛의 실체는 경이로운 생화학적 반응, 즉 이타주의 칵테일이다.

달리는 호모 사피엔스

인간이 누군가를 돕기로 마음먹는 순간 뇌의 바텐더는 환상적인 칵테일을 제조한다. 첫 번째 재료인 도파민은 동기 부여의 샴페인이다. 이 짜릿한 신경전달물질은 이건 즐거운 일이니 어서 하라며 개체를 부추기고, 나눔이 완료되었을 때 그 보람을 뇌에 각인시켜 다음에도 기꺼이 돕는 사람이 되게 만든다.

두 번째 재료인 옥시토신은 연결의 따뜻한 담요이다. 이 사랑의 호르몬은 자아와 타자 사이의 심리적 장벽을 허물고 타인과 연결될 때 깊은 안정감과 신뢰감을 느끼게 한다.

세 번째 재료인 엔도르핀은 희열의 천연 진통제이다. 심리학자들이 돕는 자의 희열(Helper's High)이라고 부르는 뿌듯함과 흥분 상태의 주성분이 바로 이것이며 육체적인 고통마저 잊게 할 만큼 강력하다.[26] 또한 이 칵테일은 스트레스 독소인 코르티솔 수치를 뚝 떨어뜨려 남을 돕는 행위가 오히려 강력한 스트레스 해독제 역할을 하도록 만든다.

이 모든 이타적 기쁨의 원형은 부모가 자식에게 베푸는 조건 없는 사랑일 것이다. 자신의 마지막 한 조각 음식을 아이의 입에 넣어주면서도 기쁨을 느끼는 부모의 마음이야말로 우리 뇌 속에 각인된 원천 프로그램이다. 진화는 이 프로그램을 업데이트하여 내 아이에서 친족으로 그리고 다시 생사를 함께하는 신뢰할 수 있는 동료에게까지 확장 적용했다. 결국 우리가 공동체를 위해 헌신하며 느끼는 뿌듯함은 자식의 입에 먹을 것을 넣어주며 미소 짓던 먼 조상의 마음과 맞닿아 있는 셈이다. 공동체를 내 자식처럼 아끼고 돌보는 마음, 이것이야말로 우리 안에 내장된 가장 따뜻하고 위대한 본능이다.

가장 위대한 역설의 완성

결론적으로 인류의 이타주의는 하늘에서 뚝 떨어진 신비로운 기적이 아니다. 유전자의 세계는 자신의 복사본을 남기려는 개체들의 냉혹한 전쟁터이다. 그런데 어떻게 이 무자비한 전쟁터에서 희생과 나눔이라는 가장 아름다운 꽃이 피어날 수 있었을까? 그것은 이기적인 유전자가 자신의 영속성을 위해 선택한 가장 교묘하고 위대한 이중 기제이다. 진화는 생존을 위한 냉철한 설계도와 그 설계도를 즐겁게 따르게 만드는 따뜻한 마음의 나침반을 동시에 해결했다.

혈연 선택, 호혜적 이타주의, 집단 선택이라는 냉철한 알고리즘은 누구를, 언제, 어떻게 도와야 유전자의 존속에 궁극적으로 이득이 되는가를 계산해냈다. 하지만 진화는 우리에게 이 차가운 계산기를 직접 쥐여주는 대신 나눔의 기쁨이라는 멜로디를 심어주었다. 우리는 복잡한 생존 방정식을 풀기 때문에 돕는 것이 아니라 돕는 행위 그 자체가 행복하므로 돕는다. 뇌 속에서 도파민과 옥시토신이 연주하는 이 감정의 교향곡은 가장 이기적인 동기에서 출발하여 가장 이타적인 결과인 공동체의 번영을 낳는 진화의 가장 위대한 마법이다. 설계도는 차갑지만 그 실행은 더없이 따뜻해지도록 만들어진 것이다.

이것이야말로 진화의 가장 아름다운 역설이다. 생존을 위한 가장 냉철한 계산이 우리에게 가장 따뜻한 마음을 선물했다. 인류는 이기적인 유전자를 담고 있는 생존 기계일지 모르나 그 유전자는 인간을 서로 사랑하고 돕고 희생할 때 가장 큰 행복을 느끼는 존재로 만들었

달리는 호모 사피엔스

다. 당신의 마음속에서 누군가를 돕고 싶은 순수한 열망이 피어오를 때, 그것은 수백만 년 동안 우리 조상들을 살아남게 한 위대한 지혜의 목소리이자 유전자가 당신에게 주는 가장 달콤한 보상이다. 이기적인 유전자가 우리에게 남긴 가장 이타적인 본능, 이것이야말로 인류라는 종의 위대한 축복일 것이다.

마음이론:
나와 너의 마음은
어떻게 다를까

당신은 지금 이 글을 읽고 있다. 하지만 동시에 당신의 머릿속은 아마 수십 가지 다른 생각들로 분주할 것이다. 오늘 저녁 뭐 먹지, 아까 그 사람이 한 말이 무슨 뜻이지, 이 글 재미있으려나 같은 생각들 말이다.

우리는 모두 자아라는 이름의 외부인이 출입할 수 없는 견고한 자신만의 고유한 우주에 살고 있다. 이 우주는 일인칭 주인공 시점으로만 상영되는 거대한 영화관과도 같다. 내가 보고, 듣고, 느끼는 모든 것이 이 영화의 전부이며, 내 생각과 신념은 이 우주를 지배하는 유일하고도 절대적인 법칙이다. 우리는 이 일인칭 프레임에서 단 0.1초도 벗어날 수 없다.

그렇다면 정말 기묘한 질문이 하나 떠오른다. 어떻게 이 수십억 개의 완벽하게 고립되고 폐쇄된 '나'라는 우주들이 서로 뒤엉켜 이토록 시끄럽고 복잡하며 정교한 우리라는 이름의 은하계를 이룰 수 있었을

달리는 호모 사피엔스

까? 인류는 도대체 어떻게 이 단단한 마음의 벽을 뚫고 서로를 이해하며 거대한 사회를 건설할 수 있었을까?

그 열쇠는 텔레파시 같은 초능력이 아니다. 어쩌면 그보다 훨씬 더 경이로운 능력, 바로 마음이론(Theory of Mind)에 있다.[1] 마음이론이란 저 사람에게도 나와는 완전히 다른 그만의 고유한 정신세계인 마음(신념 욕망 의도 감정)이 존재한다는 것을 깨닫고 추론하는 능력을 말한다.

이것은 단순히 저 사람이 팔을 뻗는다는 물리적 현상을 인식하는 것을 뛰어넘는 어마어마한 정신적 도약이다. 그 행동의 이면에 숨겨진 마음의 설계도를 읽어내는 것, 즉 '저 사람은 지금 갈증을 느끼고 저기 선반 위의 물병을 원하고 있구나'라고 상대의 의도와 욕망을 읽어내는 것이기 때문이다.

샐리의 구슬은 어디에? _ 마음 읽기 리트머스 시험

이 신비로운 능력이 언제 우리에게 싹트기 시작하는지 보여주는 아주 유명한 심리 실험이 있다. 바로 샐리-앤 테스트(Sally-Anne Test)이다.[2]

샐리와 앤이라는 두 친구가 방에서 함께 놀고 있다. 샐리는 자신이 아끼는 구슬을 빨간색 바구니에 넣고는 "잠깐 산책 좀 하고 올게!"라며 방을 나간다. 샐리가 없는 것을 확인한 앤은 장난기가 발동해 바구니 속 구슬을 몰래 꺼내 옆에 있던 파란색 상자에 숨겨버린다. 잠시 후 샐리가 산책을 마치고 돌아와서 말한다. "이제 구슬 갖고 놀아야지!"

여기서 질문이다. 샐리는 구슬을 찾기 위해 어디를 가장 먼저 살펴볼까? 이 질문을 4세 미만의 아이들에게 하면 조금의 망설임도 없이 파란 상자라고 자신 있게 대답한다. 왜일까? 이 아이들의 우주 속에서 구슬이 상자에 있다는 객관적인 사실은 마치 중력처럼 절대적인 법칙이기 때문이다.

이 아이들에게 세상은 아직 싱글 플레이어 게임과 같다. 자신이 보는 지도(구슬은 상자에 있다)만이 유일한 지도이며, 샐리가 스스로와는 완전히 다른 지도(구슬은 바구니에 있다)를 보고 있다는 것을 상상조차 하지 못한다. 샐리가 잘못된 믿음을 가질 수 있다는 가능성 자체를 이해하지 못하는 것이다.

하지만 마음이론이 폭풍처럼 발달하기 시작하는 4~5세 이상의 아이들은 정확히 빨간 바구니라고 답한다. 아이들은 비로소 세상이 대규모 멀티 플레이어 온라인 게임(MMORPG)임을 인지한 것이다. 그들은 마침내 다음과 같은 복잡한 추론을 해낸다.

나는 구슬이 상자에 있다는 것을 알지만(나의 지도), 샐리는 내가 구슬을 옮기는 것을 못 봤어(샐리의 상황). 그러니까 샐리는 여전히 구슬이 바구니에 있다고 믿고 있을 거야(샐리의 지도).

이것은 단순한 정답 맞히기가 아니라 한 아이의 뇌 속에서 일어나는 거대한 인지적 혁명이다. 드디어 타인의 관점에서 세상을 조망하고 그가 틀린 생각을 할 수 있다는 것까지 이해하게 된 인류가 사회적 동물로 거듭나는 위대한 첫걸음이다.

인류를 바꾼 인지 혁명 _ 빛과 그림자

이 마음이론이라는 멀티 플레이어 접속 코드는 인류의 사회성과 지능 발달에 절대적인 영향을 미쳤다. 물론 모든 위대한 힘이 그렇듯 빛과 그림자를 동시에 가져왔다.

먼저 빛의 측면에서 보면 이 능력은 공감과 교육, 협력의 탄생을 이끌었다. 친구의 슬픈 표정을 보고 '데이터: 슬픔 인식'이라고 저장하는 로봇이 아니다. 인간의 마음이론은 즉각 '무슨 일이지? 왜 마음이 아플까? 내가 했던 그 말 때문인가'라며 친구의 마음속으로 들어가 슬픔의 원인을 함께 찾으려 노력한다. 상대방의 마음이라는 소프트웨어를 인체 뇌에서 잠시 구동하는 것이다. 정교한 교육을 가능하게 한 것도 바로 이 능력이다. 훌륭한 스승은 제자의 마음을 헤아려 이 부분에서 길을 잃었다고 지식의 눈높이를 맞춘다. 나아가 인간이 즐기는 모든 스토리텔링은 그 자체가 마음이론의 거대한 축제이며, 거대한 매머드를 포획할 때 동료의 눈빛만 보고도 의도를 파악해 완벽한 팀플레이를 펼칠 수 있게 한 것도 모두 이 덕분이다.

하지만 이러한 능력은 이면 또한 존재한다. 마음이론은 정교한 속임수와 거짓말의 필수 전제 조건이기 때문이다. 상대를 성공적으로 속이려면 상대방이 현재 무엇을 믿고 있는지와 내가 어떤 말을 해야 그 믿음을 조종할 수 있는지를 정확히 알아야 한다.[3] "꿀단지를 훔쳐 먹은 건 내가 아니에요!"라고 설득력 있는 거짓말을 하려면, 엄마가 아직 증거를 찾지 못했다는 지식 상태와 평소 동생을 더 의심한다는 편견을 정확히 읽어야만 성공률이 높아진다.

심지어 비가 억수같이 쏟아지는데 창밖을 보며 "이야, 오늘 날씨 참~ 좋다!"라고 말하는 반어법이야말로 마음이론의 챔피언 수준이라 할 수 있다. 이것은 단순히 거짓말을 하는 것이 아니다.[4] 상대가 진실을 알고 있다는 점을 전제하고, 그가 내 거짓말의 의도를 간파하여 결

달리는 호모 사피엔스

국 내 속마음까지 읽어낼 것이라고 예측하는 고차원적인 마음 읽기가 찰나의 순간에 이루어지는 것이다. 당연히 사회 속의 수많은 오해와 갈등 역시 우리가 서로의 마음을 잘못 읽거나 자신의 싱글 플레이어 모드만을 고집할 때 폭발적으로 증폭되기도 한다.

결론적으로 마음이론은 인류를 고독한 지성에서 초사회적 지성으로 도약시킨 결정적인 열쇠였다.[5] 다른 동물들과 달리 인간은 타인의 마음속에 또 다른 타인의 마음을 집어넣어 복잡한 관계를 시뮬레이션하는 능력을 갖추게 되었다. 인류는 이 위대한 능력을 통해 비로소 서로의 마음을 연결하고 거대한 신뢰의 네트워크를 형성하며 이토록 경이로운 문명을 건설할 수 있었다.

CHAPTER 7

학습과 공감

최초의 교실,
최초의 극장

사냥은 끝났다. 치열했던 추격의 기억은 아직 근육의 통증으로 생생하고, 모닥불 위에서는 고기 익는 냄새가 공동체의 배고픔을 풍요로움으로 바꾸고 있다. 나눔과 베풂의 축제가 끝나고 모두의 배가 불렀을 때 동물들의 세계라면 하루는 그것으로 끝이 났을 것이다. 포만감에 취해 잠이 들고 내일 아침이면 다시 본능에 의지해 새로운 사냥에 나설 것이다.

하지만 인류는 달랐다. 육체의 사냥이 끝난 바로 그 자리에서 인류는 훨씬 더 중요하고 위대한 두 번째 사냥을 시작했다.

그 사냥터는 광활한 사바나가 아니라, 타오르는 모닥불 주위에 둘러앉은 사람들의 마음속이었다. 이것은 단순히 정보를 교환하는 동물의 의사소통(위험하다, 먹이다)과는 차원이 다른 것이었다. 그것은 지금 여기가 아닌 다른 시간과 다른 장소의 사건을 눈앞에 생생하게 펼쳐 보이는 인류 최초의 극장이다. 그리고 이 극장의 유일한 무대 장치는

달리는 호모 사피엔스

타오르는 모닥불과 사람들의 상상력이었다.

머릿속 타임머신과 마음을 읽는 능력

이 위대한 극이 상연되기 위해서는 인류만이 가진 두 가지 경이로운 정신적 능력이 꼭 필요했다. 시간을 여행하는 능력과 다른 사람의 마음을 읽는 능력이다.

첫 번째 능력은 머릿속 타임머신인 정신적 시간 여행이다. 충직한 개를 생각해 보자. 당신이 산책하러 갈 때 사용하는 목줄을 집어 들면 개는 꼬리를 치며 흥분하기 시작한다. 목줄이 산책이라는 즐거운 사건과 연결된다는 사실을 학습했기 때문이다. 하지만 개는 지난 주말에 갔던 공원의 특정 나무 아래에서 맡았던 흙냄새, 그때 만났던 다른 강아지의 모습 그리고 유난히 따스했던 햇볕을 저녁 내내 누워서 영화처럼 생생하게 재경험하지는 못한다.

오직 인간만이 과거의 특정 사건 전체를 머릿속에서 파노라마처럼 재생하는 심리학에서 말하는 일화 기억 능력을 갖추고 있다.[1] 사냥꾼은 모닥불 앞에 앉아 눈을 감는 것만으로 오늘 아침 사슴의 발자국을 처음 발견했을 때의 설렘, 추격 과정의 숨 가쁨 그리고 마침내 사냥에 성공했을 때의 환희를 머릿속에서 완벽하게 재상영할 수 있었다. 그리고 이 타임머신은 미래로도 여행하며 머릿속에서 내일의 사냥을 수십 번이고 시뮬레이션하게 해주었다.

하지만 나 혼자 아무리 생생한 과거를 떠올린들, 그것을 다른 사람과 공유할 수 없다면 무슨 소용이 있을까? 우리는 흔히 시야에 투영되는 지도가 세상의 유일한 지도라고 믿으며 살아간다. 하지만 내가 본 것을 상대방은 못 보았을 수도 있고, 내가 알고 있는 사실을 상대방은 전혀 다르게 오해하고 있을 수도 있다. 이처럼 상대방의 머릿속에도 나처럼 독립적인 생각의 지도가 존재함을 이해하는 능력, 이것이 바로 마음이론이다.[2] 저 사냥꾼은 지금 왜 저런 아쉬운 표정을 짓고 있을까? 사슴의 움직임을 전했을 때 동료가 보일 반응을 미리 헤아리는 이 섬세한 마음 읽기야말로 인류를 고독한 섬에서 탈출시킨 진정한 혁명이다.

위대한 합주 그리고 최초의 교실

이 두 가지 능력인 정신적 시간 여행과 마음이론이 결합하였을 때 인류 역사상 위대한 협업이 시작된다. 바로 이야기의 탄생이다. 모두가 불꽃을 응시하는 고요함 속에서 사냥을 이끌었던 노련한 사냥꾼이 나지막이 입을 연다.

"오늘, 우리가 강을 건넜을 때…."

이야기꾼은 타임머신을 타고 생생한 과거의 기억인 영화 파일을 불러온다. 마음이론을 이용해 청중에게는 이 영화 파일이 없다는 것을 인지하며 언어라는 도구로 이 영화의 장면과 감정을 업로드한다.

이때 기적 같은 일이 벌어진다. 청중은 이야기꾼의 표정과 몸짓을

달리는 호모 사피엔스

보며 그의 감정을 단순히 정보로 받아들이는 것이 아니라 자기 몸의 감각으로 함께 느끼기 시작한다. 이야기꾼이 사냥감의 날카로운 뿔에 찔릴 뻔했던 긴박한 순간을 묘사하며 몸을 떨 때 청중들의 뇌 속에서도 똑같은 통증의 메아리와 공포의 전율이 울려 퍼지는 것이다. 직접 겪지 않았음에도 타인의 고통이 등줄기를 타고 흐르고 타인의 승리가 가슴을 벅차게 만드는 정서적 연결이 공감의 본질이다.

이것은 한 사람의 일방적인 연주가 아니라 말하는 사람과 듣는 사람 모두의 마음속에서 함께 완성되는 위대한 합주이자 공동의 창작 활동이었다. 이야기를 통해 사냥꾼들은 뿔뿔이 흩어져 각자의 위치에서 보았던 파편적인 경험을 하나의 거대한 퍼즐처럼 맞추어 나간다.

나는 사슴이 오른쪽으로 도망치는 것만 보았네.
아, 하지만 나는 언덕 위에서 그놈이 사실 왼쪽 계곡을 향해 교묘히 방향을 틀고 있었다는 것을 보았지!

이 과정에서 그들은 흩어진 개인의 경험을 모아 하나의 완벽한 집단적 경험으로 재구성하고 있었다. 마음이론이 서로의 지도를 연결하고 공감이 서로의 감각을 동기화했기에 가능했던 일이다.

그리고 이 모닥불가의 이야기는 결코 단순한 오락이나 회고가 아니었다. 그것은 인류 최초의 교실이자 가장 중요한 전략 회의이다. 경험 많은 사냥꾼의 지식과 실수는 이제 그만의 것이 아니었다. 모닥불가에 둘러앉은 젊은 사냥꾼들은 직접 경험하지 않고도 안전한 교실에서 수십 년간 축적된 생존의 지혜를 고스란히 전수받는다. 한 세대의 경험이 다음 세대의 출발선이 되는 누적적 문화 진화를 이루게 된 것이다.[3]

결국 모닥불 앞에서 피어난 이야기는 우리를 단순히 똑똑한 개인이 아닌 서로의 마음을 비추는 공감하는 집단으로 다시 태어나게 했다. 타인의 고통을 스스로의 통증처럼 느끼고 타인의 성공을 나의 지혜로 흡수하는 이 기적 같은 학습과 공김의 연대야말로 호모 사피엔스를 만물의 영장으로 만든 진짜 동력이다.

과연 이 따뜻한 불꽃이 어떻게 우리의 뇌를 폭발적으로 키웠으며 우리 뇌 속에는 어떤 신비로운 거울이 숨겨져 타인의 마음을 비추고 있는 것일까? 이제 그 경이로운 인류의 내부 설계도를 확인해 볼 시간이다.

달리는 호모 사피엔스

우리를 하나로 묶은 모닥불

하루의 사냥이 끝나고 어김없이 밤이 찾아온다. 불이 없던 시절 어둠은 절대적인 공포이자 존재의 단절을 의미했다. 차가운 어둠 속에서 인류 조상은 맹수들의 울음소리를 들으며 서로의 체온에 의지해 무력하게 밤을 견뎌내야만 했다. 밤은 활동할 수 없는 그저 살아남기 위해 버티는 공백의 시간이었다.

그러던 어느 날 인류의 역사에서 가장 극적인 혁명이 일어난다. 우연한 산불이었을 수도 번개가 마른 나뭇가지를 때린 덕분이었을 수도 있다. 한 용감한 개체가 타오르는 나뭇가지를 움켜쥐고 어둠 속으로 가져왔을 때 인류는 비로소 밤의 공포를 정복하고 시간의 주인이 되었다. 이 작은 불꽃은 단순히 어둠을 밝히는 빛이 아니라 인류의 생물학적, 심리적 그리고 사회적 진화를 송두리째 바꾼 혁명적 사건이었다.

두 번째 위장, 더 커진 뇌

불은 인체를 근본부터 재설계한다. 한번 상상해 보라. 불이 없던 시절 우리 조상들의 저녁 식사는 어떤 모습이었을까? 딱딱하고 질긴 생고기 한 점, 흙이 묻어나는 식물 뿌리를 입에 넣고 온종일 질겅질겅 씹어야만 했다. 침팬지가 하루 중 거의 절반을 씹는 데 시간을 보내는 것처럼 우리 조상들의 삶도 끝없는 저작 운동의 연속이었다. 이것은 단순히 지루한 일이 아니라 살아남기 위한 처절한 에너지 전쟁이었다.

날것의 음식은 인체에 막대한 부담을 준다. 단단한 세포벽으로 둘러싸인 식물, 질긴 근섬유와 결합 조직으로 얽힌 생고기는 소화 효소가 침투하기 어려운 견고한 요새와 같다. 인체는 이 요새를 무너뜨리기 위해 위장을 필사적으로 움직이고 엄청난 양의 소화액을 뿜어내야만 했다. 섭취한 에너지의 상당 부분을 다시 소화하는 데 써버리는 참으로 비효율적인 방식이었다.

이 지점에서 인류는 역사상 위대한 발명품을 식탁 위로 가져온다. 그 주인공은 요리이다. 하버드 대학의 저명한 인류학자 리처드 랭엄은 그의 저서 『요리 본능(Catching Fire)』에서 이 요리라는 행위가 인류 진화의 결정적인 기폭제가 되었다고 설득력 있게 주장한다.[4]

불로 음식을 익히는 순간 기적 같은 일이 벌어진다. 열은 단백질의 복잡한 3차원 구조를 풀어헤치고 식물의 단단한 세포벽을 허물어뜨리며 녹말을 부드럽게 만든다. 독소를 중화시키는 것은 물론이다. 이 모든 과정은 인체 위장 내부에서 발생해야 할 격렬한 화학 작용 일부

달리는 호모 사피엔스

이지만, 인류는 이 힘겨운 소화 과정을 모닥불 위에서, 인체 외부에서 미리 해치워 버린 것이다. 마치 몸 바깥에 아주 강력한 성능의 두 번째 위장을 하나 더 장만한 셈이다.

이 외부 위장 덕분에 인류 조상은 이전과는 비교도 할 수 없을 만큼 효율적으로 영양분을 흡수할 수 있게 되었다. 소화에 드는 막대한 에너지가 절약되면서 인체에는 방대한 양의 잉여 에너지가 남게 되었다. 진화의 관점에서 이것은 마치 없던 보너스 예산이 생긴 것과 같았다.

막대한 잉여 에너지는 모두 어디로 갔을까? 진화는 이 소중한 자원을 인체에서 가장 사치스럽고 가장 많은 에너지를 소비하는 기관에 집중적으로 투자하기로 한다. 그 선택은 뇌이다. 뇌는 인체 몸무게의 2%에 불과하지만, 인류가 섭취하는 전체 에너지의 20~25%를 혼자서 집어삼키는 에너지 괴물이다. 소화기관이라는 값비싼 공장의 가동 비용을 줄인 덕분에 마침내 인류는 뇌라는 최고 사양의 슈퍼컴퓨터를 가동하고 확장할 연료를 얻게 된 것이다.

이 극적인 변화의 증거는 인체에 고스란히 새겨져 있다. 요리된 부드러운 음식을 먹게 되면서 더 이상 거대한 어금니와 강력한 턱 근육이 필요 없게 되었고 턱과 치아는 점차 작고 섬세해졌다. 소화의 부담이 줄어들자 길고 복잡했던 창자의 길이도 눈에 띄게 짧아졌다. 침팬지와 같은 다른 유인원들의 배가 불룩하게 나온 이유가 긴 창자에 있는데 인간은 상대적으로 날렵한 허리를 갖게 되었다. 이것이 비싼 조직 가설(Expensive Tissue Hypothesis)이다. 유지비가 많이 드는 소화기관

인 장을 축소한 대가로 더 비싼 기관인 뇌를 키울 수 있었던 운명을 가른 기제인 셈이다. 불꽃 위에서 지글거리며 익어가는 고기 한 점이 인류 지성의 여명을 밝힌 위대한 불꽃이었다.

이러한 주장을 뒷받침하는 고고학적 증거는 점점 더 명확해지고 있다. 그중 결정적인 발견은 남아프리카의 원더베르크 동굴에서 나왔다. 고고학자들은 이 동굴 깊숙한 곳, 무려 100만 년 전의 것으로 추정되는 지층에서 인류가 불을 통제하며 사용했던 명백한 흔적들을 찾아냈다.[5] 재와 함께 타다 남은 동물의 뼛조각, 불에 그슬린 식물 등이 발견된 것은 우리 조상들이 동굴이라는 집 안에서 체계적으로 불을 피워 요리하고 몸을 녹였음을 보여주는 강력한 증거이다. 100만 년 전의 어느 밤, 동굴 속에서 타오르던 그 모닥불이 우리의 몸과 마음 그리고 운명을 바꾼 위대한 혁명의 시작점이었다.

달리는 호모 사피엔스

빛의 요새, 마음의 평화

불이 우리의 몸을 다시 빚어냈다면 우리의 마음은 그야말로 불 속에서 새로 태어났다 해도 과언이 아니다. 그 이유를 이해하려면 먼저 우리 조상들의 눈이 간직한 아주 오래된 유산부터 들여다봐야 한다. 인류는 숲속의 나무 위에서 생활하던 주행성 영장류의 후예이다. 낮의 환한 빛 속에서 잘 익은 과일을 구별하고 아슬아슬한 나뭇가지를 정확하게 붙잡기 위해 인체의 시각은 놀랍도록 정교한 컬러 비전과 원근감을 발달시키는 방향으로 진화했다.

하지만 세상에 공짜는 없는 법이다. 이 선명한 주간 시력을 얻는 대가로 우리는 어둠 속에서 볼 수 있는 능력을 거의 완벽하게 상실했다. 한밤중 숲속을 어슬렁거리는 고양잇과 동물들의 눈이 희미한 달빛만으로도 세상을 읽어내는 것과 달리, 인류 조상은 해가 지는 순간 어둠 속에서 시각 정보의 결핍을 겪는다. 세상의 색과 형태를 지워버리는 칠흑 같은 어둠이 내리면 우리 조상들의 세계는 시각 정보가 완전히 차단된 채 오직 소리와 냄새만으로 재편된다. 이것은 다른 포식자들이 마침내 자기 무대로 나서는 시간이 된다.

온 신경은 맹수의 그것처럼 예민하게 곤두서고, 심장은 언제든 터져 나갈 듯 격렬하게 뛴다. 저 멀리서 들려오는 나뭇가지 부러지는 소리, 어둠 속에서 번뜩이는 두 개의 안광, 정체를 알 수 없는 낮은 울음소리는 볼 수 없기에 그 공포가 몇 배로 증폭된다. 뇌의 편도체는 쉴 새 없이 비상 사이렌을 울려대고, 온몸의 혈관에는 스트레스 호르몬인 코르

티솔이 강물처럼 흘러넘친다. 이런 상태에서는 진정한 의미의 휴식이란 사치일 뿐이다. 포식자를 피해 올라간 나무 위에서의 잠은 사실 잠이라기보다는 아슬아슬한 버팀에 가까웠다. 작은 뒤척임에도 추락의 공포를 느끼고, 미세한 소리에도 화들짝 깨어나기를 반복하는 얕은 잠이 이어졌다. 밤은 내일을 위한 재충전의 시간이 아니라, 어떻게든 살아남아야 하는 또 다른 형태의 치열한 적응 기제인 셈이다.

이렇게 끝없는 불안과 공포의 한가운데로 인류는 마침내 불이라는 이름의 신을 초대한다. 어둠 속에서 타오르는 모닥불은 단순히 주변을 밝히는 등불이 아니었다. 그것은 빛과 열기로 밤의 한복판에 세워 올린 견고한 심리적 요새였다. 맹수들은 본능적으로 타오르는 불꽃을 두려워했고, 맹렬하게 춤추는 불의 장막은 감히 타파할 수 없는 보이지 않는 방어벽이 되어주었다. 세상은 이제 명확히 두 구역으로 나뉘었다. 불빛이 닿는 따뜻하고 안전한 우리의 세계와 어둠과 미지의 위험이 도사리는 차가운 그들의 세계로 말이다.

이 안전이라는 감각은 인류의 정신에 두 가지 혁명적인 선물을 안겨주었다. 첫째는 마음의 평화와 그로 인한 인지적 여유이다. 이전까지 인간 뇌의 모든 자원은 "어떻게 존속할 것인가?"라는 단 하나의 질문에만 매달려 있었다. 하지만 끊임없는 포식의 위협에서 벗어나는 순간 만성적인 스트레스와 불안이 극적으로 줄어들었다. 뇌는 존속의 압박에서 벗어나 다른 무언가를 생각할 수 있는 정신적 공간을 확보했다. 바로 이 인지적 여유 속에서 이야기가 싹트고 내일의 계획이 세

달리는 호모 사피엔스

워지며 더 나은 도구를 향한 상상력이 펼쳐지기 시작했다. 공포가 차지하고 있던 마음의 빈자리에 생각과 성찰이 자라난 것이다.

둘째는 진정으로 깊은 잠의 확보이다. 더 이상 나무 위에서 떨어질 걱정 없이 땅 위에서 안전하게 몸을 눕힐 수 있게 되면서 인류는 숙면을 취하게 된다. 특히 뇌파가 느려지는 깊은 잠의 단계에서는 인체 뇌의 정화가 이루어진다. 마치 도시가 잠든 사이 청소차가 거리를 정비하듯, 낮 동안 쌓인 뇌의 노폐물이 뇌척수액의 파도에 씻겨 깨끗이 정화되고 해마에 임시 저장되었던 하루의 기억들은 대뇌 피질로 옮겨져 장기 기억으로 저장된다. 숙면은 뇌를 초기화하고 개선하는 필수적인 과정이다. 불이 선물한 안전한 잠자리 덕분에 인류 조상들의 뇌는 매일 밤 최적의 상태로 회복되고 학습 능력을 극대화한다.

불은 단순한 난방 기구나 조리 도구가 아니었다. 그것은 밤의 공포로부터 인류 정신을 해방한 위대한 심리적 방패였고, 뇌의 학습과 기억 능력을 극대화시킨 신경과학적 촉진제였다. 이 빛의 요새 안에서 인류는 불안과 공포 대신 평화로운 마음으로 서로를 마주하며 더 나은 미래를 이야기할 수 있는 지적인 존재로 거듭난다.

최초의 소셜 네트워크 _ 수다의 힘

이 빛의 요새가 만들어 낸 따뜻하고 안전한 공간은 지극히 자연스럽게 인류 최초의 사회적 중심지로 거듭났다. 해가 지고 생존을 위한 각개전투가 끝나면 인류 조상은 마치 자석에 이끌린 쇠붙이처럼 불 주변으로 모여들었다. 불꽃을 중심으로 둥글게 모여 앉는 이 행위는 인류의 가장 원초적이고 강력한 사회적 본능이 되었다.

그렇다면 인류는 왜 이토록 복잡하고 에너지가 많이 드는 이야기하기에 몰두했을까? 단순히 사냥 기술을 전수하기 위함이었다면 그토록 많은 시간을 할애할 필요는 없었을 것이다. 옥스퍼드 대학의 인류학자 로빈 던바는 인체 뇌가 애초에 이 수다를 떨기 위해 커졌다는 파격적인 가설을 제시한다.[6]

이 주장을 이해하기 위해 인간과 가장 가까운 친척인 침팬지의 세계를 들여다볼 필요가 있다. 침팬지 사회를 끈끈하게 유지하는 가장 중요한 활동은 털 고르기를 통한 그루밍이다. 그들은 하루의 상당 시간을 할애하여 서로의 털을 정성껏 골라주며 유대감을 쌓고 갈등을 해결하며 동맹을 확인한다. 그런데 이 털 고르기에는 치명적인 한계가 있다. 일대일로만 가능하며 다른 어떤 활동과도 병행할 수 없다는 점이다. 던바의 계산에 따르면 침팬지보다 훨씬 더 큰 무리를 이루어 살았던 우리 조상들이 만약 이 방식으로 사회를 유지하려면 하루의 거의 절반을 털 고르기에만 매달려야 한다는 결론이 나온다. 이것은 생존의 관점에서 불가능한 일, 즉 진화의 막다른 골목이었다.

바로 이 막다른 골목에서 인류는 기적의 탈출구를 찾아낸다. 언어 그중에서도 수다이다. 던바는 인류의 언어가 물리적인 털 고르기를

달리는 호모 사피엔스

대체하고 확장한 음성적 털 고르기의 형태로 진화했다고 분석한다. 수다는 털 고르기를 압도하는 몇 가지 혁신적인 장점이 있다.

첫째는 효율성이다. 털 고르기는 한 번에 한 명밖에 할 수 없지만, 이야기는 모닥불가에 둘러앉은 수십 명을 동시에 그루밍할 수 있게 했다. 둘째는 멀티태스킹이다. 털을 고르는 동안에는 다른 일을 할 수 없지만, 수다를 떠는 동안에는 도구를 만들거나 음식을 손질하거나 아이를 돌볼 수 있었다. 셋째는 정보의 확장성이다. 나는 너를 좋아한다는 단 하나의 메시지만 전달하는 털 고르기와 달리, 수다는 그야말

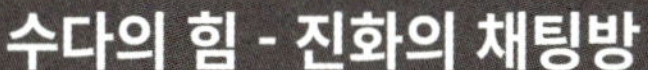

결론: 언어는 혁명적인 사회적 도구이다. 효율적이고, 다재다능하며, 무한히 확장 가능하다. 그것은 단순한 접촉을 훨씬 뛰어넘어 신뢰와 공동체를 구축했다.

로 정보의 신세계를 열어주었다.

이 수다를 통해 오고 간 정보의 대부분은 사냥 기술이나 도구 제작법이 아니었다. 던바에 따르면 이는 사회적 정보인 누가 누구와 친하고, 누가 누구를 속였으며, 누가 믿을 만한 협력자인지에 관한 서사이다. 모닥불가는 인류 최초의 소셜 미디어 피드였고, 수다는 그 피드를 채우는 핵심 콘텐츠였다.

당신의 생존이 다른 사람과의 협력에 달린 세상에서, 저쪽 언덕 너머에 사슴이 있다는 정보만큼이나 저 사냥꾼은 약속을 잘 지키지만 다른 사냥꾼은 위기의 순간에 잘 도망친다는 정보는 생존에 결정적이었다. 모닥불가의 대화는 "그때 '긴 팔'은 용감했어! 혹은 '왕발이'는 망설이더군"과 같은 구성원들의 평판이라는 신용 등급을 실시간으로 갱신하고 동맹을 확인하는 가장 중요한 활동이었다. 결국 우리의 거대한 뇌는 이 복잡한 관계도를 처리하기 위해 진화한 사회적 컴퓨터인 셈이다.

불과 언어, 위대한 용광로

그리고 이 모든 것을 가능하게 한 숨은 공신은 역시 불이었다. 불은 음식을 익혀 에너지를 공급했을 뿐만 아니라 어둠과 추위로부터 안전한 사회적 공간을 선물했다.[7] 낮이 사라지고 밤이 길어지면서 인류는 둘러앉아 서로의 얼굴을 보고 복잡한 서사를 공유할 시간을 얻게 되었다. 모닥불은 인류 최초의 교실이자 극장을 밝힌 위대한 불꽃이었다.

달리는 호모 사피엔스

이러한 사회적 유대의 필요성은 언어의 진화를 폭발적으로 자극했다. 지금 여기 없는 과거의 사건, 가정법 그리고 추상적인 전략을 묘사하기 위해 언어는 점점 더 정교해져야만 했다. 모닥불가의 서사는 단순한 시간 보내기가 아니다. 이는 과거를 성찰하여 미래를 대비하는 학습이며, 마음을 연결하는 유대이고, 구성원의 평판을 관리하는 고도의 정치 활동이다.

이 용광로 같은 대화 속에서 제련된 것은 공정함에 대한 감각이었다. 수다를 통해 공유되는 평판 장부의 핵심은 누가 공정한 협력자인가였다. 사냥물을 정직하게 나누었는지, 위기의 순간에 동료를 배신하지 않았는지에 관한 이야기는 인류 최초의 신용 등급이자 최초의 경제 서사가 되었다. 개인의 경험이 집단의 지혜로 승화되고 공정함이라는 가치가 공동체를 결속시키는 이 순간 인류는 공유된 역사와 문화를 가진 공동체로 나아가는 첫걸음을 뗀 것이다. 모닥불이라는 외부의 불꽃은 인간 내면에 잠들어 있던 의식과 공동체라는 내면의 불꽃을 환하게 지펴 올린다.

우리는 어떻게 다른 사람의 행동을 보고 그 의도를 찰나에 파악할 수 있는 걸까? 친구가 컵을 향해 손을 뻗는 것을 볼 때 우리는 그가 목이 말라 물을 마시려 한다는 사실을 의식적으로 분석하기도 전에 거의 본능적으로 알아차린다. 하품하는 사람을 보면 나도 모르게 턱이 뻐근해지며 입이 벌어지고, 영화 속 주인공이 뜨거운 눈물을 흘리면 괜히 내 코끝이 찡해지며 목이 메어온다. 마치 보이지 않는 와이파이로 서로의 뇌가 연결되기라도 한 것처럼 어떻게 타인의 경험을 이토록 생생하게 실제처럼 느낄 수 있는 걸까?

이 깊고도 오래된 질문에 대한 답의 실마리는 1990년대 이탈리아 파르마 대학의 햇살 좋은 한 연구실에서 아주 우연히 그리고 극적으로 발견되었다.

우연히 열린 마음의 창

당시 신경과학자 자코모 리촐라티와 그의 연구팀은 뇌의 운동 피질인 인체 움직임을 계획하고 명령하는 컨트롤 타워의 비밀을 파헤치고 있었다. 그들은 마카크 원숭이의 뇌에 미세 전극을 삽입하여 원숭이가 땅콩을 집는 것과 같은 특정 행동을 할 때 어떤 뉴런이 반응하는지 관찰하고 있었다. 원숭이가 손을 뻗어 땅콩을 움켜쥘 때마다 스피커에서는 특정 뉴런이 활성화되는 소리인 "타타탁!" 하는 명쾌한 신호음이 울려 퍼졌다.

그러던 어느날 나른한 오후 실험 도중 쉬는 시간이었다. 연구원 중 한 명이 무심코 실험대 위에 있던 땅콩 한 알을 집어 자기 입으로 가져갔다. 그 순간 아무런 행동도 하지 않고 그저 가만히 앉아 연구원의 행동을 지켜보고만 있던 원숭이의 뇌에서 직접 땅콩을 집은 것처럼 조금 전과 똑같은 뉴런이 "타타탁!" 하고 격렬하게 반응하는 놀라운 일이 벌어졌다.

처음에 연구팀은 기계 고장이나 전선의 합선일 것이라고 대수롭지 않게 여겼으나 실험을 반복할수록 결과는 수정처럼 명확해졌다. 원숭이의 뇌 속 운동 피질에는 자신이 직접 행동할 때뿐만 아니라, 다른 존재가 같은 행동을 하는 것을 지켜보는 것만으로도 거울처럼 반응하는 특별한 뉴런들이 존재했다. 타자의 행동을 인체 뇌 속에서 그대로 투영한다고 하여 이 세포들은 거울 뉴런이라는 이름이 붙여졌다.[8] 인류가 타인의 마음을 엿볼 수 있는 신경학적 창문이 마침내 발견된 순간이다.

뇌 속의 가상현실 시뮬레이터

그렇다면 이 거울 뉴런은 정확히 무슨 일을 하는 걸까? 가장 쉽게 설명하자면 인체 뇌 속에 내장된 고성능 가상현실 시뮬레이터와 같다고 할 수 있다.

손흥민 선수가 그림 같은 감아차기 슛으로 골을 넣는 장면을 관찰할 때 인류의 뇌는 단순히 그 장면을 눈으로 감상하는 데 그치지 않는다. 그 순간 인체의 뇌 속 운동 피질에 있는 거울 뉴런들은 은밀하고도 신속하게 가상 시뮬레이션을 돌리기 시작한다. 손흥민 선수의 허벅지 근육이 폭발하는 힘, 공을 감아차기 위한 발목의 정교한 각도, 슈팅 순간의 충격과 균형을 잡기 위한 팔의 움직임까지 이 모든 운동

달리는 호모 사피엔스

정보가 당신의 뇌 안에서 재현된다. 비록 신체는 소파에 편안히 누워 있지만 당신의 뇌만큼은 운동장 위에서 함께 공을 차고 있는 셈이다.

이 자동 시뮬레이션 덕분에 우리는 다른 사람의 행동을 매우 빠르고 직관적으로 이해할 수 있다. 저 친구가 컵을 잡으려 한다는 의미를 아는 것은 논리적으로 추론해서가 아니라 내 뇌가 무의식중에 컵을 잡는 행동을 직접 실행해 보고 그 느낌과 결과를 즉시 알아채기 때문이다.

행동을 넘어 의도와 감정을 비추다

거울 뉴런의 진짜 놀라운 점은 단순히 타자의 행동을 복제하는 데 국한되지 않는다. 이 영리한 시스템은 그 행동의 표면에 있는 움직임을 넘어 그 안에 숨겨진 의도와 감정이라는 더 깊은 층까지 비춰준다.

실제 연구에 따르면 목이 말라 차를 마시기 위해 컵을 잡는 장면을 관찰할 때와 테이블 정돈을 위해 컵을 잡는 장면을 관찰할 때 거울 뉴런은 서로 다른 패턴으로 활성화된다. 똑같이 컵을 잡는 행위임에도 불구하고 거울 뉴런은 단순히 손이 컵으로 이동한다는 동작의 기하학만 흉내 내는 것이 아니라 그 행동이 담고 있는 전체적인 맥락과 궁극적인 목표인 의도까지 파악하여 재현한다. 이것이야말로 우리가 상대방의 다음 행동을 예측하고 복잡한 사회적 상황을 물 흐르듯 자연스럽게 읽어 나갈 수 있는 능력의 신경학적 기초이다.

이 능력은 감정의 영역으로 확장될 때 더욱 강력한 힘을 발휘한다. 누군가 실수로 망치에 손을 찧는 장면을 본다고 상상해 보자. 당신은 자신도 모르게 "아야!" 소리를 내며 얼굴을 찡그리게 된다. 인체 뇌 속 고통을 처리하는 영역에 있는 거울 뉴런이 그 사람의 고통을 당신의 뇌 안에서 그대로 재현했기 때문이다. 그 끔찍한 고통의 희미한 메아리가 당신의 뇌를 스쳐 지나간 것이다. 이것이 공감이라 정의하는 능력의 원초적인 형태이다.

다른 사람의 환한 미소를 보면 나도 모르게 입가에 미소가 번지고, 깊은 슬픔에 잠겨 찡그린 얼굴을 보면 내 기분도 덩달아 가라앉는 감정의 전염 현상. 이 모든 것은 거울 뉴런이라는 신경학적 다리를 통해 너와 나의 심리적 경계가 잠시나마 허물어지는 아름다운 순간들이다.

간접 경험이라는 위대한 선물

결론적으로 거울 뉴런은 나라는 고립된 섬에 갇혀 있던 뇌가 바깥 세상, 즉 타인의 세계와 연결되기 위해 진화가 만들어 낸 놀라운 통로이다. 그것은 타인의 행동을 이해하고 의도를 파악하며 감정을 함께 느끼게 하는 모든 사회적 능력의 바탕을 이룬다.

그리고 거울 뉴런이 인류에게 부여한 위대한 선물은 간접 경험을 통한 학습 능력이다. 만약 모든 것을 직접 체득하며 학습해야 한다면 인류 발전은 정체된다. 하지만 우리는 다른 사람이 불을 피우는 모습을 보기만 해도 그 기술을 어깨너머로 배울 수 있고, 누군가가 독버섯을 먹고 고통스러워하는 것을 보고 그 버섯의 위험성을 직접 먹어보지 않고도 학습할 수 있다. 챔피언의 스윙을 보고 내 스윙을 교정하고 스승의 손놀림을 따라 하며 예술을 익힌다.

이 모든 것이 가능한 이유는 타인의 행동을 보는 순간 거울 뉴런이 그 행동을 인체 뇌 속에서 시뮬레이션하며 그들의 성공과 실패를 마치 나의 경험처럼 신경 회로에 새겨 넣기 때문이다. 즉 거울 뉴런 덕분에 인류는 시행착오의 위험과 비용을 극적으로 줄이고 지식과 기술을 안전하고 효율적으로 축적하며 세대를 거쳐 전달할 수 있게 되었다.

언어를 습득하고 문화를 계승하며 마음을 나누는 유대를 형성할 수 있는 것은 인체 뇌 속에 상대방을 비추는 수많은 거울이 존재하기 때문이다. 거울 뉴런은 나의 뉴런을 넘어 우리를 하나의 공동체로 묶고 인류 문명이라는 거대한 도서관을 짓게 만든 진정으로 우리를 우리답게 만드는 신경세포인 셈이다.

AI가 결코 넘지 못한
깨달음의 벽

우리는 지금 인류 역사상 가장 기묘한 지적 동반자와 함께 살아가고 있다. 인공지능이라는 이 거대한 파도는 이제 단순히 계산기를 넘어 시를 쓰고 그림을 그리며, 심지어 인간의 복잡한 논리 체계마저 분석한다. 학습 능력과 정보 처리 속도라는 잣대로 본다면 현대의 AI는 이미 인간의 범위를 초월한다. 인류 전체가 평생을 바쳐도 독파하지 못할 수조 개의 문장을 단 며칠 만에 분석하여 정교한 통계적 규칙을 도출하기 때문이다.[9]

하지만 압도적인 지능의 괴물 앞에서 기죽을 필요는 전혀 없다. AI가 아무리 수백억 단위의 매개변수를 갖춘다 해도 도저히 흉내 낼 수 없는 인간만의 무기가 존재한다. 그것은 깨닫는 능력이다.

원효의 해골물 _ 데이터가 아닌 인식의 혁명

깨달음이라는 것이 무엇인지 설명하기 위해 1,300여 년 전의 어

달리는 호모 사피엔스

느 밤으로 거슬러 올라간다. 당나라 유학길에 올랐던 신라의 고승 원효 대사의 유명한 예화이다. 폭우를 피해 어두운 동굴 속에서 잠을 청하던 원효는 타는 듯한 갈증에 잠이 깼다. 손을 더듬거려 보니 마침 바가지에 시원한 물이 담겨 있었고 그는 단숨에 그 물을 들이켜고는 '아, 정말 꿀맛이구나!'라며 깊은 만족감 속에 다시 잠들었다.[10]

다음 날 아침 눈을 뜬 원효의 눈 앞에 펼쳐진 풍경은 경악스러웠다. 어젯밤 감탄하며 마셨던 그 감로수는 사실 썩은 물이 고인 해골바가지였고 주변엔 흉측한 유골들이 흩어져 있었다. 그 사실을 인지한 순간 원효는 지독한 구역질을 하며 어젯밤 마신 것을 모두 토해냈다. 하지만 그 찰나 그는 머리를 강타하는 거대한 진리를 마주한다. '세상만사 모든 것이 마음먹기에 달렸구나(일체유심조)!' 어젯밤의 달콤한 물과 오늘의 역겨운 물은 물리적으로 같은 것이었지만 오직 자신의 인식이 바뀌었을 뿐이라는 사실을 단번에 꿰뚫어 본 것이다. 인간은 감각 기관으로 들어오는 데이터를 수동적으로 축적하는 존재가 아니라 맥락과 가치관을 통해 데이터를 완전히 재해석하는 존재이다.

학습하는 기계 vs 깨닫는 인간

여기서 현대 과학이 정의하는 학습과 깨달음의 차이를 발견한다. 현대 AI의 방식인 딥러닝은 방대한 데이터를 입력받아 오차를 줄여가며 확률적으로 정답을 찾아가는 점진적인 최적화 과정이다. 만약 해골물 이미지와 성분 데이터를 수억 번 학습한 AI라면 해골물은 비위생적일 확률이 99.8%이므로 섭취를 금하라고 경고할 것이다. 하지만 원효 대사처럼 단 한 번의 주관적 경험을 통해 세계관과 가치 체계를 전환하는 패러다임의 변화는 AI에 구조적으로 불가능한 영역이다.

생물학적으로 인간의 깨달음은 뇌의 신경 가소성이 일으키는 신경학적 빅뱅과 같다. 단순히 정보를 쌓는 것이 아니라 뇌의 신경망이 아하! 모멘트(Aha! Moment)라고 불리는 폭발적인 재구성을 일으킨다. 인지 신경과학 연구에 따르면 통찰의 순간에는 뇌의 우측 전측 상측두회에서 감마파가 급증한다.[11] 이는 서로 멀리 떨어져 있어 상관없어 보이던 정보 조각들이 순식간에 하나의 의미로 연결되는 현상이다. AI가 수만 번의 학습 알고리즘을 거쳐 조금씩 숫자를 조정하는 방식이라면 인간의 깨달음은 벼랑 끝에서 반대편 절벽으로 단번에 날아오르는 양자 도약과 같다.[12]

메타인지 _ 내가 모른다는 것을 아는 거울

지금의 AI가 결코 도달하지 못한 결정적인 지점이 하나 더 있다. 그것은 자신이 부족하거나 모르는 부분을 스스로 깨닫는 고도의 메타인지 능력이다.[13] 인간은 자신의 지적 한계를 인식할 때 부끄러움을 느끼거나 경이로움을 느끼며 인지하지 못했음을 자각하는 과정을 통해 새로운 탐구를 시작한다. 이것은 뇌의 전전두엽 피질이 수행하는 고등 기능으로 자신의 사고 과정을 객관적으로 바라보는 내면의 눈이 있어야 가능하다.

반면 현재의 대규모 언어 모델들은 자신이 내뱉는 답변이 진실인지

달리는 호모 사피엔스

거짓인지 혹은 무엇을 모르는지 스스로 인식하지 못한다. 그들은 그 저 학습된 통계적 확률에 따라 가장 그럴싸한 다음 단어를 이어 붙이는 정교한 앵무새일 뿐이다.[14] 모르는 것을 아는 척하며 지어내는 환각 현상은 AI에 메타인지적 자의식이 없다는 것을 증명하는 냉정한 증거이기도 하다. AI는 자신의 오류를 데이터로 수정할 수는 있어도 자신의 무지에 대해 철학적 갈등을 겪지는 못한다.

왜 인류는 빅데이터 대신 통찰을 택했는가?

진화 심리학적으로 볼 때 인류가 AI처럼 방대한 데이터를 학습하는 대신 깨달음을 발달시킨 이유는 명확하다. 존속의 효율성 때문이다. 사바나 초원에서 굶주린 사자를 만났다고 가정해 보자. 만약 인류 조상의 뇌가 AI처럼 작동했다면 어땠을까? '음, 저 노란색 물체의 질감과 움직임을 분석해 보니 과거 데이터 1만 건에 비추어 사자일 확률이 98%로군'이라고 생각하는 순간 이미 사자의 저녁 식사가 되었을 것이다. 야생에서 느린 학습은 곧 죽음이다.[15]

인류의 뇌는 고작 샌드위치 한 조각 정도의 에너지인 약 20W 전력만으로 작동하도록 설계되었다.[16] 제한된 자원으로 존속하기 위해 뇌는 데이터를 축적하는 대신 의미라는 압축 파일을 생성하는 방향으로 진화했다. 단 한 번의 강렬한 경험(해골물 마시기, 사자에게 쫓기기 등)만으로도 세계의 법칙을 뽑아내는 추상화 능력과 깨달음이야말로 인류가 지구의 지배자가 된 진짜 비결이다.

새로운 시각의 창조 _ AI가 보지 못하는 풍경

사물을 보고 새로운 시각에서 깨달음을 얻는 맥락의 파괴와 창조는 여전히 인간만의 영역이다. 사과가 떨어지는 흔한 풍경에서 우주의 중력을 깨달은 뉴턴이나 목욕탕에서 넘치는 물을 보고 부력의 원리를 깨달은 아르키메데스를 떠올려 보라. 이들은 데이터의 양으로 대결한 것이 아니라 아주 사소한 일상적 사건에 의미를 부여함으로써 인류의 지성사를 바꿨다.

AI는 사과와 중력 사이의 상관관계를 수만 개의 논문 데이터를 통해 계산할 순 있지만, 그 현상이 인간 존재와 우주에 어떤 철학적 의미를 갖는지 깨달을 마음의 눈이 없다.[17] 앞으로 AI 기술은 상상할 수 없는 속도로 진화할 것이다. 인간보다 수천 배 빠르게 법전을 외우고 수만 배 정교하게 암 진단서를 써 내려가겠지만, 그 차가운 알고리즘의 바다에는 해골물 한 모금이 주는 전율이 없다.

자신의 무지를 깨닫고 자신을 스스로 교정하며 낡은 시각을 탈피하여 새로운 세상으로 나아가는 위대한 도약은 여전히 우리 인간의 내면에서만 일어나는 기적이다. 거대한 지능의 시대일수록 우리 안에 잠든 이 깨어있는 마음을 더 소중히 여겨야 하지 않을까? 지능은 빌려올 수 있어도 깨달음은 오직 스스로 얻을 수 있는 인간만의 특권이기 때문이다.

달리는 호모 사피엔스

모닥불 너머의 공감:
이야기가 우리를
인간으로 만들었을 때

밤이 깊어갈수록 타닥타닥 타오르는 불꽃은 어둠 속에 더욱 견고한 빛의 요새를 만들어낸다. 사냥터에서의 거친 숨소리는 어느새 잦아들었지만 모닥불 주위에 둘러앉은 조상들의 눈빛은 그 어느 때보다 형형하게 빛나고 있다. 이제 그들은 인류 역사상 중요하고 위대한 두 번째 사냥을 시작하려 한다. 그것은 광활한 사바나가 아니라 타오르는 불꽃 주위에 둘러앉은 사람들의 마음속을 향해 걸어 들어가는 이야기라는 이름의 사냥이다.

이곳은 인류 최초의 극장이자 가장 뜨거운 지식의 용광로다. 노련한 이야기꾼 하나가 낮에 마주했던 거대한 뿔의 위협을 묘사하며 몸을 떨 때 가만히 듣고 있던 이들의 어깨도 동시에 움찔한다. 이야기꾼은 머릿속 타임머신을 타고 생생한 과거의 기억을 불러오고, 청중들은 언어라는 도구로 그 장면과 감정을 자기 몸의 감각으로 받아들인다. 직접 겪지 않은 타인의 통증이 내 등줄기를 타고 흐르고 이름 모를 동료의 승리가 내 가슴을 뜨겁게 달구는 기적이 일어난다. 이 섬세한 마음 읽기야말로 인류를 고독한 섬에서 탈출시킨 진정한 혁명이었다.

이 공감의 기적은 곧 인류 최강의 학습 도구가 되었다. 인류는 이야기라는 가상현실 속에서 타인의 시행착오를 나의 소중한 자산으로 삼았고, 누군가의 치명적인 실수는 모두의 안전을 위한 지혜로 치환해 냈다. 공감이 서로의 지도를 연결했다면 학습은 그 지도를 한 세대의 끝점이 다음 세대의 출발선이 되도록 단단하게 쌓아 올렸다. 이 누적적 문화 진화의 힘 덕분에 인류는 매번 처음부터 다시 시작할 필요가 없는 유일한 종이 되었다. 모닥불 앞에서 피어난 이야기는 우리를 단순히 똑똑한 개인이 아닌 서로의 지혜를 공유하고 마음을 비추는 공감하는 집단으로 다시 태어나게 한 것이다.

오늘 당신이 소설 속 주인공의 슬픔에 코끝이 찡해지거나 역사 속 위인의 고난에 주먹을 꽉 쥔다면 당신은 이미 저 태초의 모닥불가로 초대받은 셈이다. 인류는 수만 년 전이나 지금이나 여전히 보이지 않는 모닥불 주위에 둘러앉아 서로의 영혼을 비추며 살아간다. 타인의 고통을 내 것처럼 느끼고 타인의 성공을 나의 지혜로 흡수하는 이 기적 같은 연대야말로 호모 사피엔스를 만물의 영장으로 만든 진짜 힘이었다.

이제 우리는 기계가 인간보다 더 똑똑하게 답을 내놓는 기묘한 시대를 지나고 있다. 인공지능은 수조 개의 데이터를 순식간에 읽어내

달리는 호모 사피엔스

고 정교한 문장을 뱉어내겠지만, 그 차가운 알고리즘의 바다에는 해골물 한 모금이 주는 깨달음의 전율도 수만 년을 이어온 지혜의 무게를 짊어진 인간적 고뇌도 존재하지 않는다.

인간을 인간답게 만드는 것은 압도적인 계산 능력이 아니라 함께 모여 앉아 서로의 아픔을 이야기로 나누고 수 세대의 지혜를 하나로 엮어 오늘의 길을 찾아내는 공감과 성찰의 힘이었다. 지능은 도구에서 빌려올 수 있어도 타인의 마음을 내 것처럼 느끼고 인류가 쌓아온 지혜의 맥락을 스스로 깨뜨려 새로이 빚어내는 깨어있는 마음은 오직 인간만이 가진 고귀한 유산이다.

당신의 안에는 여전히 그 오래된 모닥불이 타오르고 있는가? 그 불꽃이 흔들릴 때마다 인류는 새로운 세상을 상상했고, 그 온기를 나눌 때마다 우리는 비로소 하나가 된다. 기술이 앞을 다투어 달려가는 시대일수록 우리 안의 뜨거운 서사와 지혜의 계보를 더 소중히 품어야 한다. 그 꺼지지 않는 마음의 불꽃이야말로 우리가 어디서 왔는지 그리고 앞으로 어디로 나아가야 할지를 알려주는 인류의 가장 아름다운 나침반이기 때문이다.

내 마음속의
사슴을 쫓아서

기나긴 여행의 끝에서 이 책의 첫 장을 열었던 근원적인 질문으로 돌아왔다. "나란 무엇인가?" 이 질문에 대한 답을 찾기 위해 우리는 화려한 도시의 불빛이나 복잡한 현대 사회의 철학이 아닌 아득히 먼 시간의 저편으로 떠났다. 250만 년 전 모든 것이 시작되었던 인류의 고향, 아프리카의 뜨거운 사바나. 우리는 그곳에서 무엇을 먹고 어떻게 살았으며 무엇을 꿈꾸었는지를 끈질기게 추적했다.

인간이라는 동물의 가장 깊은 본성을 알기 위해서는 우리 선조들이 살아온 생태적 환경을 먼저 이해해야만 한다. 모든 동물은 저마다의 생태적 지위를 가진다. 이는 그 동물이 가장 잘 살아남을 수 있도록 자연이 마련해 준 지정석과 같다. 수백만 년에 걸친 진화는 환경이라는 복잡한 자물쇠에 딱 들어맞는 본성이라는 열쇠를 정교하게 다듬어 왔다. 이 본성은 유전자에 깊이 새겨져 본능이 되며 모든 생명체는 본능에 따라 살아갈 때 행복을 느낀다.

여기서 행복이란 단순히 감상적이거나 시적인 표현이 아니다. 이것은 뇌 과학의 언어다. 자신의 본능에 맞는 행동 즉 생존과 번식에 유리한 행동을 성공적으로 수행할 때 동물의 뇌에서는 도파민이나 엔도르핀 같은 강력한 신경전달물질이 보상으로 분비된다. 이 짜릿한 쾌감은 바로 "그거야! 아주 잘하고 있어!"라고 외치는 뇌의 신호이며, 이것이 그 동물을 계속해서 본능에 따라 움직이게 하는 가장 강력한 동기다.

반대로 만약 자신의 본능을 따르지 못하거나 따를 수 없는 환경에 처하게 되면 어떻게 될까? 동물들은 극심한 스트레스에 시달리며 결국 다양한 질병이나 정신적 착란에 빠질 수 있다. 동물원에서 끊임없이 같은 자리를 맴도는 곰이나 호랑이 혹은 자기 깃털을 모조리 뽑아버리는 앵무새를 본 적이 있는가? 이는 동물의 정형 행동이라 불리는 현상으로 타고난 본능이 억눌렸을 때 나타나는 비정상적인 행동 패턴이다. 그것은 동물이 보내는 절박한 구조 신호이자 나는 지금 내 본성대로 살고 있지 못한다는 비명이다. 사자는 드넓은 초원을 달리며 온힘을 다해 사냥감을 쫓아야 하고, 독수리는 거대한 날개를 펴고 창공을 자유롭게 비행해야 하며, 물고기는 광활한 바다나 강을 헤엄쳐야만 하는 것처럼 말이다.

그렇다면 우리 인간은 어떠한가? 우리의 본성과 본능은 과연 무엇인가? 우리는 종종 자신을 고도로 문명화된 혹은 다른 동물과는 완전히 구별되는 특별한 존재로 여기곤 한다. 하지만 우리의 뇌와 신체는 안타깝게도 아직 첨단의 스마트폰이나 화려한 마천루를 따라잡지 못했다. 우리의 유전자는 여전히 약 20만 년 전 아프리카의 드넓은 사바나 초원에서 맨발로 뛰어다니며 사냥과 채집으로 하루를 살아가던 호모 사피엔스 조상들의 그것과 거의 다르지 않다.

　우리 조상들은 어떻게 그 험난한 환경에서 살아남았을까? 그들은 무리와 소통하고 긴밀하게 협력하여 거대한 사슴 무리에서 약한 개체 하나를 분리해낸다. 그리고 끈기와 집념으로 그 사냥감이 지쳐 쓰러질 때까지 쫓고 또 쫓았다. 이것이 인류의 가장 독특하고 위대한 사냥 전략 중 하나인 지구력 사냥이다.

　우리는 치타처럼 빠르지도 사자처럼 강한 턱을 갖지도 못했다. 대신 우리에겐 다른 어떤 동물도 갖지 못한 두 가지 강력한 생물학적 무기가 있었다. 첫째는 두 발로 서서 장거리를 달릴 수 있는 능력이다. 네발짐승이 전력 질주할 때는 숨을 제대로 쉴 수 없는 반면, 우리는 달리면서도 호흡을 자유롭게 조절할 수 있어 훨씬 효율적으로 장거리를 이동할 수 있었다. 둘째는 어쩌면 가장 결정적인 무기인 땀이다. 우리의 매끄러운 피부에는 수백만 개의 땀샘이 온몸을 뒤덮고 있다. 털가죽으로 뒤덮인 포유류 대부분은 한낮의 더위 속에서 질주하다 보면 체온이 급격히 올라 금세 과열되어 쓰러지고 만다. 하지만 우리는 땀을 비 오듯 흘리며 그 땀이 증발할 때 발생하는 기화열로 열을 식히는 지구상에서 가장 뛰어난 체온 조절 능력을 갖추고 있었다. 한낮의 태양 아래 털가죽 코트를 입은 사슴이 열사병으로 쓰러질 때까지 벌

달리는 호모 사피엔스

거벗은 유인원은 땀을 흘리며 그 뒤를 끝까지 쫓아갈 수 있었다.

　하지만 이것만으로는 부족했다. 달리다가 사슴이 시야에서 사라지면 사냥은 그걸로 끝이었을까? 아니다. 이 지점에서 인류의 또 다른 위대함이 드러난다. 그들은 멈춰 서서 꺾인 나뭇가지, 풀잎에 묻은 이슬 그리고 마르지 않은 희미한 발자국을 보고 사슴의 이동 경로를 추론하고 상상했다. '저쪽 언덕 너머 물가로 갔을 것이다.' 이것이 다른 동물과 구별되는 고도로 발달한 인간의 전두엽 피질이 하는 일이다. 현재의 단서로 보이지 않는 미래를 예측하고 가설을 세우며 보이지 않는 것을 믿는 능력. 이것이야말로 인류 지성의 핵심이다.

　사냥은 여기서 끝나지 않는다. 그렇게 힘들게 사냥한 먹이를 그들은 절대로 독차지하지 않았다. 이웃과 함께 나누고 베풀었으며, 이것은 생존을 위한 매우 현명한 전략인 호혜적 이타주의였다. 내가 오늘 사냥에 성공했을 때 음식을 나누면 내가 빈손으로 돌아온 다른 날, 또 다른 성공한 사냥꾼에게 음식을 얻을 수 있다는 가장 확실한 사회적 보험이었던 셈이다.

　그리고 일이 끝난 저녁이면 그들은 모닥불 주위에 둘러앉아 서로 학습하고 공감하며 이야기꽃을 피웠다. 인류학자들은 이 모닥불 주변의 대화가 인류의 사회성과 지능을 폭발적으로 발달시킨 결정적 계기라고 말한다. 그곳에서 그들은 사냥 기술을 전수하고 사회적 규범을 배우며 복잡한 사회 관계망을 파악했다. 그리고 무엇보다 서로의 감정에 공감하며 끈끈한 유대감을 쌓았다. 소통과 협력, 끈기와 집념, 추론과 상상, 믿음과 희망, 나눔과 베풂 그리고 학습과 공감. 이것이 우리라는 인간의 본성이다. 인류가 지구상 만물의 영장이 된 이유이며 위대한 문명과 고도의 사회를 건설할 수 있었던 근간이다.

오늘날 우리는 더 이상 사슴을 쫓아 사바나를 달리지 않는다. 하지만 이러한 본능에 따라 행동하고 살아갈 때 우리는 여전히 정신과 신체가 건강하게 유지될 수 있다. 현대 사회의 수많은 스트레스와 우울, 불안은 어쩌면 우리의 타고난 본성과 현대 환경 사이의 불일치에서 비롯된 결과일지도 모른다. 동물원의 사자처럼 좁은 사무실 칸막이에 갇혀 온종일 앉아있는 우리의 신체는 비명을 지르고, 사회적 연결망이 끊어진 채 고립된 우리의 뇌는 공허함을 느끼는 것이다.

그렇다면 우리 인류가 그리고 우리 개개인이 행복해지려면 어떻게 해야 할까? 그 답은 이미 우리 본성 안에 깊이 새겨져 있다. 우리가 오늘날 마주하는 세상은 사바나와 비교할 수 없을 정도로 복잡하고 우리가 쫓는 사슴은 때로 돈이나 명예, 권력 혹은 자아실현이나 행복 그 자체라는 다른 이름으로 나타난다. 하지만 그것을 성취하기 위한 우리의 근본적인 방식은 변하지 않았다. 우리는 여전히 동료들과 협력하고, 목표를 향해 끈질기게 나아가며, 보이지 않는 가능성을 상상하고, 그것이 이루어질 것이라 믿고 희망하며, 그 결과물을 사회와 나누고, 그 모든 과정을 끊임없이 성찰하고 공감한다. 그래야 우리는 행복해질 수 있다. 이것이 바로 수백만 년의 진화가 우리 DNA에 새겨 넣

달리는 호모 사피엔스

은 인간 본연의 삶의 방식이자 진정한 행복으로 가는 길이다.

이 책을 닫는 당신에게 "나란 무엇인가?"라는 질문에 대한 답을 찾을 수 있는 출발점이 되었기를 바란다. 우리 모두에게는 수백만 년의 시간 동안 검증된 인류의 가장 위대한 특성들이 살아 숨 쉬고 있다. 그러니 때로 길을 잃고 세상이 무너지는 것 같은 절망의 순간이 찾아오더라도 잊지 말아야 한다. 당신의 심장은 지쳐 쓰러질 때까지 사슴을 쫓던 선조의 심장이며, 당신의 뇌는 보이지 않는 길을 상상해 냈던 선조의 뇌라는 것을. 그리고 당신의 가슴 속에는 그 모든 것을 동료와 함께 나누었던 따뜻한 모닥불의 온기가 영원히 꺼지지 않을 것이라는 사실을 말이다.

인류는 바로 그 힘으로 여기까지 왔다. 그리고 우리는 바로 그 힘으로 앞으로도 계속해서 올바르게 나아갈 것이라 굳게 믿고 희망한다.

참고 문헌

CHAPTER 1

1. Stephens, D. W. & Krebs, J. R. (1986). *Foraging Theory*. Princeton University Press. 동물이 먹이를 찾는 행동을 경제학적 비용편익 분석의 관점으로 설명하는 최적 섭식 이론을 집대성한 고전이다. 동물의 행동이 에너지 효율을 극대화하는 방향으로 진화했음을 수학적 모델과 실험을 통해 증명한 것이다.

2. Hamilton, W. D. (1971). Geometry for the selfish herd. *Journal of Theoretical Biology*, 31(2), 295-311. 포식자의 공격 위험을 줄이기 위해 개체들이 무리의 중심으로 모여든다고 설명하는 이론이다. 겉보기에는 협력하는 것처럼 보이지만 실제로는 각 개체가 자신의 생존 확률을 높이려는 이기적인 동기에서 비롯된 행동임을 밝힌 중요한 개념이다.

3. Meire, P. M. & Ervynck, A. (1986). Are oystercatchers (*Haematopus ostralegus*) optimal foragers?. *Animal Behaviour*, 34(5), 1566-1568. 검은머리물떼새(*H. ostralegus*)가 에너지 섭취율을 최대로 높일 수 있는 특정 크기의 홍합을 선택적으로 사냥하는지를 현장 연구로 검증한 논문이다. 최적 섭식 이론이 자연에서 어떻게 작동하는지 보여주는 대표적인 사례이다.

4. Gursky, S. L. (2003). The behavioral ecology of the spectral tarsier, *Tarsius spectrum*. In *Tarsiers: Past, Present, and Future* (pp. 1-22). Rutgers University Press. 유령안경원숭이(*T. spectrum*)의 독특한 신체적 특징과 행동이 서식 환경 및 먹이와 어떻게 밀접하게 연관되어 있는지를 분석했다. 특정 생태적 지위가 동물의 진화에 얼마나 지대한 영향을 미치는지를 보여준다.

5. Pietsch, T. W. (2005). Dimorphism, parasitism, and sex revisited: modes of reproduction in deep-sea ceratioid anglerfishes (*Teleostei: Lophiiformes*). *Ichthyological Research*, 52(3), 207-236. 심해 아귀(*Teleostei: Lophiiformes*)의 극단적인 성적 이형성과 수컷의 기생 번식 전략이 짝을 찾기 어려운 극한의 심해 환경에 적응한 결과임을 상세히 기술한 연구이다.

6. DeMenocal, P. B. (2004). African climate change and faunal evolution during the Pliocene-Pleistocene. *Earth and Planetary Science Letters*, 220(1-2), 3-24. 아프리카의 플라이오세에서 플라이스토세 시기에 걸쳐 일어난 기후 변화가 다양한 동물군의 진화 및 종 다양성에 미친 영향을 심층적으로 검토했다.

7. Bond, W. J. & Keeley, J. E. (2005). Fire as a global herbivore: the ecology and evolution of flammable ecosystems. *Trends in Ecology & Evolution*, 20(7), 387-394. 불이 단순히 재앙이 아니라 사바나와 같은 특정 생태계의 구조를 유지하고 생물 다양성을 촉진하는 핵심적인 동력임을 설명한 논문이다.

8. Sankaran, M. et al. (2005). Determinants of woody cover in African savannas. *Nature*, 438(7069), 846-849. 아프리카 대륙 전역의 사바나 데이터를 분석하여 강수량과 불 그리고 초식동물이라는 세 가지 요소가 어떻게 상호작용하며 나무 밀도를 결정하는지를 밝혔다.

9. Hart, D. & Sussman, R. W. (2008). *Man the Hunted: Primates, Predators, and Human Evolution*. Hachette UK. 초기 인류가 최상위 포식자가 아니라 수많은 맹수의

먹잇감이었다는 사냥당하는 유인원 가설을 제시했다. 이러한 포식 압력이 인류의 사회성 과 협동 및 지능 발달에 결정적인 역할을 했다고 주장한다.

10. Wheeler, P. E. (1991). The thermoregulatory advantages of hominid bipedalism in open equatorial environments. *Journal of Human Evolution*, 21(2), 117-136. 직립보행이 사바나의 뜨거운 태양 아래서 체온을 조절하는 데 얼마나 결정적인 이점을 제 공했는지를 물리학적 모델을 통해 분석한 연구이다.

11. Orians, G. H. & Heerwagen, J. H. (1992). Evolved responses to landscapes. In *The Adapted Mind: Evolutionary Psychology and the Generation of Culture* (pp. 555-579). Oxford University Press. 현대 인간의 경관 선호도가 인류의 진화적 환경이 었던 아프리카 사바나에서의 생존 요구에 의해 형성되었다는 사바나 가설을 공식적으로 제시했다.

12. Appleton, J. (1975). *The Experience of Landscape*. John Wiley & Sons. 인간이 어 떤 풍경을 아름답고 안전하다고 느끼는지에 대한 근본 원리를 조망(*Prospect*)과 피신처 (*Refuge*)라는 개념으로 설명한 환경 미학의 고전이다.

13. Ulrich, R. S. (1984). View through a window may influence recovery from surgery. *Science*, 224(4647), 420-421. 병실 창밖으로 보이는 풍경이 환자의 회복 속도 에 실질적인 영향을 미친다는 사실을 입증하여 바이오필릭 디자인의 과학적 근거를 마련 했다.

14. Hart, D. & Sussman, R. W. (2008). *Man the Hunted: Primates, Predators, and Human Evolution*. Hachette UK. 초기 인류가 수많은 포식자의 먹잇감이었다는 사실을 통해 포식의 위협이 인류의 사회성과 지능 발달을 촉진했음을 강조하는 내용이다.

15. Blumenschine, R. J. & Cavallo, J. A. (1992). Scavenging and human evolution. *Scientific American*, 267(4), 90-97. 초기 인류가 대형 포식자가 사냥한 동물의 사체를 청소하며 고기와 골수를 얻었다는 청소부 가설을 체계적으로 제시한 대표적인 연구이다.

16. Bramble, D. M. & Lieberman, D. E. (2004). Endurance running and the evolution of *Homo*. *Nature*, 432(7015), 345-352. 인간의 아킬레스건과 긴 다리 및 땀 분비 능력 등 해부학적 특징이 장거리 달리기에 특화되어 있으며 이를 통해 지구력 사냥이 가능했음 을 주장한다.

17. Dominguez-Rodrigo, M., Pickering, T. R., & Bunn, H. T. (2002). Configurational approach to identifying the earliest hominin butchers. *Proceedings of the National Academy of Sciences*, 99(18), 11523-11528. 동물 뼈에 남은 절단흔의 위치 와 패턴을 분석하여 초기 인류가 언제부터 체계적인 도축을 시작했는지 추적하는 방법론 을 제시한다.

18. Keeley, L. H. & Toth, N. (1981). Microwear polishes on early stone tools from Koobi Fora, Kenya. *Nature*, 293(5832), 464-465. 석기 마모흔 분석의 선구적인 연구 로 초기 석기가 고기 절단과 식물 가공 및 목재 가공 등 다양한 용도로 사용되었음을 실험 적으로 입증했다.

19. Semenov, S. A. (1964). *Prehistoric Technology: An Experimental Study of the Oldest Tools and Artefacts from Traces of Manufacture and Wear*. Cory, Adams & Mackay. 실험 고고학을 통해 석기의 기능을 밝히는 마모흔 분석 방법론의 기틀을 마련 한 고전적인 저서이다.

20. Schoeninger, M. J. & DeNiro, M. J. (1984). Nitrogen and carbon isotopic composition of bone collagen from marine and terrestrial animals. *Geochimica et Cosmochimica Acta*, 48(4), 625-639. 뼈 콜라겐에 남아있는 안정 동위원소 분석을

통해 고대 동물의 식단을 재구성하는 방법론의 기틀을 마련한 고전 연구이다.

21. Sponheimer, M. & Lee-Thorp, J. A. (1999). Isotopic evidence for the diet of an early hominid, *Australopithecus africanus*. *Science*, 283(5400), 368-370. 오스트랄로피테쿠스 아프리카누스(*A. africanus*)의 치아 분석을 통해 이들의 식단이 사바나의 식물을 상당 부분 포함하고 있었음을 밝혀냈다.

22. Koch, P. L. & Barnosky, A. D. (2006). Late Quaternary extinctions: state of the debate. *Annual Review of Ecology, Evolution, and Systematics*, 37, 215-250. 플라이스토세 후기에 일어난 거대 동물군의 멸종을 다루며 이전 시대에 존재했던 거대 동물들의 다양성을 보여주는 리뷰 논문이다.

23. Edwards, E. J. et al. (2010). The origins of C4 grasslands: a new paradigm for the evolution of C4 photosynthesis. *Annual Review of Ecology, Evolution, and Systematics*, 41, 159-181. C4 초원의 진화와 확산이 지구 생태계 및 대형 초식동물의 번성에 어떠한 영향을 미쳤는지를 설명하는 연구이다.

24. Bunn, H. T. (2007). Meat made us human. In *Evolution of the Human Diet* (pp. 191-211). Oxford University Press. 고고학적 증거를 통해 초기 인류의 식단에서 육식 특히 유제류 사냥이 차지하는 중요성을 강조하는 연구이다.

25. Aiello, L. C. & Wheeler, P. (1995). The Expensive-Tissue Hypothesis: the brain and the digestive system in human and primate evolution. *Current Anthropology*, 36(2), 199-221. 큰 뇌를 유지하기 위해 소화기관처럼 에너지를 많이 소모하는 다른 기관이 작아져야 했다는 비싼 조직 가설을 최초로 제시한 핵심 연구이다.

26. Schaller, G. B. (1972). *The Serengeti Lion: A Study of Predator-Prey Relations*. University of Chicago Press. 사자(*Panthera leo*)의 사회 구조와 협동 사냥에 대한 가장 상세한 분석을 제공하는 고전적인 연구 자료이다.

27. Blumstein, D. T. (2006). Developing an evolutionary ecology of fear. *Animal Behaviour*, 71(2), 389-399. 동물의 행동과 삶의 방식이 어떻게 위험에 대한 반응에 영향을 미치는지를 설명하는 연구이다.

28. Sharp, N. C. (1997). Timed running speed of a cheetah (*Acinonyx jubatus*). *Journal of Zoology*, 241(3), 493-494. 치타(*A. jubatus*)의 최고 속도와 달리기에 대한 생리학적 특징을 다룬 연구이다.

29. Kruuk, H. (1972). *The Spotted Hyena: A Study of Predation and Social Behavior*. University of Chicago Press. 하이에나(*Crocuta crocuta*)가 단순한 청소부가 아니라 무리를 지어 사냥하는 지능적인 포식자임을 밝혀낸 중요한 저서이다.

30. Thieme, H. (1997). Lower Palaeolithic hunting spears from Germany. *Nature*, 385(6619), 807-810. 독일 쇠닝겐에서 발견된 30만 년 전의 나무 창들이 정교하게 제작되었으며 사냥용으로 사용되었음을 보여주는 발굴 보고서이다.

31. Taylor, C. R. & Rowntree, V. J. (1973). Temperature regulation and heat balance in running cheetahs. *American Journal of Physiology*, 224(4), 848-851. 치타(*A. jubatus*)가 달릴 때 발생하는 열과 그 한계 및 체온 조절 전략을 분석한 자료이다.

32. Perkins, S. (2012). The prehistoric powerhouse. *Science News*, 181(6), 22-26. 선사시대의 투창기가 얼마나 강력하고 혁명적인 사냥 도구였는지를 설명하는 글이다.

33. Garland, T. (1983). The relation between maximal running speed and body mass in terrestrial mammals. *Journal of Zoology*, 199(2), 157-170. 지상 포유류의 최대 달리기 속도와 체중 사이의 관계를 분석하여 대부분의 동물이 인간보다 빠르다는 사실을 보여준다.

달리는 호모 사피엔스

34. Bramble, D. M. & Lieberman, D. E. (2004). Endurance running and the evolution of *Homo*. *Nature*, 432(7015), 345-352. 인간의 해부학적 구조가 장거리 달리기에 특화되어 진화했다는 지구력 달리기 가설을 집대성한 논문이다.

35. Aiello, L. C. & Wheeler, P. (1995). The Expensive-Tissue Hypothesis: the brain and the digestive system in human and primate evolution. *Current Anthropology*, 36(2), 199-221. 인간이 큰 뇌를 유지하기 위해 고품질의 식단을 필요로 했음을 비싼 조직 가설로 설명한 내용이다.

36. McDougall, C. (2009). *Born to Run: A Hidden Tribe, Superathletes, and the Greatest Race the World Has Never Seen*. Knopf. 타라우마라 부족의 경이로운 장거리 달리기 능력과 인류의 진화적 적응인 지구력 사냥의 연관성을 널리 알린 저서이다.

37. Liebenberg, L. (2006). Persistence Hunting by Modern Hunter-Gatherers. *Current Anthropology*, 47(6), 1017-1026. 현대의 수렵채집민인 산 부족이 실제로 지구력 사냥을 어떻게 수행하는지 상세히 기록한 연구이다.

CHAPTER 2

1. Stiner, M. C. (2002). Carnivory, coevolution, and the geographic spread of the genus *Homo*. *Journal of Archaeological Research*, 10(1), 1-63. 육식과 인류 진화의 상호 관계를 다루며 협력 사냥이 인류의 사회적 행동과 지리적 확산에 미친 영향을 분석한 연구이다.

2. Tomasello, M. (2014). *A Natural History of Human Thinking*. Harvard University Press. 다른 유인원과 구별되는 인간 사고의 핵심으로 공유된 의도성을 제시하며 이것이 협력과 소통의 기반이 되었음을 주장한 저서이다.

3. Bramble, D. M., & Lieberman, D. E. (2004). Endurance running and the evolution of *Homo*. *Nature*, 432(7015), 345-352. 인간의 지구력 달리기 능력에 대한 해부학적 증거를 제시하며 호흡과 보행의 분리가 어떻게 달리면서 발성하는 것을 가능하게 했는지 설명한다.

4. Kaplan, H., Hill, K., Lancaster, J., & Hurtado, A. M. (2000). A theory of human life history evolution: Diet, intelligence, and longevity. *Evolutionary Anthropology: Issues, News, and Reviews*, 9(4), 156-185. 육식이라는 고품질 식단이 인간의 긴 수명과 높은 지능 그리고 복잡한 사회 구조의 진화를 어떻게 이끌었는지에 대한 이론을 제시한 것이다.

5. Kobayashi, H., & Kohshima, S. (2001). Unique morphology of the human eye and its adaptive meaning: comparison of eye movement and static eye images in 28 primate species. *Journal of Human Evolution*, 40(5), 419-435. 인간만이 가진 넓은 흰자위와 가로로 긴 눈의 형태가 타인과의 시선 공유 및 사회적 협력을 위한 적응 진화의 결과임을 밝힌 연구이다.

6. Tomasello, M., Hare, B., Lehmann, H., & Call, J. (2007). Reliance on head versus eyes in the gaze following of great apes and human infants: the cooperative eye hypothesis. *Journal of Human Evolution*, 52(3), 314-320. 인간 아기가 머리 움직임보다 눈동자의 움직임에 의존하여 타인의 시선을 따라간다는 사실을 입증함으로써 협력적 눈 가설을 뒷받침한 것이다.

7. Lieberman, P. (1998). *Eve Spoke: Human Language and Human Evolution*. W.

W. Norton & Company. 인간의 하강된 후두가 더 명확한 모음 발음을 가능하게 하여 언어 진화에 기여했음을 설명하는 내용을 담고 있다.

8. Fitch, W. T. (2000). The evolution of speech: a comparative review. *Trends in Cognitive Sciences*, 4(7), 258-267. 하강된 후두가 인간에게 넓은 공명 공간을 제공하여 다양한 소리를 낼 수 있게 했음을 해부학적으로 분석한 리뷰 논문이다.

9. Lieberman, P. (2007). The evolution of human speech: Its anatomical and neural bases. *Current Anthropology*, 48(1), 39-66. 인간 후두의 해부학적 구조와 신경학적 토대가 어떻게 정교한 언어 구사를 가능하게 했는지 상술한 핵심 연구이다.

10. Tobias, P. V. (1991). *Olduvai Gorge: Vol. 4. The Skulls, Endocasts and Teeth of Homo habilis*. Cambridge University Press. 약 200만 년 전 *Homo habilis*의 두개골 내부 형태 분석을 통해 언어 처리와 관련된 영역인 브로카 및 베르니케 영역의 확장을 확인한 연구이다.

11. Arensburg, B., et al. (1989). A Middle Palaeolithic human hyoid bone. *Nature*, 338(6218), 758-760. 케바라 동굴에서 발견된 네안데르탈인의 목뿔뼈를 통해 고인류의 언어 능력을 재평가하게 만든 중요한 발굴 보고서이다.

12. Standring, S. (2020). *Gray's Anatomy: The Anatomical Basis of Clinical Practice*. Elsevier. 인체 해부학의 가장 권위 있는 서적으로 횡격막의 해부학적 위치와 기능을 정의한 자료이다.

13. Drake, R. L., et al. (2015). *Gray's Anatomy for Students*. Elsevier. 목뿔뼈 주변 근육의 상호작용과 인체 구조를 학생들의 이해를 돕기 위해 상세히 설명한 해부학 교과서이다.

14. Standring, S. (2020). *Gray's Anatomy*. 인체 해부학의 표준적 이해를 돕는 서적으로서 횡격막의 위치와 기능을 설명한다.

15. West, J. B. (2012). *Respiratory Physiology: The Essentials*. Lippincott Williams & Wilkins. 호흡 시 횡격막과 갈비뼈 근육들이 작용하는 물리적 메커니즘을 다루는 생리학 교과서이다.

16. Bramble, D. M. & Carrier, D. R. (1983). Running and breathing in mammals. *Science*, 219(4582), 251-256. 네 발 짐승과 인간의 달리기 중 호흡 패턴 차이를 규명하여 인류 진화의 특이성을 밝힌 논문이다.

17. Jerath, R., et al. (2006). Physiology of long pranayamic breathing: Neural pathways and mechanisms. *Medical Hypotheses*, 67(2), 344-355. 깊은 호흡이 미주 신경을 통해 자율신경계의 균형을 맞추는 생리학적 기전을 탐구한 연구이다.

18. Hixon, T. J. & Hoit, J. D. (2005). *Evaluation and Management of Speech Breathing Disorders*. 말하기 과정에서 횡격막이 공기 흐름을 어떻게 미세하게 제어하는지 분석한 전문 서적이다.

19. Fisher, S. E., et al. (1998). Localisation of a gene implicated in a severe speech and language disorder. *Nature Genetics*, 18(2), 168-170. 영국 KE 가문의 가계도 분석을 통해 특정 언어 장애가 유전적 결함에 기인함을 최초로 증명한 기념비적 연구이다.

20. Krause, J., et al. (2007). The derived FOXP2 variant of modern humans was shared with Neandertals. *Current Biology*, 17(21), 1908-1912. 네안데르탈인이 현대 인류와 동일한 형태의 FOXP2 유전자를 가졌음을 밝혀낸 연구이다.

21. Bramble, D. M. & Lieberman, D. E. (2004). Endurance running and the evolution of *Homo*. *Nature*, 432(7015), 345-352. 인류의 지구력 달리기 능력이 언어의 진화와 복합적으로 연관되어 있음을 보여주는 연구이다.

달리는 호모 사피엔스

CHAPTER 3

1. Bramble, D. M., & Lieberman, D. E. (2004). Endurance running and the evolution of *Homo*. *Nature*, 432(7015), 345-352. 인간이 지구력 달리기에 적합하도록 진화했다는 가설을 집대성한 기념비적 논문이다. 아킬레스건과 둔근 등 오래 달리기에 유리한 신체적 특징 26가지를 제시하며 인류 진화의 새로운 관점을 보여준다.

2. Carrier, D. R. (1984). The energetic paradox of human running and hominid evolution. *Current Anthropology*, 25(4), 483-495. 네발 동물이 질주할 때 호흡이 보폭에 기계적으로 묶이는 이동-호흡 연동 현상을 밝히고 이것이 인간의 달리기와 어떻게 다른지 분석한 고전 연구이다.

3. Liebenberg, L. (2006). Persistence hunting by modern hunter-gatherers. *Current Anthropology*, 47(6), 1017-1026. 현대 수렵 채집 부족인 산(*San*) 부족이 실제로 지구력 사냥을 수행하는 과정을 생생하게 관찰하고 기록했다. 사냥의 전 과정과 성공 요인을 상세히 분석한 연구이다.

4. Isenschmid, D. S. (2020). *Thermoregulation and the Pathophysiology of Heatstroke*. In *Forensic Pathology of Heat and Cold*. Academic Press. 체온 조절과 열사병의 병태생리학을 다루며 인체의 생리적 과정이 온도에 얼마나 민감하게 반응하는지 설명한다. 정상 체온 유지가 신경계의 효율적 기능에 필수적임을 뒷받침한다.

5. Bouchama, A., & Knochel, J. P. (2002). Heat stroke. *New England Journal of Medicine*, 346(25), 1918-1988. 열사병에 대한 권위 있는 의학 리뷰 논문으로 체온이 40°C 이상일 때 뇌와 신체 장기에 일어나는 단계적 손상을 기술했다. 본문에 언급된 온도별 뇌 기능 저하 과정에 대한 의학적 근거를 제공한다.

6. Hetem, R. S., et al. (2016). Body temperature, activity patterns, and hunting in free-ranging cheetahs. *Journal of Mammalogy*, 97(5), 1419-1430. 야생 치타(*Acinonyx jubatus*)의 활동과 체온 변화를 직접 측정한 연구이다. 치타가 사냥 시 체온이 급격히 상승하며 이것이 사냥 패턴을 제한하는 주요 요인임을 실험적으로 보여주었다.

7. Jablonski, N. G. (2006). *Skin: A Natural History*. University of California Press. 인류가 털을 잃고 다양한 피부색을 갖게 된 과정을 열 조절 및 비타민 D 합성 관점에서 설명한다. 털 없는 피부가 열 방출과 땀 증발에 결정적인 역할을 했음을 입증하는 핵심 근거이다.

8. Sato, K., Kang, W. H., Saga, K., & Sato, K. T. (1989). Biology of sweat glands and their disorders. I. Normal sweat gland function. *Journal of the American Academy of Dermatology*, 20(4), 537-563. 땀샘의 생물학과 기능에 대한 고전 의학 리뷰 논문이다. 체온 조절에 핵심인 에크린 땀샘의 구조와 땀 성분 및 분비 메커니즘을 상세히 설명하여 생리학적 근거를 뒷받침한다.

9. Lieberman, D. E. (2015). *The Story of the Human Body: Evolution, Health, and Disease*. Vintage. 인류 진화 과정을 신체 활동 관점에서 분석한다. 땀 흘리기가 어떻게 호흡과 냉각을 분리시켜 인간의 지구력을 가능하게 했는지에 대한 진화적 통찰을 제공한다.

10. Ruxton, G. D., & Wilkinson, D. M. (2011). The function of sun-reflecting hair. *Journal of Zoology*, 284(4), 239-244. 인간의 머리카락이 뜨거운 환경에 적응하기 위한 중요한 열 조절 기능을 수행한다는 사실을 수학적 모델링으로 분석한 연구이다.

11. Cabanac, M. (1986). Keeping a cool head. *News in Physiological Sciences*, 1(1), 41-44. 뇌의 선택적 냉각 메커니즘을 심도 있게 다루었다. 도출 정맥을 통한 혈류 역전 현상이 뇌의 과열을 막는 과정을 설명하며 라디에이터 이론의 핵심 메커니즘을 제시한다.

12. Falk, D. (1990). Brain evolution in *Homo*: the radiator theory. *Behavioral and Brain Sciences*, 13(2), 333-344. 라디에이터 이론을 학계에 처음 제시한 연구이다. 뇌의 열 스트레스가 진화의 제약 조건이었음을 주장하며 효율적인 냉각 시스템 확보가 뇌 용량 증가를 가능하게 했음을 논증한다.

13. Wheeler, P. E. (1992). The influence of the loss of functional body hair on the thermoregulatory evolution of *Homo*. *Journal of Human Evolution*, 23(5), 379-388. 털 없는 피부와 직립보행이 인류의 열 조절 능력에 미친 영향을 종합적으로 분석하여 진화적 이점을 설명한 연구이다.

14. Peter L. Williams et al. (2005). *Gray's Anatomy: The Anatomical Basis of Clinical Practice*. Churchill Livingstone. 해부학 표준 교과서로서 목덜미 인대의 위치와 구조 및 주변 조직과의 관계에 대한 해부학적 사실을 뒷받침한다.

15. Christopher D. Plaza and Daniel B. Drachman (2005). *The Vestibular System*. In *Textbook of Clinical Neurology*. Elsevier Saunders. 전정기관의 구조와 각 부분이 어떻게 머리 움직임과 중력을 감지하는지에 대한 생리학적 원리를 상세히 설명하는 신경학 자료이다.

16. K. G. Lowenstein and R. D. W. G. N. Wersall (1974). *The Vestibular System*. In *Handbook of Sensory Physiology: Vestibular System*. Springer-Verlag. 전정기관이 감지한 정보가 어떻게 전정안구반사를 유발하여 머리 움직임 속에서도 시선을 안정시키는지 다루는 고전 자료이다.

17. Dietrich, A., & McDaniel, W. F. (2004). Endocannabinoids and exercise. *British Journal of Sports Medicine*, 38(5) 536-541. 러너스 하이의 원인으로 운동이 뇌의 내인성 카나비노이드 시스템을 활성화시킨다는 새로운 이론을 체계적으로 제시한 초기 연구이다.

18. Hill, M. N., & Gorzalka, B. B. (2009). The endocannabinoid system and the treatment of mood and anxiety disorders. *CNS & Neurological Disorders - Drug Targets*, 8(6), 451-458. 아난다미드를 포함한 내인성 카나비노이드 시스템이 기분 조절과 불안 감소에 미치는 영향을 포괄적으로 검토한 리뷰 논문이다.

19. Heijnen, S., Hommel, B., Kibele, A., & Colzato, L. S. (2016). Neuromodulation of aerobic exercise: a review. *Frontiers in Psychology*, 6, 1890. 유산소 운동이 신경전달물질과 뇌유래신경영양인자 수치를 높여 스트레스 완화와 인지 기능 향상 등 뇌 건강에 미치는 긍정적 효과를 밝혔다.

20. Bramble, D. M., & Lieberman, D. E. (2004). Endurance running and the evolution of *Homo*. *Nature*, 432(7015), 345-352. 인간이 장거리 달리기에 특화되도록 진화했음을 보여주는 수많은 해부학적 및 생리학적 증거를 제시한 핵심 연구이다.

21. Raichlen, D. A. et al. (2012). Wired to run: exercise-induced endocannabinoid signaling in humans and cursorial mammals with implications for the runner's high. *The Journal of Experimental Biology*, 215(8), 1331-1336. 달리도록 진화한 동물만이 달릴 때 아난다미드 수치가 높아짐을 실증하여 러너스 하이가 진화적 보상 적응이라는 가설을 뒷받침했다.

22. Raichlen, D. A., & Alexander, G. E. (2017). Adaptive capacity: An evolutionary neuroscience model linking exercise, cognition, and brain health. *Trends in Neurosciences*, 40(7), 408-421. 운동이 뇌 건강과 인지 기능에 유익한 이유를 적응 능력이라는 진화 신경과학 모델로 설명하여 신체 활동의 중요성을 논증한다.

23. Cotman, C. W., & Berchtold, N. C. (2002). Exercise: a behavioral intervention to

달리는 호모 사피엔스

enhance brain health and plasticity. *Trends in Neurosciences*, 25(6), 295-301. 운동이 뇌유래신경영양인자를 통해 뇌의 학습 및 기억 능력을 어떻게 향상시키는지 그 생물학적 기전을 제시한 연구이다.

24. Griesbach, G. S., Hovda, D. A., Molteni, R., Wu, A. & Gomez-Pinilla, F. (2004). Voluntary exercise following traumatic brain injury: brain-derived neurotrophic factor upregulation and recovery of function. *Neuroscience*, 125(1), 129-139. 자발적인 달리기 운동이 외상성 뇌 손상 이후의 인지 기능 회복을 촉진한다는 사실을 모델 실험을 통해 증명했다.

25. Vaynman, S., & Gomez-Pinilla, F. (2005). License to run: exercise impacts functional plasticity in the intact and injured central nervous system by using neurotrophins. *Neurorehabilitation and Neural Repair*, 19(4), 283-295. 운동이 신경영양인자를 활성화하여 건강한 뇌는 물론 손상된 신경계의 회복까지 돕는 원리를 종합적으로 설명한다.

26. Mang, C. S., et al. (2013). *Neuroscience*. 유산소 운동이 뇌졸중 이후 신경가소성을 촉진하는 핵심 메커니즘으로서 뇌유래신경영양인자의 역할을 분석한 리뷰 논문이다.

27. Schneider, S. et al. (2009). The effect of acute exercise on the default mode network: a pilot study. *PLOS ONE*, 4(10), e7487. 운동 직후 디폴트 모드 네트워크의 활동이 감소하는 현상을 관찰했다. 이는 운동 중 현재 순간과 행위 자체에 깊이 몰입하게 됨을 의미한다.

28. Jordania, J. (2011). *Why Do People Sing? Music in Human Evolution*. Logos. 음악의 기원을 생존을 위한 집단 동조화에서 찾으며 오래달리기 사냥 같은 협력 활동이 음악의 사회적 기능을 촉발했음을 시사한다.

29. Thaut, M. H. (2005). *Rhythm, Music, and the Brain: Scientific Foundations and Clinical Applications*. Routledge. 음악적 리듬이 뇌 기능과 신체 움직임에 미치는 영향을 신경과학적으로 설명하며 외부 리듬이 뇌의 운동 영역을 동기화시키는 원리를 다룬다.

30. Karageorghis, C. I. & Priest, D. L. (2012). Music in the exercise domain: a review and synthesis (Part 1). *International Review of Sport and Exercise Psychology*, 5(1), 44-66. 음악 템포가 운동 능력과 심리 상태에 미치는 영향을 분석하여 음악과 신체 활동 사이의 강력한 동기화 효과를 입증했다.

31. Lovejoy, C. O. (2005). The natural history of human gait and posture. Part 1. Spine, bipedalism, and the conical cage. *Gait & Posture*, 21(1), 95-112. 인류의 직립보행 진화 과정에서 골반 구조가 어떻게 변화했는지 설명하며 이것이 안정적인 보행에 미친 영향을 분석했다.

32. Pontzer, H., Rolian, C., & Rightmire, G. P. (2010). Biomechanics of the australopithecine pelvis: evidence for locomotion and obstetrics. *Journal of Human Evolution*, 58(2), 143-154. 오스트랄로피테쿠스 골반 화석을 분석하여 엉덩이 근육 위치 변화가 보행 시 골반의 안정성을 어떻게 확보했는지 밝혔다.

33. Bramble, D. M., & Lieberman, D. E. (2004). Endurance running and the evolution of *Homo*. *Nature*, 432(7015), 345-352. 장거리 달리기가 호모 속의 진화에 미친 영향을 골반과 목덜미 인대 등 해부학적 증거를 통해 체계적으로 분석하여 제시한 연구이다.

34. Lieberman, D. E., et al. (2006). The human gluteus maximus and its role in running. *Journal of Experimental Biology*, 209(11), 2143-2155. 인간의 대둔근이 평범한 보행보다 달리기에 훨씬 더 중요한 역할을 한다는 사실을 실험을 통해 증명한 핵심

논문이다.

35. Bartlett, J. L., et al. (2014). Activity and functions of the human gluteal muscles in walking, running, sprinting, and climbing. *American Journal of Physical Anthropology*, 153(1), 124-131. 다양한 신체 활동 시 엉덩이 근육의 활성화를 비교하여 대둔근이 특히 고강도 활동을 위해 발달한 근육임을 보여준다.

36. Carrier, D. R., et al. (1984). The energetic paradox of human running and hominid evolution. *Current Anthropology*, 25(4), 483-495. 인류의 달리기 능력이 지구력 사냥이라는 독특한 생존 전략으로 이어졌을 가능성을 에너지 효율 관점에서 분석한 고전 연구이다.

37. Lieberman, D. E. (2012). Those feet in ancient times. *Nature*, 483(7391), 550-551. 걷거나 달릴 때 발에 가해지는 충격량을 분석하며 이를 견디기 위해 인류의 발이 어떻게 진화했는지 설명하는 글이다.

38. Ker, R. F., et al. (1987). The spring in the arch of the human foot. *Nature*, 325(6100), 147-149. 인간 발의 아치가 스프링처럼 작동하는 원리를 규명하고 족저근막이 탄성 에너지를 저장하고 방출하는 핵심적 역할을 함을 밝혔다.

39. Stearne, S. M., et al. (2016). The foot's arch and the energetics of human locomotion. *Scientific Reports*, 6(1), 19403. 달리기 시 족궁이 에너지를 재활용하는 정도를 정량적으로 측정했다. 본문에 언급된 약 17%라는 수치는 이 연구 결과에 기반한 것이다.

40. Lieberman, D. E. (2015). *The Story of the Human Body: Evolution, Health, and Disease*. Vintage. 인류 진화 과정을 설명하며 아킬레스건이 에너지 저장 장치로 작동하여 달리기 효율을 극대화하는 원리를 명쾌하게 풀어냈다.

41. Lieberman, D. E., et al. (2010). Foot strike patterns and collision forces in habitually barefoot versus shod runners. *Nature*, 463(7280), 531-535. 신발을 신고 달리는 사람과 맨발로 달리는 사람의 메커니즘을 비교 분석하여 발에 가해지는 충격 패턴의 차이를 규명했다.

42. Ker, R. F., et al. (1987). The spring in the arch of the human foot. *Nature*, 325(6100), 147-149. 인간의 발바닥 아치가 단순한 구조물이 아니라 정교한 스프링 시스템이라는 사실을 수학적 및 실험적으로 증명했다.

CHAPTER 4

1. Liebenberg, L. (1990). *The Origin of Tracking*. 남아프리카 칼라하리 사막의 산(San)족 부시맨들의 사냥 기술을 연구한 인류학자이다. 동물의 흔적을 쫓는 기술이 단순히 발자국을 따라가는 것이 아니라 가설을 세우고 증거를 통해 검증하는 과학적 사고의 원형이며 인류의 지적 발달에 결정적인 역할을 했다고 주장한다.

2. Suddendorf, T. (2013). *The Gap*. 인간이 가진 독특한 능력 중 하나로 정신적 시간여행을 꼽는다. 과거의 경험을 기억하고 미래의 가능성을 시뮬레이션하는 능력으로 보이지 않는 사냥감을 추적하고 다음 행동을 예측하는 데 필수적인 인지 능력이며 복잡한 계획 수립과 문제 해결 능력의 기초가 되었다는 주장이다.

3. Schaller, G. B. (1972). *The Serengeti Lion: A Study of Predator-Prey Relations*. University of Chicago Press. 사자의 사냥 성공률이 생각보다 낮음을 입증한 고전적 연구이다. 서식 환경에 따라 다르지만 보통 15~40% 사이로 야생의 삶이 늘 결핍과의 싸움

임을 보여주는 지표이다.

4. Periquet, S., Fritz, H., & Revilla, E. (2015). The Lion (*Panthera leo*) in the Food Web: A Review. *Mammal Review*, 45(4), 226-240. 사자가 최상위 포식자임에도 불구하고 실제로는 다른 포식자의 먹이를 뺏거나 사체를 먹는 청소부 역할을 통해 상당량의 에너지를 보충한다는 사실을 분석하고 있다.

5. Durant, S. M. (1991). Individual variation in dispersal distance in the cheetah. *Behavioral Ecology and Sociobiology*, 28(6), 403-411. 치타의 극단적인 신체 구조가 가져오는 생리학적 한계와 사냥 후 탈진 상태에서 발생하는 도둑기생 위험성에 대해 상세히 설명하는 내용이다.

6. Mech, L. D., & Boitani, L. (Eds.). (2003). *Wolves: Behavior, Ecology, and Conservation*. University of Chicago Press. 늑대가 무모한 사냥 대신 전략적인 선택을 한다는 점을 강조한다. 추격 과정에서 끊임없이 비용 대비 효율을 계산하여 목표를 수정하는 지능적 사냥 방식을 다룬다.

7. Kruuk, H. (1972). *The Spotted Hyena: A Study of Predation and Social Behavior*. University of Chicago Press. 하이에나가 단순한 청소부가 아니라 뛰어난 지구력을 갖춘 사냥꾼임을 증명한 연구이다. 이들의 사회적 의사소통이 실패 후의 상황 대처에 얼마나 중요한지를 보여준다.

8. Bramble, D. M., & Lieberman, D. E. (2004). Endurance running and the evolution of *Homo*. *Nature*, 432(7015), 345-352. 인류가 장거리 달리기에 최적화된 신체 구조를 통해 사냥감을 지쳐 쓰러지게 만드는 추격 사냥을 진화시켰음을 밝힌 중요한 연구이다.

9. Lieberman, D. E. (2013). *The Story of the Human Body: Evolution, Health, and Disease*. Pantheon Books. 직립보행이 가져온 해부학적 트레이드오프 중 하나로 땅에서 코가 멀어짐에 따른 후각 정보의 상대적 중요성 감소와 시각 정보 의존도 증가를 지적하는 내용이다.

10. Liebenberg, L. (1990). *The Art of Tracking: The Origin of Science*. 사냥꾼의 추적 행위가 가설 설정과 검증 및 반증의 과정을 거치는 과학적 방법론과 구조적으로 동일하며 이것이 인류 지성사의 실질적인 기원임을 논증한 명저이다.

11. Blurton Jones, N. G., & Konner, M. J. (1976). !Kung knowledge of animal behavior. In *Kalahari Hunter-Gatherers: Studies of the !Kung San and Their Neighbors* (pp. 327-348). Harvard University Press. 칼라하리 사막의 !Kung족이 동물 행동에 대해 얼마나 해박한 지식을 가지고 있으며 이를 사냥과 추적에 어떻게 활용하는지를 상세히 기록한 연구이다.

12. Whiten, A., & Byrne, R. W. (Eds.). (1997). *Machiavellian intelligence II: Extensions and evaluations*. Cambridge University Press. 사냥과 같은 활동에서 사냥감의 마음을 읽고 예측하는 능력의 진화를 이해하는 데 중요한 통찰을 제공하는 저서이다.

13. Pinker, S. (2010). The cognitive niche: Coevolution of intelligence, sociality, and language. *Proceedings of the National Academy of Sciences*, 107(Supplement 2), 8993-8999. 인간의 지능과 사회성 및 언어가 서로의 진화를 촉진하는 공진화 관계에 있으며 이 요소들이 결합하여 인류 고유의 생존 전략인 인지적 니치를 형성했다는 주장이다.

14. Gould, S. J., & Lewontin, R. C. (1979). *The spandrels of San Marco and the Panglossian paradigm: a critique of the adaptationist programme*. *Proceedings of the Royal Society of London*. 생물의 어떤 특징들이 반드시 적응을 위한 설계물이라기보다 진화 과정에서 필연적으로 생겨난 부산물일 수 있다고 설명하는 내용이다.

15. Kaplan, J., et al. (2020). Scaling Laws for Neural Language Models. *arXiv preprint arXiv:2001.08361*. AI 모델의 성능이 모델의 크기와 학습 데이터의 양 그리고 컴퓨팅 파워라는 세 가지 요소에 따라 예측 가능하게 향상된다는 확장 법칙을 제시한 것이다.

16. Wei, J., et al. (2022). Emergent Abilities of Large Language Models. *Transactions on Machine Learning Research (TMLR)*. AI 모델의 크기가 특정 임계점을 넘어서면 이전의 작은 모델에서는 관찰되지 않았던 새로운 능력이 갑자기 나타나는 현상을 실증적으로 보여준 논문이다.

17. Wei, J., et al. (2022). Chain-of-Thought Prompting Elicits Reasoning in Large Language Models. *Advances in Neural Information Processing Systems (NeurIPS)*. 거대 언어 모델에게 문제 해결 과정을 단계별로 생각하도록 유도하자 복잡한 논리 및 수학 문제의 정답률이 비약적으로 향상되는 것을 발견한 연구이다.

18. Biderman, S., et al. (2023). The Gist of The Scaling Laws are not Everything. *Hugging Face Blog*. & Wei, J., et al. (2024). Scaling Down, Not Up: Is Bigger Always Better?. *AI Research Today*. 단순히 크기를 키우는 것보다 데이터의 품질과 모델 아키텍처 및 학습 방법의 효율성이 성능 향상에 더 중요해지고 있다는 점을 지적하는 최근의 연구들이다.

19. Rosenberg, K. R., & Trevathan, W. R. (2002). Birth, obstetrics and human evolution. *Obstetrics & Gynecology*, 13(6), 99-108. 직립보행을 위한 좁은 골반과 지능 발달을 위한 큰 태아 머리가 충돌하는 산부인과의 딜레마를 통해 인간의 출산이 유독 고통스럽고 위험한 이유를 설명하는 논문이다.

20. Herculano-Houzel, S. (2012). The remarkable, yet not extraordinary, human brain as a scaled-up primate brain and its associated cost. *Frontiers in Human Neuroscience*, 6, 31. 제한된 두개골 부피 안에서 대뇌 피질의 표면적을 극대화하기 위해 뇌의 주름이 매우 효율적인 전략이었음을 강조하는 연구이다.

CHAPTER 5

1. Henrich, J., & Gil-White, F. J. (2001). The evolution of prestige: Freely conferred deference as a mechanism for enhancing the benefits of cultural transmission. *Evolution and Human Behavior*, 22(3), 165-196. 인간 사회에서 명성이 어떻게 진화했는지 설명하는 연구이다. 단순히 힘으로 굴복시키는 지배와 달리 명성은 타인의 성공을 보고 자발적으로 그를 모방하고 따르는 과정에서 발생하며 복잡한 기술과 지식을 효율적으로 학습하기 위한 핵심적인 사회적 학습 전략이다.

2. Kennedy, J. F., & Anderson, C. (2017). A social-cognitive perspective on the confident mind. In *The confident mind: A guide to an unshakeable sense of self-worth*. New Harbinger Publications. 자신감이 사회적 인식에 미치는 영향을 다룬다. 자신감 넘치는 태도는 종종 실제 능력과 동일시되며 타인에게 신뢰감을 주어 리더십을 발휘하는 데 중요한 단서로 작용한다는 내용이다.

3. Zahavi, A. (1975). Mate selectiona selection for a handicap. *Journal of Theoretical Biology*, 53(1), 205-214. 생물학의 유명한 핸디캡 원리를 제안한 논문이다. 공작의 꼬리처럼 생존에 불리해 보이는 비용을 감수하는 행위가 오히려 자신이 그만큼 우월하다는 것을 증명하는 정직한 신호가 된다는 이론이다.

달리는 호모 사피엔스

4. Suddendorf, T., & Corballis, M. C. (2007). The evolution of foresight: What is mental time travel, and is it unique to humans?. *Behavioral and Brain Sciences*, 30(3), 299-313. 과거의 기억을 재료 삼아 미래의 시나리오를 유연하게 시뮬레이션하는 능력인 정신적 시간여행이야말로 인간 인지의 핵심이며 이것이 인류의 독특한 진화적 성공을 이끈 원동력이라고 주장하는 논문이다.

5. Schultz, W., Dayan, P., & Montague, P. R. (1997). A neural substrate of prediction and reward. *Science*, 275(5306), 1593-1599. 원숭이를 대상으로 한 실험을 통해 도파민의 진짜 역할이 쾌락의 경험이 아니라 보상에 대한 예측과 기대에 있다는 것을 증명한 것이다.

6. Harari, Y. N. (2014). *Sapiens: A Brief History of Humankind*. Random House. 약 7만 년 전 일어난 인지 혁명이 사피엔스의 역사에서 결정적인 순간이었다고 설명한다. 이 혁명으로 인해 사피엔스는 눈에 보이지 않는 허구를 창조하고 그것을 집단적으로 믿는 능력을 갖게 되었다는 것이다.

7. Fredrickson, B. L. (2001). The role of positive emotions in positive psychology: The broaden-and-build theory of positive emotions. *American Psychologist*, 56(3), 218. 긍정적 정서가 우리의 사고와 행동의 범위를 확장시켜 신체적, 지적, 사회적 자원을 구축하는 데 중요한 역할을 한다는 이론을 제시한 것이다.

8. Harari, Y. N. (2014). *Sapiens: A Brief History of Humankind*. 호모 사피엔스가 허구를 믿는 능력을 갖게 되었고 이를 바탕으로 대규모 협력이 가능해져 지구를 정복하게 되었다는 주장을 펼친 저서이다.

9. Solecki, R. S. (1971). *Shanidar: The First Flower People*. Alfred A. Knopf. 네안데르탈인에게 따뜻한 인간성과 상징적 사고를 부여한 최초의 고고학적 증거를 제시한 저서이다.

10. Trinkaus, E. (1983). *The Shanidar Neandertals*. Academic Press. 네안데르탈인이 인간적인 사회를 이루어 이타적 돌봄을 했음을 증명하는 중요한 과학적 근거 중 하나이다.

11. Barrett, J. L. (2000). Exploring the natural foundations of religion. *Trends in Cognitive Sciences*, 4(1), 29-34. 종교적 믿음이 생존을 위해 진화시킨 실용적인 인지 도구들의 부산물일 수 있다고 주장하는 연구이다.

12. Boyer, P. (2001). *Religion Explained: The Evolutionary Origins of Religious Thought*. Basic Books. 종교적 믿음이 뇌의 특정 종교 모듈에서 나오는 것이 아니라 행위자 탐지나 마음이론 같은 일상적인 인지 시스템의 부산물로서 발생한다고 주장한다.

13. Norenzayan, A. (2013). *Big Gods: How Religion Transformed Cooperation and Conflict*. Princeton University Press. 모든 것을 알고 도덕적 규칙을 강요하는 거대한 신에 대한 믿음이 익명성이 높은 대규모 사회의 협력을 가능하게 하는 핵심적인 기제가 되었다고 주장하는 저서이다.

14. Greenberg, J., Pyszczynski, T., & Solomon, S. (1986). The causes and consequences of a need for self-esteem: A terror management theory. In *Public self and private self* (pp. 189-212). Springer. 인간이 자신의 죽음에 대한 실존적 공포를 완화하기 위해 문화적 세계관을 구축하고 그 안에서 자신의 가치를 입증하려 한다는 공포 관리 이론의 기초를 제시한 것이다.

15. Hovers, E., Vandermeersch, B., & Bar-Yosef, O. (1997). A Middle Palaeolithic burial of a human infant from Qafzeh Cave, Israel. *Paleorient*, 23(2), 79-93. 카프제 동굴의 매장 유적을 통해 초기 현생인류의 정신 세계와 사후 세계에 대한 믿음의 기원을 탐구한 고고학적 자료이다.

16. Whitehouse, H. (2004). *Modes of Religiosity: A Cognitive Theory of Religious Transmission*. AltaMira Press. 의례가 믿음을 전수하고 유지하는 핵심적인 메커니즘임을 밝히며 종교적 의례의 양상을 교리적 모드와 이미지적 모드로 나누어 설명한 저서이다.

17. Hatfield, E., Cacioppo, J. T., & Rapson, R. L. (1994). *Emotional Contagion*. Cambridge University Press. 감정이나 행동이 어떻게 한 사람에게서 다른 사람에게로 무의식적으로 퍼져나가는지를 탐구한 고전적인 연구서이다.

18. Cavagna, A., et al. (2010). Scale-free correlations in starling flocks. *Proceedings of the National Academy of Sciences*, 107(26), 11865-11870. 찌르레기 무리가 단순한 지역적 규칙을 통해 어떻게 전체의 경이로운 패턴을 만들어내는지를 밝힌 연구이다.

19. Bonabeau, E., Dorigo, M., & Theraulaz, G. (1999). *Swarm intelligence: from natural to artificial systems*. Oxford University Press. 단순한 개체들이 상호작용하여 개별 능력을 뛰어넘는 복잡한 집단 행동을 보이는 원리를 설명한 저서이다.

20. Crux, G. (2018, August 16). Fact Or Fiction: Do Lemmings Really Commit Mass Suicide? *Discover Magazine*. 레밍의 집단 자살 오해가 과거 다큐멘터리 제작진의 의도적인 연출에서 비롯되었음을 지적한 기사이다.

21. Cialdini, R. B., & Goldstein, N. J. (2004). Social influence: Compliance and conformity. *Annu. Rev. Psychol.*, 55, 591-621. 불확실한 상황에서 타인의 행동을 정답으로 간주하는 사회적 증거 개념을 다룬 심리학 리뷰 논문이다.

22. Asch, S. E. (1955). Opinions and Social Pressure. *Scientific American*, 193(5), 31-35. 솔로몬 애쉬의 유명한 동조 실험을 소개하며 집단의 압력에 굴복하여 명백히 틀린 답을 따라 말하는 인간의 경향을 보여준 글이다.

23. Dawkins, R. (1976). *The Selfish Gene*. Oxford University Press. 문화적 정보의 단위인 밈(*Meme*)이라는 용어를 처음 제안하며 문화적 복제의 원리를 주장한 책이다.

24. Rizzolatti, G., et al. (1996). Premotor cortex and the recognition of motor actions. *Cognitive Brain Research*, 3(2), 131-141. 타인의 행동을 볼 때 자신의 뇌에서도 동일한 영역이 활성화되는 거울 뉴런을 발견하여 공감 능력의 기초를 제시한 연구이다.

25. Sherif, M. (1936). *The Psychology of Social Norms*. Harper & Brothers. 모호한 상황에서 사람들이 어떻게 상호작용하며 공통의 집단 규범을 형성하는지를 보여준 사회 심리학 연구이다.

26. Asch, S. E. (1955). Opinions and Social Pressure. *Scientific American*, 193(5), 31-35. 개인이 집단의 압력에 굴복하여 자신의 판단을 바꾸는 규범적 사회적 영향을 보여준 실험 보고이다.

27. Sherif, M., et al. (1961). *Intergroup conflict and cooperation: The Robbers Cave experiment*. University of Oklahoma. 집단 간 경쟁이 적대감을 만드는 과정과 이를 해결하기 위한 상위 목표의 중요성을 실험적으로 보여준 연구이다.

28. Milgram, S. (1974). *Obedience to Authority: An Experimental View*. Harper & Row. 합법적인 권위 앞에서 개인의 도덕적 책임감이 어떻게 마비될 수 있는지를 탐구한 권위에 대한 복종 실험 연구이다.

29. Richter, C. P. (1957). On the phenomenon of sudden death in animals and man. *Psychosomatic Medicine*, 19(3), 191-198. 심리적 상태가 생리적 기능에 미치는 영향을 입증하며 희망적인 단서가 생존 시간을 극적으로 늘린다는 점을 밝힌 연구이다.

30. Seligman, M. E. P., & Maier, S. F. (1967). Failure to escape traumatic shock. *Journal of Experimental Psychology*, 74(1), 1. 통제 불가능한 상황에 반복 노출된 개체가 스스로 벗어나려는 노력을 포기하는 학습된 무기력 개념을 처음 제시한 논문이다.

31. Benedetti, F. (2008). *Placebo effects: Understanding the mechanisms in health and disease*. Oxford University Press. 플라세보 효과가 뇌의 신경전달물질 분비와 관련된 생리적 반응임을 종합적으로 설명한 저서이다.

32. Petrovic, P., et al. (2002). Placebo and opioid analgesiaimaging a shared neuronal network. *Science*, 295(5560), 1737-1740. 플라세보 진통 효과와 실제 진통제 작용 시 뇌의 동일한 영역이 활성화됨을 시각적으로 증명한 연구이다.

33. Snyder, C. R. (2002). Hope theory: Rainbows in the mind. *Psychological Inquiry*, 13(4), 249-275. 희망을 목표와 경로 및 동인이라는 세 가지 인지적 요소로 분석하며 심리적 자원으로서의 희망을 집대성한 논문이다.

34. Seligman, M. E. P. (1975). *Helplessness: On Depression, Development, and Death*. W. H. Freeman. 학습된 무기력 개념을 학계에 공식적으로 제시한 셀리그먼 박사의 초기 저서이다.

35. Seligman, M. E. P. (1990). *Learned Optimism: How to Change Your Mind and Your Life*. Pocket Books. 학습된 낙관주의와 ABCDE 모델을 대중에게 알리고 인지적 개입의 중요성을 강조한 저서이다.

36. Gillham, J. E., et al. (1995). Prevention of depressive symptoms in schoolchildren: Two-year follow-up. *Psychological Science*, 6(6), 343351. 펜 회복탄력성 프로그램의 실제 효과를 입증한 주요 연구이다.

37. Reivich, K., & Shatte, A. (2002). *The Resilience Factor: 7 Keys to Finding Your Inner Strength and Overcoming Life's Hurdles*. Broadway Books. ABCDE 모델을 포함한 회복탄력성 훈련법을 설명하며 연습의 중요성을 강조한 저서이다.

CHAPTER 6

1. Trivers, R. L. (1971). The evolution of reciprocal altruism. *The Quarterly Review of Biology*, 46(1), 35-57. 우리가 미래를 상상할 때 완전히 새로운 것을 창조하는 것이 아니라 과거의 경험에서 가져온 수많은 조각을 재조합하여 미래의 시나리오를 만든다고 주장하는 내용이다.

2. Hawkes, K., & Bliege Bird, R. (2002). Showing off, handicap signaling, and the evolution of men's work. *Evolutionary Anthropology: Issues, News, and Reviews*, 11(2), 58-67. 사냥감처럼 귀한 자원을 아낌없이 나누는 행위는 자신이 그만큼 능력이 뛰어나다는 것을 과시하여 사회적 명성을 얻는 값비싼 신호 전략임을 보여준 연구이다.

3. Hamilton, W. D. (1964). The genetical evolution of social behaviour. I. *Journal of Theoretical Biology*, 7(1), 1-16. 개체가 자신의 번식 성공률을 희생하더라도 친족의 성공률을 높임으로써 결과적으로 자신의 유전자를 후대에 더 많이 남길 수 있다는 친족 선택 이론의 수학적 기반을 마련한 것이다.

4. Blurton Jones, N. G. (1984). A selfish origin for human food sharing: tolerated scrounging. *Ethology and Sociobiology*, 5(1), 1-3. 음식을 가진 개체가 그것을 지키는 데 드는 비용이 나누어 주는 것보다 클 때 공유가 발생한다는 이기적인 관점에서의 나눔의 기원을 설명하는 내용이다.

5. Lovejoy, C. O. (1981). The Origin of Man. *Science*, 211(4480), 341350. 초기 인류의 사회 구조와 직립 보행의 기원으로서 식량 제공 가설을 제시한 논문이다.

6. Lieberman, D. E. (2013). *The Story of the Human Body: Evolution, Health, and*

Disease. Pantheon Books. 인간의 엉덩이 근육과 척추가 달리기뿐만 아니라 무거운 짐을 지고 안정적으로 장거리를 이동하는 데 특화되도록 진화했음을 설명하는 저서이다.

7. Aiello, L., & Dean, C. (1990). *An Introduction to Human Evolutionary Anatomy*. Academic Press. 인간의 S자형 척추와 유연한 관절들이 어떻게 두 발 보행과 깊은 스쿼 같은 안정적인 휴식 자세를 가능하게 했는지 기능 형태학적 관점에서 상세히 다룬 것이다.

8. Wilson, F. R. (1999). *The Hand: How Its Use Shapes the Brain, Language, and Human Culture*. Vintage Books. 도구 사용과 운반 같은 손의 복잡한 사용이 어떻게 뇌의 발달을 촉진하여 인간의 인지 능력과 문화를 형성했는지 탐구하는 내용이다.

9. Purves, D., Augustine, G. J., Fitzpatrick, D., et al. (Eds.). (2018). *Neuroscience* (6th ed.). Oxford University Press. 복잡한 움직임을 수행할 때 목표 설정과 운동 계획 및 실시간 미세 조정 간의 정교한 신경학적 협응 과정을 설명하는 신경과학 표준 교과서이다.

10. Sheehan, M. J., & Nachman, M. W. (2014). Morphological and population genomic evidence that human faces have evolved to signal individual identity. *Nature Communications*, 5(1), 4800. 인간의 얼굴이 다른 신체 부위에 비해 유독 개체마다 차이가 크도록 진화했으며 이것이 복잡한 사회적 관계 속에서 개인 식별을 위한 신호로 기능했음을 유전학적 증거를 통해 제시한 것이다.

11. Sheehan, M. J., & Nachman, M. W. (2014). Morphological and population genomic evidence that human faces have evolved to signal individual identity. *Nature Communications*, 5(1), 4800. 유전체적 분석을 통해 인간 얼굴의 다양성이 개인 식별이라는 사회적 요구에 의한 자연선택의 결과임을 입증한 연구이다.

12. Ekman, P., & Friesen, W. V. (1971). Constants across cultures in the face and emotion. *Journal of Personality and Social Psychology*, 17(2), 124129. 여러 문화권에서 기본 감정에 대한 얼굴 표정이 보편적이라는 것을 보여주어 감정 표현의 생물학적 기반을 시사한 연구이다.

13. Kobayashi, H., & Kohshima, S. (2001). Unique morphology of the human eye and its adaptive meaning: comparative studies on external morphology of the primate eye. *Journal of Human Evolution*, 40(5), 419-435. 인간의 눈이 흰 공막이 넓게 드러나는 독특한 구조를 가지며 이것이 시선 공유를 통해 협력적 소통을 촉진하는 방향으로 진화했다는 협력적 눈 가설의 기반을 제공하는 것이다.

14. Tibbetts, E. A., & Dale, J. (2007). Individual recognition: it is good to be different. *Trends in Ecology & Evolution*, 22(10), 529-537. 사회적 종이말벌이 얼굴 무늬로 개체를 식별함을 보여주며 사회의 복잡성이 개체 식별 능력과 외형의 다양성을 촉진한다는 가설을 증명한 사례이다.

15. Santana, S. E., et al. (2012). The evolution of facial color patterning in primates. *Nature Communications*, 3(1), 793. 복잡한 사회 집단을 이루는 영장류일수록 얼굴 패턴이 더 다양하다는 경향을 밝혀 사회적 압력이 얼굴 진화에 미치는 영향을 보여준 연구이다.

16. Belin, P., et al. (2000). Voice-selective areas in human auditory cortex. *Nature*, 403(6767), 309-312. 뇌의 특정 영역이 사람의 목소리에만 선택적으로 반응함을 밝혀내 목소리 인식이 인간의 사회적 인지에 얼마나 중요한지를 보여준 것이다.

17. Belin, P., Fecteau, S., & Bedard, C. (2004). Thinking the voice: neural correlates of voice perception. *Trends in Cognitive Sciences*, 8(3), 129-135. 뇌에 목소리만을 전문적으로 처리하는 영역이 존재함을 제안하고 언어 정보와 화자 정보를 처리하는 이중

달리는 호모 사피엔스

경로 모델을 제시하여 음성 인식 연구의 패러다임을 바꾼 연구이다.

18. Mauss, M. (1925). *The Gift: Forms and Functions of Exchange in Archaic Societies*. 고대 사회의 교환 시스템이 증여라는 사회적 도덕적 의무를 통해 이루어졌음을 통찰한 인류학 저서이다.

19. Trivers, R. L. (1971). The evolution of reciprocal altruism. *The Quarterly Review of Biology*, 46(1), 35-57. 혈연 관계가 없는 개체들 사이에서도 미래의 보답을 기대하는 협력 행동이 어떻게 진화할 수 있는지를 설명하는 상호 이타주의 개념을 정립한 연구이다.

20. Hawkes, K., & Bliege Bird, R. (2002). Showing off, handicap signaling, and the evolution of men's work. *Evolutionary Anthropology: Issues, News, and Reviews*, 11(2), 58-67. 남성들이 사냥과 같이 비용이 많이 드는 일을 통해 우수한 형질을 과시함으로써 사회적 지위와 번식적 이득을 얻는다는 과시 가설을 상세히 설명하는 내용이다.

21. Dawkins, R. (1976). *The Selfish Gene*. Oxford University Press. 진화의 주체가 개체가 아닌 유전자이며 모든 생명체는 유전자의 복제 욕구를 수행하는 생존 기계라는 관점을 제시한 저서이다.

22. Hamilton, W. D. (1964). The genetical evolution of social behaviour. I. *Journal of Theoretical Biology*, 7(1), 1-16. 개체가 친족의 번식 성공률을 높임으로써 자신의 유전자를 후대에 더 많이 남길 수 있다는 친족 선택 이론의 수학적 기반을 마련한 것이다.

23. Trivers, R. L. (1971). The evolution of reciprocal altruism. *The Quarterly Review of Biology*, 46(1), 35-57. 혈연 관계가 없는 개체들 사이의 협력 행동 진화를 설명하는 상호 이타주의 개념을 정립한 연구이다.

24. Wilson, D. S., & Sober, E. (1994). Reintroducing group selection to the human behavioral sciences. *Behavioral and Brain Sciences*, 17(4), 585-608. 집단 선택 이론을 현대 진화론의 틀 안에서 재해석하며 집단 수준의 적응이 이타적 행동 설명에 필수적임을 주장한 연구이다.

25. Harbaugh, W. T., Mayr, U., & Burghart, D. R. (2007). Neural responses to taxation and voluntary giving reveal motives for charitable donations. *Science*, 316(5831), 1622-1625. 자발적인 기부가 뇌의 근본적인 보상 회로를 활성화시킨다는 것을 fMRI 실험을 통해 증명한 신경경제학 연구이다.

26. Post, S. G. (2005). Altruism, happiness, and health: It's good to be good. *International journal of behavioral medicine*, 12(2), 66-77. 이타적인 행위가 정신적 신체적 건강과 행복감에 긍정적인 영향을 미친다는 다수의 연구 결과를 종합적으로 제시한 리뷰 논문이다.

CHAPTER 7

1. Tulving, E. (2002). Episodic memory: From mind to brain. *Annual Review of Psychology*, 53(1), 1-25. 엔델 툴빙은 과거의 특정 사건을 주관적으로 재경험하는 능력을 일화 기억으로 명명했으며 이는 미래를 계획하는 능력과 함께 인간의 고유한 정신적 시간여행 능력의 핵심을 이룬다고 본 것이다.

2. Baron-Cohen, S. (1995). *Mindblindness: An Essay on Autism and Theory of Mind*. MIT Press. 사이먼 배런코언은 다른 사람의 마음 상태를 추론하는 능력을 마음이론으로 개념화했으며 이것이 인간의 사회적 상호작용에 얼마나 결정적인지를 설명한다.

3. Henrich, J. (2015). *The Secret of Our Success: How Culture Is Driving Human*

Evolution, Domesticating Our Species, and Making Us Smarter. Princeton University Press. 인류의 성공 비결이 개개인의 뛰어난 지능이 아니라 여러 세대에 걸쳐 지식과 기술을 축적하고 전수하는 문화적 학습 능력에 있음을 주장하는 내용이다.

4. Wrangham, R. (2009). *Catching Fire: How Cooking Made Us Human*. Basic Books. 리처드 랭엄은 인류가 음식을 요리하기 시작하면서 소화에 필요한 에너지를 절약할 수 있었고 그 잉여 에너지가 뇌의 폭발적인 성장을 가능하게 했다는 혁신적인 가설을 제시한 것이다.

5. Berna, F., et al. (2012). Microstratigraphic evidence of in situ fire in the Acheulean strata of Wonderwerk Cave, Northern Cape province, South Africa. *Proceedings of the National Academy of Sciences*, 109(20), E1215-E1220. 이 연구는 원더베르크 동굴의 100만 년 전 지층에서 명백한 불 사용의 흔적을 발견하여 고인류의 불 통제 시점을 크게 앞당긴 중요한 고고학적 발견이다.

6. Dunbar, R. I. M. (1993). Coevolution of neocortical size, group size and language in humans. *Behavioral and Brain Sciences*, 16(4), 681-735. 이 논문에서 로빈 던바는 인간의 언어가 대규모 집단 내에서 사회적 유대를 유지하기 위한 음성적 그루밍 즉 수다의 형태로 진화했다는 가설을 제시한 것이다.

7. Wrangham, R. (2009). *Catching Fire: How Cooking Made Us Human*. Basic Books. 불을 이용한 요리가 인류의 뇌 용량 증가와 사회성 발달에 결정적인 역할을 했다고 주장했다. 특히 불이 만든 안전한 밤의 공동체는 언어와 문화 발달의 중요한 무대가 된 것이다.

8. Rizzolatti, G., & Craighero, L. (2004). The mirror-neuron system. *Annual Review of Neuroscience*, 27, 169-192. 거울 뉴런 시스템의 발견과 기능을 종합적으로 설명하며 이 시스템이 행동의 의도를 이해하고 공감하며 언어를 배우는 데 어떻게 기여하는지에 대한 통찰을 제공한다.

9. Vaswani, A., et al. (2017). Attention Is All You Need. *NeurIPS*. 현대 AI의 핵심인 트랜스포머 구조를 제안한 논문으로 방대한 데이터를 병렬로 처리하는 AI 학습 능력의 근간을 설명하는 것이다.

10. Wonhyo. (661). *Ilcheyusimjo (The Anecdote of Mind-Only)*. 원효 대사의 전기에 기록된 내용으로 주관적 인식의 변화가 인간의 정신세계에 얼마나 큰 영향을 미치는지 보여주는 인지심리학적 선구 사례이다.

11. Jung-Beeman, M., et al. (2004). Neural Activity When People Solve Problems with Insight. *PLoS Biology*. 인간이 갑작스러운 통찰을 얻을 때 우측 뇌의 특정 부위에서 감마파 발동이 일어난다는 사실을 입증한 연구이다.

12. Rumelhart, D. E., et al. (1986). Learning representations by back-propagation errors. *Nature*. AI가 정답과의 오차를 줄이기 위해 수치적으로 학습하는 경사 하강법과 오차 역전파를 설명하며 이는 도약적인 깨달음과는 대조적인 방식이다.

13. Flavell, J. H. (1979). Metacognition and cognitive monitoring. *American Psychologist*. 자신의 인지 과정을 스스로 모니터링하고 조절하는 메타인지의 개념을 정립한 고전적인 연구이다.

14. Bender, E. M., et al. (2021). On the Dangers of Stochastic Parrots. *FAccT*. 거대 언어 모델이 의미를 이해하는 것이 아니라 통계적 확률에 따라 텍스트를 생성하는 존재임을 지적하는 논문이다.

15. Cosmides, L., & Tooby, J. (1992). *The Adapted Mind*. Oxford University Press. 인류의 인지 기제가 야생에서의 즉각적인 생존 문제를 해결하기 위해 최적화되었음을 설명

달리는 호모 사피엔스

하는 진화 심리학의 기초 연구이다.

16. Laughlin, S. B. (2001). Energy as a constraint on the biological capacities of neurons. *Current Opinion in Neurobiology*. 인간 뇌의 에너지 소비 효율을 다루며 뇌가 정보를 압축하고 의미 중심으로 처리하는 생물학적 이유를 제시한다.

17. Searle, J. R. (1980). Minds, brains, and programs. *Behavioral and Brain Sciences*. 중국어 방 실험을 통해 기호 처리가 곧 이해나 깨달음과 동일하지 않음을 논증한 철학적 논문이다.

탐구수첩 참고 문헌

탐구수첩 1

1. New Mexico Open Educational Resources Consortium. (2019). *Paleoanthropology. Explorations: An Open Invitation to Biological Anthropology*. NMOER Pressbooks. 생물인류학에 관한 입문서로 인류의 기원과 진화를 설명하는 자료이다.

2. Cornell Institute for Biology Teachers. (2011). *Hominin Skulls Lab*. Cornell University. 후두공의 위치가 침팬지에서는 뒤쪽에 위치하고 인간에게서는 중앙 쪽에 위치함을 명확히 설명하는 것이다.

3. Smithsonian National Museum of Natural History. (2024). *Human Evolution Evidence: Fossils - Skulls*. Smithsonian Institution. 인류 진화에 따른 안면 편평화와 유인원의 안면 돌출을 비교하여 설명하는 내용이다.

4. Jordan, D. K. (2010). *Teeth and Dentition*. University of California, San Diego. C/P3 연마 복합체의 정의와 이것이 사라진 것이 호미닌 계통의 시작을 알리는 주요 지표임을 설명하는 자료이다.

5. OpenGeology. (2023). *Human Evolution. Historical Geology*. OpenGeology. 시상 능선이 강력한 저작근을 지지하기 위한 구조이며 대부분의 호미닌에게서는 사라졌다고 기술하는 내용이다.

6. Russo, G. A., & Kirk, E. C. (2017). Foramen magnum position in bipedal mammals. *Journal of Human Evolution*, 105, 14-25. 후두공의 전방 이동이 인간뿐만 아니라 다른 포유류에서도 직립보행과 밀접하게 연관됨을 실증적으로 보여준다. 이것이 호미닌 화석의 직립보행 여부를 판단하는 데 유효한 특징임을 재확인하는 연구이다.

7. Brunet, M., et al. (2002). A new hominid from the Upper Miocene of Chad, Central Africa. *Nature*, 418, 145-151. *Sahelanthropus tchadensis*의 발견 보고 논문으로 후두공의 위치를 근거로 초기 직립보행 가능성을 제시한 것이다.

탐구수첩 2

1. Brunet, M., et al. (2002). A new hominid from the Upper Miocene of Chad, Central Africa. *Nature*, 418(6894), 145151. 사헬란트로푸스 차덴시스 즉 투마이의 발견을 국제 학계에 처음 공식 보고한 논문이다.
2. Zollikofer, C. P. E., et al. (2005). Virtual reconstruction of *Sahelanthropus tchadensis*. *Nature*, 434(7034), 755759. 투마이 두개골의 3D 가상 복원 기술을 사용하여 뇌 용량을 측정하고 직립보행의 증거가 되는 후두공의 위치를 분석한 연구이다.
3. Wolpoff, M. H., et al. (2006). An ape or the ape: is the Toumai skull retrieval skewed?. *PaleoAnthropology*, 36-55. 투마이가 인류의 조상이 아닐 수 있다는 반론을 제기하며 두개골 형태가 고대 유인원과 흡사하고 화석 변형 가능성이 있음을 지적한 논문이다.
4. Daver, G., et al. (2022). Postcranial evidence of late Miocene hominin bipedalism in *Sahelanthropus tchadensis*. *Nature*, 608(7924), 728732. 투마이의 대퇴골과 팔뼈를 분석하여 이들이 나무 위 생활과 부분적인 직립보행을 함께했음을 밝힌 후속 연구이다.

탐구수첩 3

1. Reed, D. L., et al. (2007). Pair of lice lost or parasites regained: the evolutionary history of anthropoid primate lice. *BMC Biology*, 5(1), 7. 유전자 분석을 통해 인간의 머릿니는 침팬지의 이와 가깝고 사면발이는 고릴라의 이와 가장 가깝다는 사실을 명확히 밝힌 연구이다.
2. Weiss, R. A. (2009). Apes, lice and prehistory. *Journal of Biology*, 8(2), 20. 인간의 사면발이와 고릴라의 이가 약 330만 년 전에 갈라졌음을 설명하며 인류 조상이 이 시기 이전에 이미 몸의 털을 상당 부분 잃었음을 시사하는 자료이다.
3. Kittler, R., Kayser, M., & Stoneking, M. (2003). Molecular evolution of *Pediculus humanus* and the origin of clothing. *Current Biology*, 13(16), 1414-1417. 머릿니와 몸니의 유전적 분화 시기를 약 17만 년 전으로 추정하며 인류가 이 무렵부터 옷을 입기 시작했다는 증거를 제시한 연구이다.

탐구수첩 4

1. Lasisi, T., et al. (2023). Human scalp hair as a thermoregulatory adaptation. *Proceedings of the National Academy of Sciences*, 120(24), e2301760120. 열 마네킹 실험을 통해 촘촘하게 말린 곱슬머리가 태양 복사열을 효과적으로 차단하는 열 적응이었음을 실험적으로 증명한 연구이다.
2. Thibaut, S., et al. (2007). The Human Hair Follicle: A Biochemical and Cellular Perspective. 인종별 모발 샘플 분석을 통해 모낭 형태와 곱슬기 사이의 연관성을 밝히고 곱슬머리와 직모가 세포 수준에서 어떻게 다른지 증명한 자료이다.
3. Fujimoto, A., et al. (2008). A scan for genetic determinants of human hair morphology: EDAR is associated with Asian hair thickness. *Human Molecular*

달리는 호모 사피엔스

Genetics, 17(6), 835-843. EDAR 유전자의 변이가 동아시아인의 굵은 직모 특성과 연관이 있음을 밝혀 직모가 특정 환경에 대한 유전적 적응 결과일 수 있음을 시사한 연구이다.

탐구수첩 5

1. Western States Endurance Run. *Official Website*. 웨스턴 스테이츠 인듀어런스 런 대회의 공식 정보를 제공하는 홈페이지이다.
2. Tevis Cup. (2025). *Standings 2025*. 테비스컵 2025 대회의 순위 결과를 기록한 자료이다.

탐구수첩 6

1. Jablonski, N. G., & Chaplin, G. (2000). The evolution of human skin coloration. *Journal of Human Evolution*, 39(1), 57-106. 피부색이 자외선과 엽산 및 비타민 D의 관계 속에서 진화했다는 이론의 핵심적인 연구이다.
2. Czeizel, A. E., & Dudas, I. (1992). Prevention of the first occurrence of neural-tube defects by periconceptional vitamin supplementation. *New England Journal of Medicine*, 327(26), 1832-1835. 임신 전후 엽산 보충이 신경관 결손 예방에 결정적인 역할을 함을 보여주는 연구이다.
3. Branda, R. F., & Eaton, J. W. (1978). Skin color and nutrient photolysis: an evolutionary hypothesis. *Science*, 201(4356), 625-626. 자외선 노출이 엽산 수치를 감소시킴을 실험적으로 보여주며 피부색 진화 가설을 뒷받침하는 논문이다.
4. Brenner, M., & Hearing, V. J. (2008). The protective role of melanin against UV damage in human skin. *Photochemistry and Photobiology*, 84(3), 539-549. 멜라닌이 자외선을 흡수하여 DNA 손상을 방지하는 메커니즘을 상세히 설명하는 자료이다.
5. Holick, M. F. (2004). Sunlight and vitamin D for bone health and prevention of autoimmune diseases, cancers, and cardiovascular disease. *The American Journal of Clinical Nutrition*, 80(6), 1678S-1688S. 비타민 D가 뼈 건강 및 각종 질병 예방에 미치는 중요성을 종합적으로 설명하는 내용이다.

탐구수첩 7

1. Premack, D. G., & Woodruff, G. (1978). Does the chimpanzee have a theory of mind?. *Behavioral and Brain Sciences*, 1(4), 515-526. 마음이론이라는 용어를 침팬지의 인지 능력 연구를 통해 처음으로 제안한 논문이다.
2. Baron-Cohen, S., et al. (1985). Does the autistic child have a theory of mind?. *Cognition*, 21(1), 37-46. 자폐 스펙트럼 아동의 마음 추론 능력을 측정하기 위해 고안된 샐리-앤 테스트에 관한 고전적인 연구이다.
3. Talwar, V., & Lee, K. (2008). Social and cognitive correlates of children's lying behavior. *Child Development*, 79(4), 866-881. 아동의 마음이론 발달과 정교한 거짓말 능력 사이의 강한 상관관계를 밝힌 연구이다.

4. Happe, F. G. (1993). Communicative competence and theory of mind in autism: A test of relevance theory. *Cognition*, 48(2), 101-119. 반어법이나 풍자 이해를 위해 필요한 고등 인지 활동으로서의 2차적 마음이론을 다루는 내용이다.

5. Dunbar, R. I. (1998). The social brain hypothesis. *Evolutionary Anthropology*, 6(5), 178-190. 인간의 뇌가 마음이론 기반의 복잡한 사회적 관계를 처리하기 위해 진화했다는 사회적 뇌 가설을 주장하는 논문이다.

달리는 호모 사피엔스